高等职业教育道路运输类专业系列教材

公路养护技术与管理

郭红兵 彭 标 主 编
黄 娟 张 丹 副主编
杨云峰 吴超凡 主 审

中国建筑工业出版社

图书在版编目（CIP）数据

公路养护技术与管理 / 郭红兵，彭标主编；黄娟等副主编. -- 北京：中国建筑工业出版社，2024.8.（高等职业教育道路运输类专业系列教材）. -- ISBN 978-7-112-30805-7

I. U418

中国国家版本馆 CIP 数据核字第 2025801P7N 号

本教材依据《公路养护技术标准》JTG 5110—2023等最新标准规范要求，按照"项目导向、任务驱动"的理念，学习内容包括8大项目、28个任务，依次是：公路养护认知、公路路基养护、公路沥青路面养护、公路水泥混凝土路面养护、公路桥梁养护、公路隧道养护、公路交通工程及沿线设施养护、公路智慧养护，在系统阐释相关理论的基础上，实现了学习内容与工作过程、理论知识与实践技能、专业能力与职业素养的有机融合。

本教材可作为高等职业教育道路养护与管理、道路与桥梁工程技术、道路工程检测技术、市政工程技术等专业教学用书，同时可供相关公路工程施工、养护与管理专业技术人员参考。

本教材建有配套数字化资源（微课、动画、虚拟仿真、工作任务单、工程案例、思考与练习），读者可扫码观看和学习。

为便于教学，作者特别制作了配套课件，任课教师可以通过如下途径申请：
1. 邮箱：jckj@cabp.com.cn，12220278@qq.com
2. 电话：（010）5833 7285
3. 建工书院：http://edu.cabplink.com

责任编辑：吕 娜 李 阳
责任校对：姜小莲

高等职业教育道路运输类专业系列教材
公路养护技术与管理
郭红兵 彭 标 主 编
黄 娟 张 丹 副主编
杨云峰 吴超凡 主 审

*

中国建筑工业出版社出版、发行（北京海淀三里河路9号）
各地新华书店、建筑书店经销
北京科地亚盟排版公司制版
天津画中画印刷有限公司印刷

*

开本：787毫米×1092毫米 1/16 印张：20¼ 字数：489千字
2024年8月第一版 2024年8月第一次印刷
定价：59.00元（赠教师课件）
ISBN 978-7-112-30805-7
（44497）

版权所有 翻印必究
如有内容及印装质量问题，请联系本社读者服务中心退换
电话：（010）58337283 QQ：2885381756
（地址：北京海淀三里河路9号中国建筑工业出版社604室 邮政编码：100037）

前　言
PREFACE

强国建设、交通先行，为国育才、为党育人；匠心养路、科学管理，绿色发展、低碳环保。党的二十大报告中提出加快建设教育强国和交通强国、推动绿色发展、坚持以人民为中心、推进数字中国建设、增进民生福祉等核心战略，本教材内容结合公路养护领域的技术革新与管理实践，对标《教育强国建设规划纲要（2024-2035年）》和《交通强国建设纲要》，融入公路养护在保障路网畅通、提升通行效率中的关键作用，体现"畅、安、舒、美"的养护目标；在"公路防灾与突发事件处置"等任务中，强化应急保畅、安全隐患排查等内容；新增"养护作业安全管理"模块，结合公路养护机械化、标准化要求，保障作业人员与公众安全。提出通过"双师型"编写团队和工学结合模式，培养适应交通强国需求的高技能人才。新增"路面再生利用"任务，强调低碳养护技术等内容。增加"大数据+"…"智慧巡检平台"等数字化管养技术的介绍；通过二维码链接微课视频或病害图片，提供数字化学习资源。教材既体现国家战略导向，又贴合职业教育的实践需求，为培养新时代公路养护人才提供理论支撑与实践指南。

基于调研，岗位分析；凝练项目，归纳任务；对标规范，重构内容；精选案例，数字呈现。近年来，随着我国职业教育教学改革持续深化，公路"建-管-养"产业链"五新"（新材料、新工艺、新技术、新设备和新方法）不断涌现，以及交通行业工程技术规范迭代修订，职业教育理念、人才培养模式、课程教学内容及方法等正在经历着一场深刻的变革，促使职业院校"三教"（教师、教材及教法）改革提质增效。在此背景下，我们遵循"校企双元、校际协同"的原则，组建了"公路养护技术与管理"教材编写团队，基于交通运输行业企业调研，开展职业岗位（群）能力分析，凝练典型项目和工作任务；对标现行工程技术规范，整体重构教材内容体系；精选实际工程项目案例，配套建设数字化教学资源，完成该新形态、数字化教材的编写工作。本教材具有以下特点：

一是项目导向、任务驱动，强化岗位能力培养，体现产教融合特色。聚焦公路养护管理及综合运维人才需求，基于公路养护工作过程，凝练、归纳典型项目和工作任务；对接道路养护技术员岗位能力要求，精选工程案例及知识、技能点；对标现行工程技术规范，以项目为导向、以任务为驱动，重构教材项目化、结构化内容体系。基于高职学生和社会学习者的认知特点，以OBE教育理念为指导，精心设计8大项目28个任务，让学习者在合理运用国家现行工程技术规范解决工程实际问题过程中，逐步获得职业岗位能力，实现职业素质养成。

二是知识传授、价值塑造，深融课程思政元素，实现教书育人根本。以典型项目、任务，精选工程案例及知识、技能点为载体，将"强国建设，交通先行"的职业精神、"为国育才，为党育人"的家国情怀、"匠心养路，科学管理"的工作作风、"绿色发展，低碳环保"的工作理念等职业素养融于教材内容之中。在各个项目、任务中明确思政点，在具体任务实施中有机融入思政元素，知识传授与价值塑造相辅相成、互为促进，潜移默化地让学习者产生职业认同、感悟工匠精神、敬畏规范制度、体会责任担当，最终实现协同育人根本目标。

三是校企双元、校际协同，配套多维课程资源，实施数字化教学改革。 本教材编写团队由国家级职业教育教师创新团队核心成员、高职院校教学一线"双师型"教师、行业专家及企业一线技术骨干组成。主编郭红兵教授从教二十多年，是教育部道路与桥梁工程技术专业国家级职业教育教师创新团队负责人、陕西省"双高计划"道路与桥梁工程技术高水平专业群负责人，主审杨云峰教授（三级）是西部地区交通建设行业、职业教育领域资深专家，主审吴超凡正高级工程师是陕西省"特支计划"产业领军人才，担任西安长大公路养护技术有限公司董事长，其他编写人员均具有丰富的教育教学经验和工程实践经历，形成了"行业企业专家引领、校企双元、校社协同"的优秀编审团队，配套的多维数字化教学资源制作精美、支持有力，保证了教材的先进性、科学性和实用性。

本教材由陕西交通职业技术学院郭红兵、彭标、黄娟、王菲、李凡、樊康佳，以及西安三好软件技术股份有限公司副总经理张丹、北京盈建科软件股份有限公司副总经理李保盛共同编写完成。郭红兵、彭标担任主编，黄娟、张丹担任副主编，杨云峰、吴超凡担任主审。具体分工如下：项目1由郭红兵、彭标编写；项目2、项目7由黄娟编写；项目3由彭标编写；项目4、项目8由王菲编写；项目5由李凡编写；项目6由樊康佳编写；本教材所有数字化教学资源由张丹、李保盛制作。

本教材编写过程中，参考和引用了现行的相关标准、规范、手册、教材、论著、网络资源等文献资料，在此谨向有关原作者表示衷心的感谢。同时，本教材是教育部道路与桥梁工程技术专业国家级职业教育教师创新团队建设、陕西省"双高计划"道路与桥梁工程技术高水平专业群建设、全国公路智能养护与建造产教融合共同体建设以及陕西高等教育教学改革研究重点攻关项目"基于'工程医院'模式的高职道桥工程智慧建造开放型区域产教融合实践中心建设研究与实践（项目编号：23GG010）"和陕西交通职业技术学院校级教育教学改革研究重点课题"行业产教融合共同体建设背景下《路面养护技术》课程数字化教材开发与应用（项目编号：XZ2402）"所取得的系列阶段性成果之一，在下一步教学实践中，将持续修订和完善。

由于编者水平有限，本教材难免存在谬误和不足之处，敬请读者批评指正，以便今后进一步修订和完善。

编 者

导 学
MENTORING

1. 公路养护与管理的研究对象及工作内容

公路养护与管理是指为保持公路经常处于完好状态，防止其使用质量下降，并向公路使用者提供良好的服务所进行的路况检查及评定、养护决策、日常养护、养护工程设计和施工、技术文件和数据管理等工作。其研究对象包括已竣工验收并投入使用的路基、路面、桥梁、隧道、交通工程及沿线设施等。

公路建成通车后，因承受车轮的磨损和冲击，受到暴雨、洪水、风沙、冰雪、日晒、冰融等自然力的侵蚀和风化，以及人为的破坏和修建时遗留的某些缺陷，公路使用质量会逐渐降低。因此，必须采取养护维修措施，并不断进行更新改善。必须及时修复公路损坏部分，否则将导致修复工程的投资加大，缩短公路的使用寿命，并给用路者造成损失。公路维修还必须注意进行紧急服务和抢修，保持公路畅通无阻。此外，公路养护与管理还要对原有技术标准过低的路段、构造物和沿线设施进行局部改善、更新和添建，以提高公路的通行能力和服务水平。

2. 公路养护技术与管理的学习内容及任务

按照"项目导向、任务驱动"的理念，《公路养护技术与管理》的学习内容包括 8 大项目、28 个任务。8 大项目依次是：公路养护认知、公路路基养护、公路沥青路面养护、公路水泥混凝土路面养护、公路桥梁养护、公路隧道养护、公路交通工程及沿线设施养护、公路智慧养护。教材在系统阐释相关理论的基础上，实现了学习内容与工作过程、理论知识与实践技能、专业能力与职业素养的有机融合。其具体学习任务包括：

（1）公路养护的基本规定，公路路况检查及评定，以及公路养护安全作业和公路防灾与突发事件处置；

（2）公路路基的养护类型与养护对策、常见病害识别与处治，以及特殊路基养护及工程实例；

（3）公路沥青路面的常见病害识别及处治、养护对策选择与养护选择，以及再生利用技术；

（4）公路水泥混凝土路面的常见病害识别及处治、养护对策选择与养护技术，以及再生利用技术；

（5）桥梁认知及养护要求、检查及技术状况评定方法，以及养护与维修；

（6）公路隧道病害分类及成因、保养维修与加固；

（7）公路交通安全设施养护、绿化养护及工程实例；

（8）公路养护的信息化管理及智慧化运维技术。

3. 公路养护技术与管理课程"教"与"学"要求

鉴于本课程理论与实践一体、认知与实操并重的特点，为了便于以教师为引导实施"教"、以学生为中心达成"学"，本教材配套开发了虚拟仿真（VR）、视频、动画、图片等数字化资源，并以二维码形式呈现，方便师生开展线上线下混合式学习。此外，针对课程主要内容制作了教材总体思维导图（图0-1），并给出了课程"教""学"路径建议（图0-2），供师生参考使用。

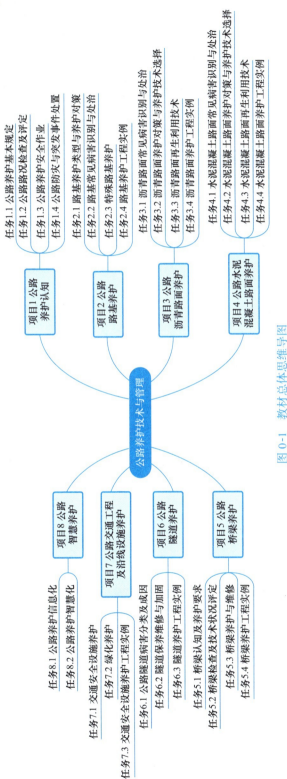

图 0-1 教材总体思维导图

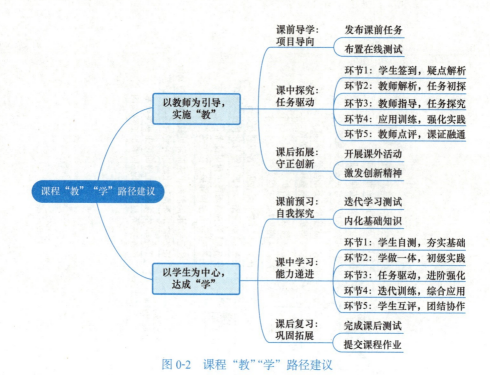

图 0-2　课程"教""学"路径建议

本教材配套资源索引

所属项目	资源编号	资源名称	资源类型	文中页码
项目1 公路养护认知	资源1-1	高速公路及一级公路养护作业区布置示例图集	图片	33
	资源1-2	二级、三级公路养护作业区布置示例图集	图片	34
	资源1-3	四级公路养护作业区布置示例图集	图片	35
	资源1-4	桥涵养护作业区布置示例图集	图片	36
	资源1-5	隧道养护作业区布置示例图集	图片	37
	资源1-6	平面交叉养护作业区布置示例图集	图片	38
	资源1-7	收费广场养护作业区布置示例图集	图片	39
	资源1-8	交通工程及沿线设施养护作业区布置示例图集	图片	39
	资源1-9	高速公路养护作业安全规程	视频	40
	资源1-10	干线公路灾害防治工程典型案例	文档	47
项目2 公路路基养护	资源2-1	换填改良施工	动画	58
	资源2-2	水泥搅拌桩施工	动画	60
	资源2-3	预制管桩施工	动画	61
	资源2-4	骨架植物防护施工	动画	64
	资源2-5	重力式挡土墙施工	动画	67
	资源2-6	扶壁式挡土墙施工	动画	68
	资源2-7	加筋土挡土墙施工	动画	68
	资源2-8	锚杆挡土墙施工	动画	68
	资源2-9	软土路基处理施工	动画	83
项目3 公路沥青路面养护	资源3-1	沥青路面坑槽就地热修补施工	视频	103
	资源3-2	喷射式坑槽修补施工	视频	104
	资源3-3	沥青路面车辙处治施工	视频	105
	资源3-4	纤维同步碎石封层施工	视频	114
	资源3-5	微表处施工	视频	115
	资源3-6	冷拌超薄罩面施工	视频	116
	资源3-7	沥青路面就地热再生施工	视频	117
项目4 公路水泥混凝土路面养护	资源4-1	水泥混凝土路面面层施工	动画	142
	资源4-2	旧水泥混凝土路面微裂均质化处治	视频	178

续表

所属项目	资源编号	资源名称	资源类型	文中页码
项目5 公路桥梁养护	资源5-1	桥梁组成介绍	动画	189
	资源5-2	桥梁建设发展趋势	文档	189
	资源5-3	5类桥单项控制指标	图片	203
	资源5-4	增大截面加固法施工	动画	209
	资源5-5	粘贴钢板加固法施工	动画	210
	资源5-6	粘贴碳纤维加固法施工	动画	211
	资源5-7	体外预应力加固法施工	动画	212
	资源5-8	外包钢套箍加固法施工	动画	212
	资源5-9	桥面伸缩缝养护维修流程图	图片	218
	资源5-10	案例一处治方案示意图	图片	224
	资源5-11	危桥改造工程典型案例	文档	226
项目7 公路交通工程及沿线设施养护	资源7-1	混凝土护栏施工	动画	272
	资源7-2	隔离栅施工	动画	274
	资源7-3	防眩板施工	动画	275
	资源7-4	公路安全生命防护工程典型案例	文档	285
项目8 公路智慧养护	资源8-1	道路维护数字化可视系统	视频	299
	资源8-2	基于无人机+机器视觉技术的桥梁监测技术应用彩图	文档	303

目 录
CONTENTS

项目 1　公路养护认知 ... 1
 任务 1.1　公路养护基本规定 ... 3
 任务 1.2　公路路况检查及评定 ... 6
 任务 1.3　公路养护安全作业 ... 27
 任务 1.4　公路防灾与突发事件处置 ... 40
 思考与练习 1 ... 47

项目 2　公路路基养护 ... 48
 任务 2.1　路基养护类型与养护对策 ... 50
 任务 2.2　路基常见病害识别与处治 ... 53
 任务 2.3　特殊路基养护 ... 82
 任务 2.4　路基养护工程实例 ... 93
 思考与练习 2 ... 96

项目 3　公路沥青路面养护 ... 97
 任务 3.1　沥青路面常见病害识别与处治 ... 99
 任务 3.2　沥青路面养护对策与养护技术选择 ... 109
 任务 3.3　沥青路面再生利用技术 ... 120
 任务 3.4　沥青路面养护工程实例 ... 132
 思考与练习 3 ... 139

项目 4　公路水泥混凝土路面养护 ... 140
 任务 4.1　水泥混凝土路面常见病害识别与处治 ... 142
 任务 4.2　水泥混凝土路面养护对策与养护技术选择 ... 152
 任务 4.3　水泥混凝土路面再生利用技术 ... 168
 任务 4.4　水泥混凝土路面养护工程实例 ... 181
 思考与练习 4 ... 185

项目 5　公路桥梁养护 ... 186
 任务 5.1　桥梁认知及养护要求 ... 188
 任务 5.2　桥梁检查及技术状况评定 ... 195

任务 5.3　桥梁养护与维修 ·· 204
　　任务 5.4　桥梁养护工程实例 ·· 221
　　　思考与练习 5 ·· 226

项目 6　公路隧道养护 ·· 227
　　任务 6.1　公路隧道病害分类及成因 ·· 228
　　任务 6.2　隧道保养维修与加固 ·· 239
　　任务 6.3　隧道养护工程实例 ·· 252
　　　思考与练习 6 ·· 263

项目 7　公路交通工程及沿线设施养护 ·· 264
　　任务 7.1　交通安全设施养护 ·· 266
　　任务 7.2　绿化养护 ·· 279
　　任务 7.3　交通安全设施养护工程实例 ·· 283
　　　思考与练习 7 ·· 286

项目 8　公路智慧养护 ·· 287
　　任务 8.1　公路养护信息化 ·· 289
　　任务 8.2　公路养护智慧化 ·· 293
　　　思考与练习 8 ·· 308

附录 A　公路技术状况调查及评定表 ·· 309

附录 B　公路养护安全设施 ·· 309

参考文献 ·· 310

项目 1

公路养护认知

【项目导读】

公路养护是指为保持公路经常处于完好状态，防止其使用质量下降，并向公路使用者提供良好的服务所进行的公路保养与维护作业。中国自古就有养护道路的优良传统。西周时期就设了负责按季节整平道路的官职。《国语》中规定"列树以表道，立鄙食以守路""雨毕而除道，水涸而成梁"。这些规定历代相传，逐渐树立起修桥补路是美德的观念。

本项目依据《公路养护技术标准》JTG 5110—2023、《公路技术状况评定标准》JTG 5210—2018、《公路养护安全作业规程》JTG H30—2015 及《道路交通标志和标线　第4部分：作业区》GB 5768.4—2017、《公路交通突发事件应急预案》，从公路养护的基本概念入手，介绍了公路养护的基本规定、公路路况检查及评定、公路养护安全作业，阐述了公路养护工作内容、养护对象及养护质量要求，明确了公路养护检查等级、工作内容、技术状况评定、专项检查及结构监测，分析了公路养护作业区组成、安全设施及其布置，并叙述了公路防灾与突发事件处置的原则及防治措施。本项目思维导图如图 1-1 所示。

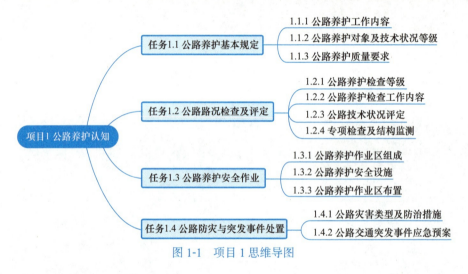

图 1-1　项目 1 思维导图

【知识目标】

1. 知道公路养护工作内容、养护对象及技术状况等级，掌握公路养护质量要求；
2. 知道公路养护检查等级、工作内容及专项检查、结构监测，掌握公路技术状况评定指标体系；
3. 知道公路养护作业区组成及安全设施，掌握公路养护作业区布置方法；
4. 掌握公路灾害类型及防治措施；
5. 了解公路交通突发事件应急预案。

【能力目标】

1. 能够针对不同技术等级公路的养护对象，给出相应的公路养护工作内容及养护质量要求；
2. 能够合理运用公路技术状况评定指标体系，进行公路技术状况评定；
3. 能够按照公路养护作业区布置方法与要求，完成公路养护作业区布置；

4. 能够叙述公路灾害类型及防治措施；
5. 能够对公路交通突发事件提供应急预案和实施方案。

【素养目标】

1. 系统了解我国公路建设与养护工程发展历程，深入理解"养路为国、护路利民"的重大意义，深刻领会"交通强国、匠心筑梦"的职业精神；
2. 培育形成爱岗敬业、追求卓越、严谨负责、争创一流的职业理念，锻造凝练吃苦实干、爱岗敬业、默默奉献、图强创新的"铺路石精神"；
3. 通过学习融入的典型公路灾害及突发事件，体会国家始终坚持人民至上、生命至上原则。

任务1.1 公路养护基本规定

【学习目标】

1. 知道公路养护工作内容，掌握不同阶段公路养护工作的具体技术要求。
2. 能够区分不同技术等级公路的养护对象，掌握公路技术状况等级评定标准。
3. 知道公路路况检查与养护要求，掌握公路及路面技术状况质量要求。

【任务描述】

1. 教师准备公路养护技术相关标准、规范，公路建设与养护施工视频，以及公路养护技术等工程资料。
2. 在教师引导下，学生通过学习标准规范、观看施工视频、查阅工程资料，能够系统了解我国公路建设与养护工程发展历程，区分不同历史阶段、不同技术等级公路的养护对象；掌握公路养护工作内容、公路技术状况等级评定标准，以及公路养护质量要求；理解"强国建设、交通先行，为党育人、为国育才"的重大意义，领会"匠心养路、科学管理、绿色发展、低碳环保"的职业精神。

【相关知识】

1.1.1 公路养护工作内容

公路养护包括路况检查及评定、养护决策、日常养护、养护工程设计和施工、技术文件和数据管理等工作。

1. 路况检查包括对公路基础设施的日常巡查、经常检查、定期检查、专项检查和应急检查，对特殊基础设施应进行结构监测。在相关检查的基础上，应进行技术状况评定或专项性能评定。
2. 养护决策基于检查及评定成果，通过养护决策分析，优化选择养护方案，为编制公路养护中长期规划和年度计划提供依据。
3. 日常养护包括日常保养和日常维修。养护工程包括预防养护工程、修复养护工程、专项养护工程和应急养护工程。应急养护工程可按技术方案组织实施，其余养护工程应按计划组织设计，依据设计及相关技术文件组织施工及验收。

4. 公路养护应收集、管理并充分利用各环节形成的技术文件和取得的数据，推进养护管理信息系统建设与应用。

5. 公路养护应配备与养护任务相适应的专业技术人员及专业机具设备，推广应用自动化、数字化快速养护检测和施工技术及设备。

1.1.2 公路养护对象及技术状况等级

1. 公路养护对象

公路养护对象包括已竣工验收并投入使用的路基、路面、桥涵（桥梁、涵洞）、隧道、交通工程及沿线设施等，如图 1-1-1 所示。

图 1-1-1 公路养护对象
（a）路基；（b）路面；（c）桥梁；（d）涵洞；（e）隧道；（f）交通工程及沿线设施

（1）路基养护对象包括土路肩、路堤与路床、边坡、防护及支挡结构物、路基排水设施等分项设施。

（2）路面养护对象包括路面面层和基层、硬路肩和路面排水设施等。

（3）桥涵（桥梁、涵洞）养护对象包括桥梁桥面系、上部结构、下部结构、附属设施和调治构造物等的各部件和构件，以及涵洞各部件等。

（4）隧道养护对象包括隧道土建结构、机电设施和其他工程设施。

（5）交通工程及沿线设施养护对象包括交通安全设施、机电设施、管理服务设施、绿化与环境保护设施。

2. 公路技术状况等级

公路及其路基、路面、交通工程及沿线设施的技术状况等级由高至低划分为优、良、中、次、差，桥梁、涵洞和隧道技术状况等级可相应划分为1类、2类、3类、4类、5类。

公路技术状况等级采用技术状况指数作为评定指标，值域为0～100。公路技术状况等级评定标准见表1-1-1的规定。路基、路面、桥涵、隧道、交通工程及沿线设施等基础设施的技术状况等级评定，按行业现行有关标准的规定采用技术状况指数加控制指标的评定标准。

公路技术状况等级评定标准 表1-1-1

技术状况等级	优	良	中	次	差
MQI	≥90	≥80，＜90	≥70，＜80	≥60，＜70	＜60

注：MQI——公路技术状况指数（Highway Maintenance Quality Indicator）。

1.1.3 公路养护质量要求

1. 路况检查与养护要求

公路路况检查按规定频率开展日常巡查、经常检查和定期检查，根据养护或应急需要开展专项检查和应急检查，并符合下列规定：

（1）日常巡查应掌握公路基础设施日常表观状态和使用情况，以及可能危及通行安全的病害、损毁及其他异常情况，为日常养护提供依据。

（2）经常检查应排查和跟踪公路基础设施病害及隐患，为动态调整日常养护方案及养护重点提供依据。

（3）定期检查应查明公路基础设施技术状况，为养护决策或动态调整公路养护年度计划等提供依据。

（4）专项检查应查明公路基础设施技术状况、专项性能或病害情况，为养护决策、养护工程设计或制定相关养护对策等提供依据。

（5）因突发事件造成公路基础设施损毁、交通中断或产生重大安全隐患时，应开展应急检查，为制定应急养护工程技术方案提供依据。

此外，对于一旦损坏将造成生命财产重大损失或产生重大社会影响、对变形及差异沉降有严格限制，以及存在高度安全风险的特殊基础设施，应进行结构监测，为结构损伤识别、技术状态评估及养护对策的制定等提供技术支持。

日常养护包括日常保养和日常维修。日常保养应维护公路基础设施及设备整洁、完好和正常运行。日常维修应对可能危及通行安全或迅速发展的局部病害和缺损及时修复或更换，保障公路正常使用。危及通行安全的损毁不能通过日常维修及时修复时，应立即上报，并按《公路养护技术标准》JTG 5110—2023 中应急处置的规定采取相应措施。

养护工程包括预防养护工程、修复养护工程、专项养护工程和应急养护工程。在公路基础设施整体性能良好但出现轻微病害或隐患时，应通过实施预防养护工程，延缓其性能衰减，延长使用寿命。当公路基础设施出现明显病害或部分丧失服务功能时，应通过实施修复养护工程，使其恢复良好技术状况。当需集中实施提升或恢复公路基础设施服务功能的工程时，应按专项养护工程组织实施。当因突发事件造成公路基础设施损毁、交通中断或产生重大安全隐患时，应在应急检查的基础上组织实施应急养护工程，恢复公路安全通行。

2. 养护质量要求

公路基础设施养护质量应符合下列规定：

（1）路基完好整洁，路堤及地基、边坡及结构物稳定，排水设施完善、排水通畅。

（2）路面完好整洁，使用性能满足安全通行要求，排水设施完善、排水通畅。

（3）桥涵外观整洁，各类部件、构件齐全完好，结构功能和性能满足安全使用要求，基础无冲蚀，排水设施完善、排水通畅。

（4）隧道土建结构完好整洁，衬砌、洞门及洞口结构功能和性能满足安全使用要求，排水设施完善、排水通畅，机电设施齐全完好、工作可靠。

（5）交通工程及沿线设施的各分项设施齐全完好、功能正常，各类设备齐全完好、工作可靠。

公路及路面养护质量应满足表 1-1-2 规定的技术状况质量要求。养护工程施工质量应达到合格等级，并满足设计文件和工程合同有关质量验收标准的要求。

公路及路面技术状况质量要求　　　　表 1-1-2

公路技术等级	公路技术状况			路面技术状况		
	MQI	优等路率	优良路率	*PQI*	优等路率	优良路率
高速公路	≥90	≥90%	—	≥90	≥88%	—
一级、二级公路	≥85	—	≥85%	≥80	—	≥80%
三级、四级公路	≥80	—	≥80%	≥80	—	≥75%

注：1. *PQI*——路面技术状况指数（Pavement Maintenance Quality Index）。
　　2. 优等路率指技术状况等级为优的里程与总评定里程的百分比。
　　3. 优良路率指技术状况等级为优、良的里程之和与总评定里程的百分比。

任务 1.2　公路路况检查及评定

【学习目标】

1. 知道公路养护检查等级，掌握路基、路面、交通工程及沿线设施、桥涵，以及隧道土建结构养护检查等级划分标准。

2. 知道公路养护检查工作内容，能够按照日常巡查、经常检查、定期检查和应急检查的频率进行公路养护检查。

3. 掌握公路技术状况指数（MQI）的计算方法，能够对公路技术状况进行计算和评价。

4. 知道专项检查及结构监测的实施条件，能够根据公路路况检查中遇到的具体情形，判断是否应进行专项检查或结构监测。

【任务描述】

任务 1.2-1　某国道 G××× 养管单位检测员小张和小李在 2022 年 5 月 15 日对 K0+000~K0+200 下行方向进行了路面损坏调查，采集到的路面损坏数据见表 1-2-1，用快速检测车测得的国际平整度指数 IRI 为 5.40，横向力系数 SFC 为 38。该路段为一级公路，水泥混凝土路面，有效路面宽度为 15m。请完成该表并对该路段的路面损坏状况、路面行驶质量、路面抗滑性能及路面使用性能进行评定。

水泥混凝土路面损坏调查表　　　　表 1-2-1

调查时间：2022年5月15日		调查人员：小张、小李		起点桩号：K0+000		单元长度：200m						路面宽度：15m	
路线编码名称：国道G×××		调查方向：下行											
调查内容	程度	权重(w_i)	单位	百米损坏									累计损坏
				1	2	3	4	5	6	7	8	9	10	
破碎板	轻	0.8	m²	38										
	重	1.0												
裂缝	轻	0.6	m	15										
	中	0.8			30									
	重	1.0		8										
板角断裂	轻	0.6	m²	21										
	中	0.8			18									
	重	1.0		10										
错台	轻	0.6	m	15										
	重	1.0			5									
拱起	—	1.0	m²		6									
边角剥落	轻	0.6	m	8										
	中	0.8		4	12									
	重	1.0												
接缝料损坏	轻	0.4	m	25	30									
	重	0.6		17										
坑洞	—	1.0	m²	8										
唧泥	—	1.0	m	5	10									
露骨	—	0.3	m²	23										
修补	—	0.1	块状 m²	15	13									
			条状 m											

任务 1.2-2　某国道 G××× 养管单位检测员小王在 2023 年 3 月 1 日对 K220+000~K221+000 的路况调查结果进行统计，调查数据见表 1-2-2 及表 1-2-3。请完成该表及公路技术状况评定汇总表（见附录 A 中的附表 A-7）。

公路技术状况评定明细表（一）　　　　　表 1-2-2

路线编码名称：G×××　技术等级：一级　路面类型：水泥混凝土路面　检测方向：上行　2023 年 3 月 1 日

起点桩号	评定单元长度（m）	MQI	路基 SCI	路面 PQI	PQI 分项指标					桥隧构造物 BCI	沿线设施 TCI
					PCI	RQI	PBI	SRI	PWI		
K220+000	1000		85.00		82.00	91.80	-	85.50	-	60.00	83.30
K221+000	1000		91.00		90.76	83.29	-	91.20	-	100.00	93.40
小计											

公路技术状况评定明细表（二）　　　　　表 1-2-3

路线编码名称：G×××　技术等级：一级　路面类型：水泥混凝土路面　检测方向：下行　2023 年 3 月 1 日

起点桩号	评定单元长度（m）	MQI	路基 SCI	路面 PQI	PQI 分项指标					桥隧构造物 BCI	沿线设施 TCI
					PCI	RQI	PBI	SRI	PWI		
K220+000	1000		82.05		86.76	76.20	-	88.30	-	60.00	64.60
K221+000	1000		77.60		79.20	95.20	-	75.50	-	100.00	78.00
小计											

【相关知识】

1.2.1　公路养护检查等级

公路日常巡查、经常检查和定期检查频率根据检查类型、检查对象及其养护检查等级，结合气象条件等确定。路况检查宜采用自动化、信息化及便携式检测设备，也可采用人工调查与仪器和工具量测相结合的方法。路况检查应现场填写日常巡查日志或各类检查记录。建有数据库时，检查数据应及时传入或录入数据库。

1. 路基、路面、交通工程及沿线设施养护

路基、路面、交通工程及沿线设施养护检查等级，宜按表 1-2-4 规定的划分标准，结合公路功能和交通量确定。技术状况等级为中的路段，表列Ⅱ级、Ⅲ级应各提高一级；技术状况等级为次、差的路段，养护检查等级应采用Ⅰ级。

路基、路面、交通工程及沿线设施养护检查等级划分标准　　　　表 1-2-4

养护检查等级	Ⅰ级	Ⅱ级	Ⅲ级
公路技术等级	高速公路、一级公路	二级公路	三级、四级公路

2. 桥涵养护

桥涵养护检查等级划分标准宜符合表 1-2-5 的规定。技术状况等级为 3 类时，表列Ⅱ级、Ⅲ级应各提高一级；技术状况等级为 4 类时，养护检查等级应采用Ⅰ级。

桥涵养护检查等级划分标准　　　　表 1-2-5

养护检查等级	Ⅰ级	Ⅱ级	Ⅲ级
高速公路、一级、二级公路	L_k>150m 的特大桥，特殊结构桥梁	L_k≤150m 的特大桥，大桥、中桥、小桥	涵洞
三级、四级公路	L_k>150m 的特大桥，特殊结构桥梁	L_k≤150m 的特大桥，大桥	中桥、小桥、涵洞

3. 隧道土建结构养护

隧道土建结构养护检查等级宜按表1-2-6规定的划分标准，结合交通量、使用年限和气候条件等确定，技术状况等级为3类或为水下隧道时，表列Ⅱ级、Ⅲ级应各提高一级；技术状况等级为4类时，养护检查等级应采用Ⅰ级。

隧道土建结构养护检查等级划分标准　　　　　　表 1-2-6

养护检查等级	Ⅰ级	Ⅱ级	Ⅲ级
高速公路、一级公路	特长、长、中隧道	短隧道	—
二级、三级、四级公路	特长隧道	长、中隧道	短隧道

1.2.2 公路养护检查工作内容

按照检查频率，公路养护检查分为日常巡查、经常检查、定期检查和应急检查，各自相应的养护检查工作具体内容如下。

1. 日常巡查

日常巡查包括日间巡查和夜间巡查，并包括下列内容：

（1）日间巡查：路基、路面、桥面系、隧道土建结构及其他工程设施、交通安全设施、机电设施、绿化与环境保护设施等是否完好整洁、使用正常，是否存在影响安全的病害、缺损及其他异常情况，路侧是否存在遮挡标志和安全视距的植物和设施等。

（2）夜间巡查：标志、标线和轮廓标等的夜间视认性是否满足使用要求，照明设施是否齐全完好、工作正常。

日常巡查频率不小于表1-2-7的规定，并符合下列规定：养护检查等级为Ⅰ级的桥梁，日间巡查频率不少于1次/日。灾害天气加大日常巡查频率。高速公路和一级公路双向全程巡查。

日常巡查频率　　　　　　表 1-2-7

养护检查等级		Ⅰ级	Ⅱ级	Ⅲ级
巡查频率	日间巡查	1次/日	1次/3日	1次/周
	夜间巡查	1次/月	1次/2月	1次/3月

此外，日常巡查发现危及安全的病害、损毁及其他异常情况时，现场设置警示标志并上报，在应急处置和抢修人员到场前进行现场监视。日常巡查可采用车行观察方式，辅以摄影或摄像。发现异常情况应下车抵近检查，对异常情况类型和位置进行记录并上报。

2. 经常检查

经常检查内容包括路基、路面、桥涵、隧道、交通工程及沿线设施是否存在病害及隐患，使用功能是否正常，以及既有病害的发展情况等。经常检查频率不小于表1-2-8的规定，灾害天气或病害发展较快时，应加大经常检查频率。

经常检查频率　　　　　　表 1-2-8

养护检查等级	Ⅰ级	Ⅱ级	Ⅲ级
检查频率	1次/月	1次/2月	1次/3月

此外，经常检查应抵近检查。发现病害及其他异常情况时，应现场对其类型和范围等进行判定并记录；病害及其他异常情况较严重时应做专项检查，进一步判明病害程度及成因，并根据检查及评定结论采取相应的养护措施。

3. 定期检查

定期检查根据检查对象工程特征和现场条件，结合养护历史资料制定检查方案，明确检查目的、内容和方法，交通组织、数据管理和技术状况评定方案等。定期检查包括下列内容：

（1）路基各分项设施的病害、缺损程度及相关指标。

（2）表1-2-9规定的路面检测指标，其中横向力系数和构造深度为二选一检测指标，路面弯沉为抽样检测指标。

路面检测指标　　　　　　　　　　　　表1-2-9

养护检查等级		Ⅰ级	Ⅱ级、Ⅲ级
检测指标	沥青路面	路面破损率、国际平整度指数、路面车辙深度、路面跳车、横向力系数或路面构造深度、路面弯沉	路面破损率、国际平整度指数、路面弯沉
	水泥混凝土路面	路面破损率、国际平整度指数、路面跳车、横向力系数或路面构造深度	路面破损率、国际平整度指数

（3）桥梁桥面系、上部结构和下部结构的各部件及构件，以及涵洞主要部件的病害、缺损程度及相关指标。

（4）隧道土建结构和其他工程设施的各分项设施病害、缺损程度及相关指标，机电设施及设备完好率等。

（5）交通安全设施、管理服务设施、绿化及环境保护设施的各分项设施病害、缺损程度及相关指标，机电设施及设备完好率等。

经定期检查难以判明病害程度及成因，或需进一步查明结构承载能力、抗灾能力或安全性等专项性能时，应对其进行专项检查。定期检查频率不小于表1-2-10的规定，路面横向力系数检查频率可适当减小，但不少于1次/2年。

定期检查频率　　　　　　　　　　　　表1-2-10

养护检查等级		Ⅰ级	Ⅱ级	Ⅲ级
检查频率	路基、路面、交通工程及沿线设施	1次/年	1次/年	1次/年
	桥涵、隧道	1次/年	1次/3年	1次/3年

此外，定期检查应将公路划分为若干检查单元分段进行。检查单元长度宜采用1000m，并根据桥梁、隧道、路面类型和养护管理区段分布情况及检查手段等进行调整。桥梁、涵洞和隧道等按座进行检查，其检查单元宜进一步划分。高速公路和一级公路对上、下行方向各路幅分别进行检测和调查。最后，在定期检查成果的基础上进行技术状况评定，编制定期检查报告，提出检查及评定结论，以及必要的养护对策建议等。

4. 应急检查

应急检查应对公路受损范围、基础设施损毁类型和程度、路段及路网通行条件等进行调查，必要时开展结构物承载能力和抗灾能力等专项检查、地质和水文等勘察。应急检查应编制应急检查报告，分析基础设施损坏状况、成因及范围，评估受损基础设施技术状况、安全性和修复可行性，提出抢通、保通和抢修等应急养护工程技术方案建议。

1.2.3 公路技术状况评定

公路技术状况评定进行技术状况指数评定和技术状况等级评定。路网技术状况评定尚应统计优等路率、优良路率和次差路率。

1. 公路技术状况评定指标体系

《公路技术状况评定标准》JTG 5210—2018 规定的公路技术状况指标体系见图 1-2-1，公路技术状况指数 MQI 和相应分项指标值域为 0～100。

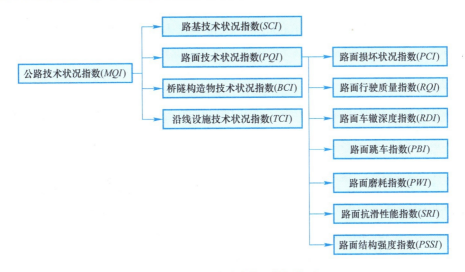

图 1-2-1 公路技术状况指标体系

注：MQI——Highway Maintenance Quality Indicator；
　　SCI——Subgrade Condition Index；
　　PQI——Pavement Maintenance Quality Index；
　　BCI——Bridge，Tunnel and Culvert Condition Index；
　　TCI——Traffic facility Condition Index；
　　PCI——Pavement Surface Condition Index；
　　RQI——Pavement Riding Quality Index；
　　RDI——Pavement Rutting Depth Index；
　　PBI——Pavement Bumping Index；
　　PWI——Pavement Surface Wearing Index；
　　SRI——Pavement Skidding Resistance Index；
　　PSSI——Pavement Structure Strength Index。

公路基础设施技术状况指数依据其技术状态资料进行评定，各类基础设施技术状态资料内容符合定期检查的相关规定。公路技术状况分为优、良、中、次、差五个等级，根据公路技术状况指数（MQI），按表 1-1-1 规定的评定标准进行评定。各分项指标也分为优、良、中、次、差五个等级，其等级划分标准符合表 1-2-11 的规定。

公路技术状况分项指标等级划分标准 表 1-2-11

评定指标	优	良	中	次	差
SCI、PQI、BCI、TCI	≥90	≥80，<90	≥70，<80	≥60，<70	<60
PCI、RQI、RDI、PBI、PWI、SRI、PSSI	≥90	≥80，<90	≥70，<80	≥60，<70	<60

注：1. 高速公路 PCI 等级划分标准："优"为 PCI≥92，"良"为 80≤PCI<92，其他保持不变。
　　2. 水泥混凝土路面 RQI 等级划分标准："优"为 RQI≥88，"良"为 80≤RQI<88，其他保持不变。

2. 公路技术状况检测与调查

（1）一般规定

公路技术状况检测与调查包括路面、路基、桥隧构造物和沿线设施四部分内容。路面检测与调查包括路面损坏、路面平整度、路面车辙、路面跳车、路面磨耗、路面抗滑性能和路面结构强度七项内容。

公路技术状况检测与调查以 1000m 路段长度为基本检测（或调查）单元。在路面类型、交通量、路面宽度和养管单位等变化处，检测（或调查）单元的长度可不受此限制。

公路技术状况检测与调查按上行（桩号递增方向）和下行（桩号递减方向）两个方向分别实施，二级、三级、四级公路可不分上下行检测与调查。

公路技术状况检测与调查的频率按表 1-2-12 的规定执行。不具备自动化检测条件的路线或路段可采用人工调查方式，人工调查宜采用便携设备。

公路技术状况检测与调查频率 表 1-2-12

检测与调查内容		沥青路面		水泥混凝土路面	
		高速公路、一级公路	二级、三级、四级公路	高速公路、一级公路	二级、三级、四级公路
路面	路面损坏	1次/年	1次/年	1次/年	1次/年
	路面平整度	1次/年	1次/年	1次/年	1次/年
	路面车辙	1次/年	—	—	—
	路面跳车	1次/年	—	1次/年	—
	路面磨耗	1次/年	—	1次/年	—
	路面抗滑性能	1次/2年	—	1次/2年	—
	路面结构强度	—	—	—	—
路基		1次/年			
桥隧构造物		按现行标准规范的有关规定执行			
沿线设施		1次/年			

注：路面结构强度为抽样检测指标，抽样检测的路线或路段按路面养护管理需要确定，最低抽样比例不得低于公路网列养里程的 20%。

（2）路面技术状况检测与调查

① 路面技术状况自动化检测

路面技术状况自动化检测指标包括路面破损率（DR）、国际平整度指数（IRI）、路面车辙深度（RD）、路面跳车（PB）、路面构造深度（MPD）、横向力系数（SFC）和路面弯沉（l_0）。其中，路面构造深度（MPD）和横向力系数（SFC）为二选一指标。

路面技术状况自动化检测符合现行《多功能路况快速检测设备》GB/T 26764—2024和《公路路面技术状况自动化检测规程》JTG/T E61—2014的规定。

路面技术状况检测采用自动化检测设备。每个检测方向至少检测一个主要行车道。二级、三级、四级公路的路面技术状况检测宜选择技术状况相对较差的方向。

路面损坏、路面平整度、路面车辙、路面跳车、路面磨耗、路面抗滑性能、路面结构强度自动化检测满足《公路技术状况评定标准》JTG 5210—2018 第 6.3.4～6.3.10 节规定的要求。

② 路面技术状况人工调查

路面损坏人工调查满足下列要求：人工调查的路面损坏类型满足《公路技术状况评定标准》JTG 5210—2018 第 5.2 节和第 5.3 节的规定。同一位置存在多类路面损坏时，计权重最大的损坏。各类路面损坏以 100m 为单位，按损坏程度，每 100m 计 1 个损坏，每一个调查单元计算 1 个累计损坏面积。路面损坏人工调查包含所有行车道，紧急停车带按路肩处理。沥青路面和水泥混凝土路面损坏调查表的格式见附录 A（附表 A-2～附表 A-3）。

路面结构强度人工调查满足下列要求：采用贝克曼梁。检测指标为路面弯沉（l_0）。检测方法满足现行《公路路基路面现场测试规程》JTG 3450—2019 的规定。

（3）路基技术状况检测与调查

路基技术状况可采用人工调查和自动化检测方式。

路基各类损坏调查以 100m 为单位，按损坏程度，每 100m 计 1 个扣分，每一个调查单元计算 1 个合并累计扣分。

路基技术状况按《公路技术状况评定标准》JTG 5210—2018 第 5.1 节规定的损坏类型调查。路基损坏调查表的格式见附录 A 附表 A-1。

（4）桥隧构造物技术状况检测与调查

桥隧构造物技术状况可采用人工调查和自动化检测方式。桥梁技术状况检测与调查满足《公路桥梁技术状况评定标准》JTG/T H21—2011 的规定。隧道技术状况检测与调查满足《公路隧道养护技术规范》JTG H12—2015 的规定。涵洞技术状况检测与调查满足《公路桥涵养护规范》JTG 5120—2021 的规定。

桥隧构造物检测与调查以 100m 为单位，按评定等级，每 100m 计 1 个扣分，每一个调查单元计算 1 个合并累计扣分。桥隧构造物损坏调查表的格式见附录 A 附表 A-4。

（5）沿线设施技术状况检测与调查

沿线设施技术状况可采用人工调查和自动化检测方式。沿线设施技术状况损坏类型满足《公路技术状况评定标准》JTG 5210—2018 第 5.4 节的规定。

沿线设施的各类损坏以 100m 为单位，按损坏程度，每 100m 计 1 个扣分，每一个调查单元计算 1 个合并累计扣分。沿线设施损坏调查表的格式见附录 A 附表 A-5。

3. 公路技术状况评定内容

公路技术状况评定以检查单元作为评定单元，按评定单元、公路和公路网逐级进行，并符合下列规定：评定单元技术状况根据单元内各基础设施技术状况综合评定。一条公路的技术状况根据各评定单元技术状况综合评定。公路网技术状况根据各条公路技术状况综合评定。

（1）一般规定

公路技术状况评定以1000m路段长度为基本评定单元。在路面类型、交通量、路面宽度和养管单位等变化处，评定单元的长度可不受此限制。公路技术状况评定计算优等路率、优良路率和次差路率三项统计指标。

（2）公路技术状况评定

① 公路技术状况采用 MQI 评定。MQI 按下式计算：

$$MQI = w_{SCI}SCI + w_{PQI}PQI + w_{BCI}BCI + w_{TCI}TCI \qquad (1-2-1)$$

式中：w_{SCI}——SCI 在 MQI 中的权重，取值为 0.08；

w_{PQI}——PQI 在 MQI 中的权重，取值为 0.70；

w_{BCI}——BCI 在 MQI 中的权重，取值为 0.12；

w_{TCI}——TCI 在 MQI 中的权重，取值为 0.10。

② 对长度小于或大于1000m的非整千米评定单元，除 PQI 外，SCI、BCI 和 TCI 三项指标的实际扣分换算成基本评定单元的扣分［实际扣分×基本评定单元长度（1000m）/实际评定单元长度］。桥隧构造物评价结果计入桥隧构造物所属评定单元。

③ 存在5类桥梁、5类隧道、危险涵洞及影响交通安全的重度边坡坍塌的评定单元，MQI 值取 0。

④ 路线公路技术状况评定时，采用路线内所有评定单元 MQI 的算术平均值作为该路线的 MQI。

⑤ 公路网公路技术状况评定时，采用公路网内所有路线 MQI 的长度加权平均值作为该公路网的 MQI。

⑥ MQI 及各级分项指标评价结果保留两位小数。

公路技术状况评定明细表、汇总表见附录 A 附表 A-6、附表 A-7。

4. 各级分项指标评定内容

各类公路基础设施技术状况自下而上逐级评定，并符合下列规定：

（1）路基技术状况评定

路基技术状况根据路基各分项设施技术状况，采用 SCI 进行综合评定。SCI 按下式计算：

$$SCI = \sum_{i=1}^{i_0} w_i(100 - GD_{SCI}) \qquad (1-2-2)$$

式中：GD_{SCI}——第 i 类路基损坏的累计扣分，最高扣分为100，路基损坏扣分标准见表1-2-13；

w_i——第 i 类路基损坏的权重；

i——路基损坏类型；

i_0——路基损坏类型总数，取 7。

路基损坏扣分标准（7类18项） 表1-2-13

类型（i）	损坏名称	损坏程度	计量单位	单位扣分	权重（w_i）
1	路肩损坏	轻	m²	1	0.10
		重		2	

续表

类型(i)	损坏名称	损坏程度	计量单位	单位扣分	权重(w_i)	
2	边坡坍塌	轻	处	20	0.25	边坡坍塌为重度且影响交通安全时，该评定单元的 MQI 值取 0
		中		50		
		重		100		
3	水毁冲沟	轻	处	20	0.15	
		中		30		
		重		50		
4	路基构造物损坏	轻	处	20	0.10	路基构造物损坏为重度时，该评定单元的 SCI 值取 0
		中		50		
		重		100		
5	路缘石缺损	—	m	4	0.05	
6	路基沉降	轻	处	20	0.25	
		中		30		
		重		50		
7	排水不畅	轻	处	20	0.10	
		中		50		
		重		100		

（2）路面技术状况评定

高速公路和一级公路路面技术状况根据路面损坏状况指数、行驶质量指数、路面跳车指数，抗滑性能或磨耗指数等分项指标综合评定，沥青路面尚应增加车辙深度指数。二级及二级以下等级公路路面根据损坏状况指数和行驶质量指数综合评定。路面技术状况评定汇总表见附录 A 附表 A-8。

① 沥青路面技术状况评定包括路面损坏、路面平整度、路面车辙、路面跳车、路面磨耗、路面抗滑性能和路面结构强度七项内容。

② 水泥混凝土路面技术状况评定包括路面损坏、路面平整度、路面跳车、路面磨耗和路面抗滑性能五项内容。

③ 路面技术状况采用 PQI 评定。PQI 按下式计算：

$$PQI = w_{PCI}PCI + w_{RQI}RQI + w_{RDI}RDI + w_{PBI}PBI + w_{PWI}PWI + w_{SRI}SRI + w_{PSSI}PSSI \quad (1\text{-}2\text{-}3)$$

式中：w_{PCI}——PCI 在 PQI 中的权重；w_{RQI}——RQI 在 PQI 中的权重；

w_{RDI}——RDI 在 PQI 中的权重；w_{PBI}——PBI 在 PQI 中的权重；

w_{PWI}——PWI 在 PQI 中的权重；w_{SRI}——SRI 在 PQI 中的权重；

w_{PSSI}——$PSSI$ 在 PQI 中的权重。以上权重均按表 1-2-14 的规定取值。

PQI 各分项指标权重　　　　　　　　　　　　　　　　　　　　表 1-2-14

路面类型	权重	高速公路、一级公路	二级、三级、四级公路
沥青路面	w_{PCI}	0.35	0.60

续表

路面类型	权重	高速公路、一级公路	二级、三级、四级公路
沥青路面	w_{RQI}	0.30	0.40
	w_{RDI}	0.15	—
	w_{PBI}	0.10	—
	$w_{SRI(PWI)}$	0.10	0.10
	w_{PSSI}	—	—
水泥混凝土路面	w_{PCI}	0.50	0.60
	w_{RQI}	0.30	0.40
	w_{PBI}	0.10	0.10
	$w_{SRI(PWI)}$	0.10	0.10

注：采用式（1-2-3）计算 PQI 时，SRI 和 PWI 二者取一。

④ 路面结构强度指数（$PSSI$）不参与 PQI 评定。

⑤ 路面损坏状况指数（PCI）按下式计算：

$$PCI = 100 - a_0 DR^{a_1} \quad (1\text{-}2\text{-}4)$$

$$DR = 100 \times \frac{\sum_{i=1}^{i_0} w_i A_i}{A} \quad (1\text{-}2\text{-}5)$$

式中：DR——路面破损率（%）；

a_0——沥青路面采用 15.00，水泥混凝土路面采用 10.66；

a_1——沥青路面采用 0.412，水泥混凝土路面采用 0.461；

A_i——第 i 类路面损坏的累计面积（m²）；

A——路面检测或调查面积（m²）；

w_i——第 i 类路面损坏的权重或换算系数，见表 1-2-15、表 1-2-16；

i——路面损坏类型，包括损坏程度（轻、中、重）；

i_0——损坏类型总数，沥青路面取 21，水泥混凝土路面取 20。

沥青路面损坏类型（11 类 21 项）、权重及换算系数　　　　表 1-2-15

类型（i）	损坏名称	损坏程度	计量单位（m²）	权重（w_i）（人工调查）	换算系数（w_i）（自动检测）
1	龟裂	轻	面积	0.6	1.0
2		中		0.8	
3		重		1.0	
4	块状裂缝	轻	面积	0.6	1.0
5		重		0.8	
6	纵向裂缝	轻	长度×0.2m	0.6	2.0
7		重		1.0	

续表

类型（i）	损坏名称	损坏程度	计量单位（m²）	权重（w_i）（人工调查）	换算系数（w_i）（自动检测）
8	横向裂缝	轻	长度×0.2m	0.6	2.0
9		重		1.0	
10	沉陷	轻	面积	0.6	1.0
11		重		1.0	
12	车辙	轻	长度×0.4m	0.6	—
13		重		1.0	
14	波浪拥包	轻	面积	0.6	1.0
15		重		1.0	
16	坑槽	轻	面积	0.8	1.0
17		重		1.0	
18	松散	轻	面积	0.6	1.0
19		重		1.0	
20	泛油	—	面积	0.2	0.2
21	修补	—	长度×0.4m	0.1	0.1（0.2）

注：1. 人工调查时，将条状修补的调查长度（m）乘以影响宽度（0.2m）换算成面积。

2. 自动化检测时，块状修补的换算系数 w_i 为0.1，条状修补的换算系数 w_i 为0.2。

水泥混凝土路面损坏类型（11类20项）、权重及换算系数　　表1-2-16

类型（i）	损坏名称	损坏程度	计量单位（m²）	权重（w_i）（人工调查）	换算系数（w_i）（自动检测）
1	破碎板	轻	面积	0.8	1.0
2		重		1.0	
3	裂缝	轻	长度×1.0m	0.6	10
4		中		0.8	
5		重		1.0	
6	板角断裂	轻	面积	0.6	1.0
7		中		0.8	
8		重		1.0	
9	错台	轻	长度×1.0m	0.6	10
10		重		1.0	
11	拱起	—	面积	1.0	1.0
12	边角剥落	轻	长度×1.0m	0.6	10
13		中		0.8	
14		重		1.0	
15	接缝料损坏	轻	长度×1.0m	0.4	6
16		重		0.6	
17	坑洞	—	面积	1.0	1.0

续表

类型（i）	损坏名称	损坏程度	计量单位（m²）	权重（w_i）（人工调查）	换算系数（w_i）（自动检测）
18	唧泥	—	长度 ×1.0m	1.0	10
19	露骨	—	面积	0.3	0.3
20	修补	—	面积或长度 ×0.2m	0.1	0.1（0.2）

注：1. 人工调查时，将条状修补的调查长度（m）乘以影响宽度（0.2m）换算成面积。

2. 自动化检测时，块状修补的换算系数 w_i 为 0.1，条状修补的换算系数 w_i 为 0.2。

⑥ 自动化检测时，A_i 按下式计算：

$$A_i = 0.01 \times GN_i \tag{1-2-6}$$

式中：GN_i——含有第 i 类路面损坏的网格数；

0.01——面积换算系数，一个网格的标准尺寸为 0.1m×0.1m。

⑦ 路面行驶质量指数（RQI）按下式计算：

$$RQI = \frac{100}{1 + a_0 e^{a_1 IRI}} \tag{1-2-7}$$

式中：IRI——国际平整度指数（m/km）；

a_0——高速公路和一级公路采用 0.026，其他等级公路采用 0.0185；

a_1——高速公路和一级公路采用 0.65，其他等级公路采用 0.5。

⑧ 路面车辙深度指数（RDI）按下式计算：

$$RDI = \begin{cases} 100 - a_0 RD & (RD \leqslant RD_a) \\ 90 - a_1(RD - RD_a) & (RD_a < RD \leqslant RD_b) \\ 0 & (RD > RD_b) \end{cases} \tag{1-2-8}$$

式中：RD——路面车辙深度（mm）；

RD_a——路面车辙深度参数，采用 10.0；

RD_b——路面车辙深度参数，采用 40.0；

a_0——模型参数，采用 1.0；

a_1——模型参数，采用 3.0。

⑨ 路面跳车指数（PBI）按下式计算：

$$PBI = 100 - \sum_{i=1}^{i_0} a_i PB_i \tag{1-2-9}$$

式中：PB_i——第 i 类程度的路面跳车。路面跳车计算方法见《公路技术状况评定标准》JTG 5210—2018 附录 B；

a_i——第 i 类程度的路面跳车单位扣分，按表 1-2-17 的规定取值；

i——路面跳车程度；

i_0——路面跳车程度总数，取 3。

路面跳车扣分标准 表 1-2-17

类型（i）	跳车程度	计量单位	单位扣分
1	轻度	处	0

续表

类型（i）	跳车程度	计量单位	单位扣分
2	中度	处	25
3	重度		50

⑩ 路面磨耗指数（PWI）按下式计算：

$$PWI = 100 - a_0 WR^{a_1} \quad (1\text{-}2\text{-}10)$$

$$WR = 100 \times \frac{MPD_C - \min\{MPD_L, MPD_R\}}{MPD_C} \quad (1\text{-}2\text{-}11)$$

式中：WR——路面磨耗率（%）；

a_0——模型参数，采用 1.696；

a_1——模型参数，采用 0.785；

MPD_C——路面构造深度基准值，采用无磨损的车道中线路面构造深度（mm）；

MPD_L——左轮迹带的路面构造深度（mm）；

MPD_R——右轮迹带的路面构造深度（mm）。

⑪ 路面抗滑性能指数（SRI）按下式计算：

$$SRI = \frac{100 - SRI_{\min}}{1 + a_0 e^{a_1 SFC}} + SRI_{\min} \quad (1\text{-}2\text{-}12)$$

式中：SFC——横向力系数；

$SRI_{\min}$——标定参数，采用 35.0；

a_0——模型参数，采用 28.6；

a_1——模型参数，采用 0.105。

⑫ 路面结构强度指数（$PSSI$）按下式计算：

$$PSSI = \frac{100}{1 + a_0 e^{a_1 SSR}} \quad (1\text{-}2\text{-}13)$$

$$SSR = \frac{l_R}{l_0} \quad (1\text{-}2\text{-}14)$$

式中：SSR——路面结构强度系数（Pavement Structure Strength Ratio），为路面容许弯沉与路面实测代表弯沉之比；

l_R——路面容许弯沉（mm）；

l_0——路面实测代表弯沉（mm）；

a_0——模型参数，采用 15.71；

a_1——模型参数，采用 -5.19。

（3）桥隧构造物技术状况评定

桥面系、上部结构和下部结构等技术状况根据其各构件、部件技术状况综合评定，在此基础上对桥梁技术状况进行综合评定。

隧道土建结构、机电设施和其他工程设施技术状况根据其各分项设施或设备技术状况综合评定，在此基础上对隧道技术状况进行综合评定。

① 桥隧构造物技术状况采用 BCI 评定。BCI 按下式计算：

$$BCI = \min(100 - GD_{iBCI}) \quad (1\text{-}2\text{-}15)$$

式中：GD_{iBCI}——第 i 类构造物的累计扣分，最高扣分为 100，取值见表 1-2-18；

　　　i——构造物类型（桥梁、隧道、涵洞），共 3 类。

桥隧构造物扣分标准　　　　　　　表 1-2-18

类型（i）	构造物名称	评定等级	计量单位	单位扣分	备注
1	桥梁	1	座	0	采用现行《公路桥梁技术状况评定标准》JTG/T H21—2011 的评定方法，5 类桥梁所属评定单元的 MQI 值取 0
		2		10	
		3		40	
		4		70	
		5		100	
2	隧道	1	座	0	采用现行《公路隧道养护技术规范》JTG H12—2015 的评定方法，五类隧道所属评定单元的 MQI 值取 0
		2		10	
		3		40	
		4		70	
		5		100	
3	涵洞	好	座	0	采用现行《公路桥涵养护规范》JTG 5120—2021 的评定方法，危险涵洞所属评定单元的 MQI 值取 0
		较好		10	
		较差		40	
		差		70	
		危险		100	

② 不含桥隧构造物的评定单元，BCI 值取 100。

（4）沿线设施技术状况评定

交通安全设施、机电设施、管理服务设施、绿化及环境保护设施技术状况根据其各分项设施或设备技术状况综合评定。

① 沿线设施技术状况采用 TCI 评定。TCI 按下式计算：

$$TCI = \sum_{i=1}^{i_0} w_i(100 - GD_{iTCI}) \quad (1\text{-}2\text{-}16)$$

式中：GD_{iTCI}——第 i 类设施损坏的累计扣分，最高扣分为 100，取值见表 1-2-19；

　　　w_i——第 i 类设施损坏的权重；

　　　i——损坏类型；

　　　i_0——沿线设施损坏类型总数，取 5。

沿线设施扣分标准　　　　　　　表 1-2-19

类型（i）	损坏名称	损坏程度	计量单位	单位扣分	权重（w_i）	备注
1	防护设施缺损	轻	处	10	0.25	
		重		30		

续表

类型（i）	损坏名称	损坏程度	计量单位	单位扣分	权重（w_i）	备注
2	隔离栅损坏	—	处	20	0.10	
3	标志缺损	—	处	20	0.25	
4	标线缺损	—	m	0.1	0.20	
5	绿化管护不善	—	m	0.1	0.20	每10m扣1分，不足10m计10m

1.2.4 专项检查及结构监测

1. 专项检查

在公路路况检查过程中，当遇到以下情形时，应开展专项检查：养护决策或养护工程设计需要时；经常检查或定期检查后需做进一步检查时；基础设施加固改造、拆除重建或灾后恢复等重要工程项目交工后；接养公路时；桥梁、隧道、路基、高边坡及结构物等经监测或经风险评估需开展专项检查时；公路超过设计使用年限时；其他需开展专项检查的情形。

专项检查根据检查对象工程特征、现场条件和检查项目规模，结合养护历史资料制定检查方案，明确检查目的、内容和方法，交通组织、数据管理和专项评定方案等。专项检查及评定内容根据检查目的和检查对象工程特征等确定，并包括公路基础设施技术状态及病害情况，结构承载能力、耐久性、抗灾能力和安全性等专项性能。

各类基础设施技术状态检测和调查内容符合定期检查的相关规定，技术状况评定符合公路技术状况评定的有关规定。结构承载能力、耐久性、抗灾能力和安全性等专项性能检查及评定符合国家和行业现行有关标准的规定。最后，专项检查编制专项检查报告，提供必要的验算分析，提出专项检查及评定结论，以及必要的养护对策建议等。

2. 结构监测

结构监测对象根据基础设施重要程度、结构特征、环境条件、技术状况、风险管理和设计要求等，按照"一旦损坏，将造成生命财产重大损失，或产生重大社会影响，对变形及差异沉降有严格限制，以及存在高度安全风险的特殊基础设施"的原则确定，并包括下列基础设施：

（1）主跨跨径大于或等于500m的悬索桥、大于或等于300m的斜拉桥、大于或等于200m的拱桥、大于或等于160m的梁桥；

（2）水下隧道；

（3）处于复杂环境或结构特殊的其他桥梁和隧道，技术状况等级为3类、4类且须跟踪观测的桥梁和隧道；

（4）设计文件要求或经风险评估应监测的路基、高边坡及结构物、桥梁和隧道等。

桥梁、隧道结构监测如图1-2-2所示。

结构监测根据行业现行有关设计标准和监测对象控制要求等设定预警值，结合现场及周边环境条件制定监测方案，明确监测目的、监测内容、测点和设备布置、数据采集、数据管理和预警方案等。监测内容根据结构监测目的、监测对象工程特征和技术状况、环境条件及相关影响因素等经分析确定。监测参数的选择满足对结构技术状态监控、预

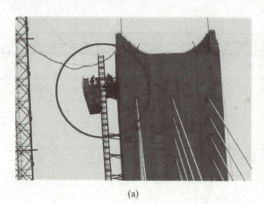 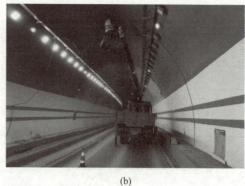

图 1-2-2　结构监测

（a）斜拉桥索塔塔顶位移监测；（b）隧道拱顶下沉监测

警及评估的要求。结构监测宜采用具备数据自动采集功能的监测系统，并具备完整的传感、调理、采集、传输、存储、数据处理及控制、预警及评估等功能。

结构监测期间，监测数据异常时应对监测对象和监测系统进行核查；监测值超过预警值时应立即上报，并对监测对象进行专项检查，结合监测数据对结构性能进行评定，根据评定结论采取相应的工程处理措施，必要时应采取限制通行或禁止通行措施。结构监测应结合经常检查、定期检查和专项检查数据，定期分析各类监测数据并形成分析报告，提出监测数据分析结论，以及必要的养护对策建议等。

【任务实施】

任务实施 1.2-1

1. 计算路面损坏状况指数（PCI）并评定

（1）计算累计损坏

累计损坏即将同类型损坏相加。如：

边角剥落（中）的累计损坏 = 4 + 12 = 16m；接缝料损坏（轻）的累计损坏 = 25 + 30 = 55m；

唧泥的累计损坏 = 5 + 10 = 15m；修补的累计损坏 = 15 + 13 = 28m²。

同理，可算出其他各类损坏的累计损坏，见表 1-2-20。

水泥混凝土路面损坏调查表　　　　表 1-2-20

调查时间：2022 年 5 月 15 日　　调查人员：小张、小李
路线编码名称：国道 G××　　调查方向：下行
起点桩号：K0+000　单元长度：200m　路面宽度：15m

调查内容	程度	权重（w_i）	单位	百米损坏											累计损坏
				1	2	3	4	5	6	7	8	9	10	
破碎板	轻	0.8	m²	38										38
	重	1.0												0
裂缝	轻	0.6	m	15										15
	中	0.8			30									30

续表

调查时间：2022年5月15日			调查人员：小张、小李		起点桩号：K0+000 单元长度：200m 路面宽度：15m										
路线编码名称：国道G××			调查方向：下行												
调查内容	程度	权重（w_i）		单位	百米损坏										累计损坏
					1	2	3	4	5	6	7	8	9	10	
裂缝	重	1.0		m	8										8
板角断裂	轻	0.6		m²	21										21
	中	0.8				18									18
	重	1.0			10										10
错台	轻	0.6		m	15										15
	重	1.0				5									5
拱起	—	1.0		m²		6									6
边角剥落	轻	0.6		m	8										8
	中	0.8			4	12									16
	重	1.0													0
接缝料损坏	轻	0.4		m	25	30									55
	重	0.6			17										17
坑洞	—	1.0		m²	8										8
唧泥	—	1.0		m	5	10									15
露骨	—	0.3		m²	23										23
修补	—	0.1		块状 m²	15	13									28
				条状 m											—

（2）计算各类损坏的折合损坏面积

各类损坏的折合损坏面积 $w_i A_i =$ 权重 × 损坏面积，查表1-2-16可知各类损坏的权重。如：

破碎板（轻）$w_1 A_1 = 0.8 \times 38 = 30.4 \text{m}^2$；

裂缝（轻）$w_2 A_2 = 0.6 \times 15 \times 1.0 = 9 \text{m}^2$（乘以1.0m的影响宽度）；

裂缝（中）$w_3 A_3 = 0.8 \times 30 \times 1.0 = 24 \text{m}^2$（乘以1.0m的影响宽度）；

裂缝（重）$w_4 A_4 = 1.0 \times 8 \times 1.0 = 8 \text{m}^2$（乘以1.0m的影响宽度）；

板角断裂（轻）$w_5 A_5 = 0.6 \times 21 = 12.6 \text{m}^2$；

板角断裂（中）$w_6 A_6 = 0.8 \times 18 = 14.4 \text{m}^2$；

板角断裂（重）$w_7 A_7 = 1.0 \times 10 = 10 \text{m}^2$；

错台（轻）$w_8 A_8 = 0.6 \times 15 \times 1.0 = 9 \text{m}^2$（乘以1.0m的影响宽度）；

错台（重）$w_9 A_9 = 1.0 \times 5 \times 1.0 = 5 \text{m}^2$（乘以1.0m的影响宽度）；

拱起 $w_{10}A_{10} = 1.0 \times 6 = 6\text{m}^2$；
边角剥落（轻）$w_{11}A_{11} = 0.6 \times 8 \times 1.0 = 4.8\text{m}^2$（乘以 1.0m 的影响宽度）；
边角剥落（中）$w_{12}A_{12} = 0.8 \times 16 \times 1.0 = 12.8\text{m}^2$（乘以 1.0m 的影响宽度）；
接缝料损坏（轻）$w_{13}A_{13} = 0.4 \times 55 \times 1.0 = 22\text{m}^2$（乘以 1.0m 的影响宽度）；
接缝料损坏（重）$w_{14}A_{14} = 0.6 \times 17 \times 1.0 = 10.2\text{m}^2$（乘以 1.0m 的影响宽度）；
坑洞 $w_{15}A_{15} = 1.0 \times 8 = 8\text{m}^2$；
唧泥 $w_{16}A_{16} = 1.0 \times 15 \times 1.0 = 15\text{m}^2$（乘以 1.0m 的影响宽度）；
露骨 $w_{17}A_{17} = 0.3 \times 23 = 6.9\text{m}^2$；
修补 $w_{18}A_{18} = 0.1 \times 28 = 2.8\text{m}^2$。

（3）计算路面破损率

根据式（1-2-5），得

$$DR = 100 \times \frac{\sum_{i=1}^{i_0} w_i A_i}{A}$$

$$= 100 \times \frac{\omega_1 A_1 + \omega_2 A_2 + \cdots + \omega_{18} A_{18}}{A}$$

$$= 100 \times \frac{210.9}{200 \times 15}$$

$$= 7.03\%$$

（4）计算路面损坏状况指数

根据式（1-2-4），得

$$PCI = 100 - a_0 DR^{a_1}$$

$$= 100 - 10.66 \times 7.03^{0.461}$$

$$= 73.81$$

（5）评定

因该路段 $PCI = 73.81$，查表 1-2-11 可知，该路段路面损坏状况评定等级为"中"。

2. 计算路面行驶质量指数（RQI）并评定

（1）计算路面行驶质量指数（RQI）

根据式（1-2-7），得

$$RQI = \frac{100}{1 + a_0 e^{a_1 IRI}}$$

$$= 100 / (1 + 0.026 \times e^{(0.65 \times 5.40)})$$

$$= 80.12$$

（2）评定

因该路段 $RQI = 80.12$，查表 1-2-11 可知，该路段路面行驶质量评定等级为"良"。

3. 计算路面抗滑性能指数（SRI）并评定

（1）计算路面抗滑性能指数（SRI）

根据式（1-2-12），得

$$SRI = \frac{100 - SRI_{\min}}{1 + a_0 e^{a_1 SFC}} + SRI_{\min}$$

$$= (100 - 35.0)/(1 + 28.6 \times e^{[(-0.105) \times 38]}) + 35.0$$

$$= 36.51$$

（2）评定

因该路段 SRI=36.51，查表 1-2-11 可知，该路段路面抗滑性能评定等级为"差"。

4. 计算路面技术状况指数（PQI）并评定

该路段为一级公路，水泥混凝土路面，其路面技术状况评定包括路面损坏、路面平整度、路面跳车、路面磨耗和路面抗滑性能五项内容。查表 1-2-14 可知，w_{PCI}=0.50，w_{RQI}=0.30，w_{PBI}=0.10，$w_{SRI(PWI)}$=0.10。根据式（1-2-3）计算 PQI 时，SRI 和 PWI 二者取一。此外，因未给出该路段水泥混凝土路面跳车数实测值，故默认路面跳车指数 PBI=0。由此可得

$$PQI = w_{PCI}PCI + w_{RQI}RQI + w_{PBI}PBI + w_{SRI}SRI$$

$$= 0.05 \times 73.81 + 0.30 \times 80.12 + 0.10 \times 0 + 0.10 \times 36.51$$

$$= 64.59$$

因该路段 PQI=64.59，查表 1-2-11 可知，该路段路面使用性能评定等级为"次"。

任务实施 1.2-2

1. 计算路面技术状况指数（PQI）

K220+000～K221+000 路段（上行）PQI 计算如下：

该路段为一级公路，水泥混凝土路面，其路面技术状况评定包括路面损坏、路面平整度、路面跳车、路面磨耗和路面抗滑性能五项内容。查表 1-2-14 可知，w_{PCI}=0.50，w_{RQI}=0.30，w_{PBI}=0.10，$w_{SRI(PWI)}$=0.10。

根据式（1-2-3）计算 PQI 时，SRI 和 PWI 二者取一。此外，因未给出该路段水泥混凝土路面跳车数实测值，故默认其路面跳车指数 PBI=0。结合表 1-2-2 及表 1-2-3 调查数据，可得

$$PQI = w_{PCI}PCI + w_{RQI}RQI + w_{PBI}PBI + w_{SRI}SRI$$

$$= 0.50 \times 82.00 + 0.30 \times 91.80 + 0.10 \times 0 + 0.10 \times 85.50$$

$$= 77.09$$

同理，可计算出其他路段的 PQI，见表 1-2-21 及表 1-2-22。

2. 计算公路技术状况指数（MQI）

K220+000～K221+000 路段（上行）MQI 计算如下：

根据式（1-2-1），结合表 1-2-2 及表 1-2-3 调查数据，可得

$$MQI = w_{SCI}SCI + w_{PQI}PQI + w_{BCI}BCI + w_{TCI}TCI$$

$$= 0.08 \times 85.00 + 0.70 \times 77.09 + 0.12 \times 60.00 + 0.10 \times 83.30$$

$$= 76.29$$

同理，可计算出其他路段的 PQI，见表 1-2-21 及表 1-2-22。

3. 完成公路技术状况评定明细表小计（上行、下行）

除长度按累计计算外，其他各项指标按平均值计算，结果见表 1-2-21 及表 1-2-22。

公路技术状况评定明细表　　　　　　　　　　　　　　　　表 1-2-21

路线编码名称：G×××　技术等级：一级　路面类型：水泥混凝土路面　检测方向：上行　2023 年 3 月 1 日

起点桩号	评定单元长度（m）	MQI	路基SCI	路面PQI	PQI 分项指标					桥隧构造物BCI	沿线设施TCI
					PCI	RQI	PBI	SRI	PWI		
K220+000	1000	76.29	85.00	77.09	82.00	91.80	—	85.50	—	60.00	83.30
K221+000	1000	84.26	91.00	79.49	90.76	83.29	—	91.20	—	100.00	93.40
小计	2000	80.28	88.00	78.29	86.38	87.55	0	88.35	0	80.00	88.35

公路技术状况评定明细表　　　　　　　　　　　　　　　　表 1-2-22

路线编码名称：G×××　技术等级：一级　路面类型：水泥混凝土路面　检测方向：下行　2023 年 3 月 1 日

起点桩号	评定单元长度（m）	MQI	路基SCI	路面PQI	PQI 分项指标					桥隧构造物BCI	沿线设施TCI
					PCI	RQI	PBI	SRI	PWI		
K220+000	1000	72.77	82.05	75.07	86.76	76.20	—	88.30	—	60.00	64.60
K221+000	1000	79.01	77.60	75.71	79.20	95.20	—	75.50	—	100.00	78.00
小计	2000	75.89	79.83	75.39	82.98	85.70	0	81.90	0	80.00	71.30

4. 完成公路技术状况评定汇总表

1）MQI 的评定

根据表 1-2-21、表 1-2-22 可知，平均上行 MQI = 80.28，平均下行 MQI = 75.89。查表 1-1-1 可知，MQI 的评定等级（上行）为"良"，评定等级（下行）为"中"。

平均 MQI =（平均上行 MQI + 平均下行 MQI）/2
　　　　　=（80.28+75.89）/2
　　　　　= 78.09

查表 1-1-1 可知，评定等级为"中"。

各统计结果填于表 1-2-23。

公路技术状况评定汇总表　　　　　　　　　　　　　　　　表 1-2-23

路线编码	路线名称	起点桩号	评定长度（km）	调查方向	技术等级	路面类型	MQI	MQI 分项指标评定结果				MQI 分布（km）				MQI 统计（%）		
								SCI	PQI	BCI	TCI	优	良	中	次	差	优等路率	优良路率	次差路率
G×××	G×××	K220+000	4	全幅	一级	水泥路面	78.09	83.92	76.84	80.00	79.83		1	3				25	
G×××	G×××	K220+000	2	上行	一级	水泥路面	80.28	88.00	78.29	80.00	88.35		1	1				50	
G×××	G×××	K220+000	2	下行	一级	水泥路面	75.89	79.83	75.39	80.00	71.30			2					0

任务1.3 公路养护安全作业

【学习目标】

1. 知道公路养护作业区的组成。
2. 熟悉公路养护作业区的布置形式及作业区内各种交通设施设置要求。
3. 能够根据公路养护维修作业现场情况，布置公路养护作业区。

【任务描述】

某双向四车道高速公路设计速度为100km/h，车道宽3.50m。现需封闭外侧车道，进行行车道铣刨重铺路面养护维修作业，养护工作区长80m，限制车速60km/h。请布置该高速公路封闭外侧车道的养护维修作业区。

【相关知识】

1.3.1 公路养护作业区组成

公路养护作业可分为长期养护作业、短期养护作业、临时养护作业和移动养护作业，并根据养护作业类型制订相应的安全保通方案。为规范公路养护安全作业，保障养护作业人员、设备和车辆运行的安全，各等级公路在养护维修作业区域按照《公路养护安全作业规程》JTG H30—2015及《道路交通标志和标线 第4部分：作业区》GB 5768.4—2017要求，布置公路养护作业区。

公路养护作业区按警告区、上游过渡区、缓冲区（纵向、横向）、工作区、下游过渡区和终止区的顺序依次布置，养护作业区示例如图1-3-1所示。

长期和短期养护作业布置警告区、上游过渡区、缓冲区、工作区、下游过渡区、终止区；临时养护作业区布置可在长、短期养护作业基础上缩短区段长度，有移动式标志车时也可不布置上游过渡区，移动养护作业区可仅布置警告区和工作区，警告区长度可缩短。四级公路养护作业区布置可在二级、三级公路养护作业基础上简化。各种工况养护作业的具体布置方法按《公路养护安全作业规程》JTG H30—2015第6章～第14章的有关规定执行。

1. **公路养护作业限速值**

养护作业区限速应符合下列规定：限速过程在警告区内完成。限速采用逐级限速或重复提示限速方法。逐级限速宜每100m降低10km/h。相邻限速标志间距不宜小于200m。最终限速值不大于表1-3-1的规定。当最终限速值对应的预留车道宽度不符合要求时，应降低最终限速值。高速公路及一级公路封闭路肩养护作业，表1-3-1中的最终限速值可提高10km/h或20km/h。不满足超车视距的二级、三级公路弯道或纵坡路段养护作业，最终限速值宜取20km/h。隧道养护作业，表1-3-1中的最终限速值可降低10km/h或20km/h，但不宜小于20km/h。

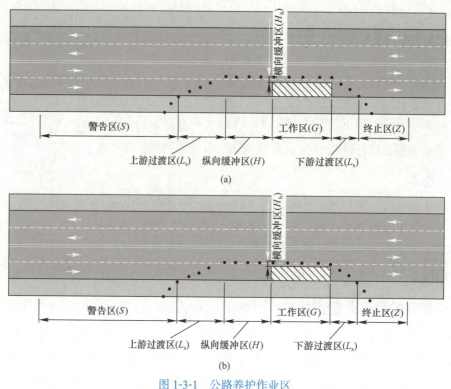

图 1-3-1 公路养护作业区
（a）封闭车道养护作业区；（b）封闭路肩养护作业区

公路养护作业限速值　　　　　表 1-3-1

设计速度（km/h）	限速值（km/h）	预留车道宽度（km/h）
120	80	3.75
100	60	3.50
80	40	3.50
60	30	3.25
40	30	3.25
30	20	3.00
20	20	3.00

2. 警告区

警告区是指从公路养护作业区起点布设施工标志到上游过渡区起点之间的区域，用以警告驾驶人员已进入养护作业区域，按交通标志调整行车状态。警告区最小长度符合表 1-3-2 和表 1-3-3 的规定。当交通量 Q 超出表中范围时，宜采取分流措施。

高速公路及一级公路警告区最小长度　　　　　　　　　　表1-3-2

公路等级	设计速度（km/h）	交通量Q[pcu/（h·ln）]	警告区最小长度（m）
高速公路	120	Q≤1400	1600
		1400<Q≤1800	2000
	100	Q≤1400	1500
		1400<Q≤1800	1800
	80	Q≤1400	1200
		1400<Q≤1800	1600
一级公路	100、80、60	Q≤1400	1000
		1400<Q≤1800	1500

二级、三级、四级公路警告区最小长度　　　　　　　　　　表1-3-3

设计速度（km/h）	平曲线半径（m）	下坡坡度（%）	交通量Q[pcu/（h·ln）]	警告区最小长度（m）	
				封闭路肩双向通行	封闭车道交替通行
80、60	≤200	0~3	Q≤300	600	800
			300<Q≤700		1000
		>3	Q≤300	800	1000
			300<Q≤700		1200
	>200	0~3	Q≤300	400	600
			300<Q≤700		800
		>3	Q≤300	600	800
			300<Q≤700		1000
40、30	≤100	0~4	Q≤300	400	500
			300<Q≤700		700
		>4	Q≤300	500	600
			300<Q≤700		800
	>100	0~4	Q≤300	300	400
			300<Q≤700		600
		>4	Q≤300	400	500
			300<Q≤700		700
20	—			200	

3. 上游过渡区

上游过渡区是指保证车辆从警告区终点封闭车道平稳地横向过渡到缓冲区起点侧面非封闭车道之间的区域。封闭车道养护作业的上游过渡区最小长度值符合表1-3-4的规定，封闭路肩养护作业的上游过渡区长度不小于表1-3-4中数值的1/3。

封闭车道上游过渡区最小长度　　　　　　　表1-3-4

最终限速值（km/h）	封闭车道宽度（m）			
	3.0	3.25	3.5	3.75
80	150	160	170	190
70	120	130	140	160
60	80	90	100	120
50	70	80	90	100
40	30	35	40	50
30	20	25	30	
20	20			

4. 缓冲区

缓冲区可分为纵向缓冲区和横向缓冲区。纵向缓冲区是指上游过渡区终点到工作区起点之间的安全缓冲区域。横向缓冲区是指布置于纵向缓冲区和工作区与非封闭车道之间，保障养护作业人员和设备横向安全的区域。缓冲区符合下列规定：

（1）纵向缓冲区的最小长度符合表1-3-5的规定。当工作区位于下坡路段时，纵向缓冲区的最小长度应适当延长。

（1）在保障行车道宽度的前提下，工作区和纵向缓冲区与非封闭车道之间宜布置横向缓冲区，其宽度不宜大于0.5m。

纵向缓冲区最小长度　　　　　　　表1-3-5

最终限速值（km/h）	不同下坡坡度的纵向缓冲区最小长度（m）	
	≤3%	>3%
80	120	150
70	100	120
60	80	100
50	60	80
40	50	
30、20	30	

5. 工作区

工作区是指从纵向缓冲区终点到下游过渡区起点之间的施工作业区域。工作区长度符合下列规定：

（1）除借用对向车道通行的高速公路及一级公路养护作业外，工作区的最大长度不宜超过 4km。

（2）借用对向车道通行的高速公路及一级公路养护作业，工作区的长度根据中央分隔带开口间距和实际养护作业而定，工作区的最大长度不宜超过 6km。当中央分隔带开口间距大于 3km 时，工作区的最大长度为一个中央分隔带开口间距。

6. 下游过渡区

下游过渡区是指保证车辆从工作区终点非封闭车道平稳地横向过渡到终止区起点之间的区域。下游过渡区的长度不宜小于 30m。

7. 终止区

终止区是指设置于下游过渡区后调整车辆恢复到正常行车状态的区域。终止区的长度不宜小于 30m。

1.3.2 公路养护安全设施

公路养护安全设施的设置是为了保护养护维修作业人员和设备的安全，警告、提醒和引导车辆及行人在通过养护维修作业区域时，加强安全防范意识。

公路养护安全设施包括临时标志、临时标线和其他安全设施，各类安全设施组合使用。

1. 临时标志

临时标志包括施工标志、限速标志等（附录 B-1），其使用应符合下列规定：
（1）施工标志宜布设在警告区起点。
（2）限速标志宜布设在警告区的不同断面处。
（3）解除限速标志宜布设在终止区末端。
（4）"重车靠右停靠区"标志用于控制大型载重汽车在特大、大桥和特殊结构桥梁上的通行。

2. 临时标线

临时标线包括渠化交通标线和导向交通标线（表 1-3-6），用于长期养护作业的渠化交通或导向交通标线，宜为易清除的临时反光标线。渠化交通标线为橙色虚、实线；导向交通标线为醒目的橙色实线。

临时标线　　　　　　　　　　　　　　　　　　　　　　　表 1-3-6

序号	标线名称	标志图案	序号	标线名称	标志图案
1	渠化交通标线	按相关国家标准的样式及尺寸	2	导向交通标线	按相关国家标准的样式及尺寸

注：相关国家标准指现行《道路交通标志和标线》GB 5768。

3. 其他安全设施

其他安全设施可包括车道渠化设施、夜间照明设施、语音提示设施、闪光设施、临时交通控制信号设施、移动式标志车、移动式护栏和车载式防撞垫等，见附录 B 表 B-2。交通引导人员示例符号见附录 B 附表 B-3。

（1）车道渠化设施

车道渠化设施可包括交通锥、防撞桶、水马、防撞墙、隔离墩、附设警示灯的路栏等，其使用符合下列规定：

① 交通锥形状、颜色和尺寸符合现行《道路交通标志和标线》GB 5768 的有关规定，布设在上游过渡区、缓冲区、工作区和下游过渡区。布设间距不宜大于 10m，其中上游过渡区和工作区布设间距不宜大于 4m。

② 防撞桶颜色为黄、黑相间，顶部可附设警示灯，可用于三级及三级以上公路下坡路段养护作业，宜布设在工作区或上游过渡区与缓冲区之间。使用前灌水，灌水量不小于其内部容积的 90%。在冰冻季节，可采用灌砂的方法，灌砂量不小于其内部容积的 90%。

③ 水马颜色为橙色或红色，高度不得小于 40cm，可用于三级及三级以上公路下坡路段养护作业，宜布设在工作区或上游过渡区与缓冲区之间。使用前灌水，灌水量不小于其内部容积的 90%。在冰冻季节，可采用灌砂的方法，灌砂量不小于其内部容积的 90%。

④ 防撞墙和隔离墩颜色为黄、黑相间，可用于三级及三级以上公路下坡路段养护作业，宜布设在工作区或上游过渡区与缓冲区之间，并宜组合使用。

⑤ 附设警示灯的路栏颜色为黄、黑相间，宜布设在工作区或上游过渡区与缓冲区之间。

（2）房间照明设施和语音提示设施

房间照明设施和语音提示设施可用于夜间养护作业，其使用符合下列规定：

① 房间照明设施布设在工作区侧面，照明方向背对非封闭车道。

② 语音提示设施宜根据需要布设在远离居民生活区的养护作业区。

（3）闪光设施

闪光设施可包括闪光箭头、警示频闪灯和车辆闪光灯。闪光箭头宜布设在上游过渡区；警示频闪灯宜布设在需加强警示的区域，宜为黄蓝相间的警示频闪灯；车辆闪光灯为 360° 旋转黄闪灯，可用于养护作业车辆或移动式标志车。

（4）临时交通控制信号设施

临时交通控制信号设施灯光颜色为红、绿两种，可交替发光，可用于双向交替通行的养护作业，宜布设在上游过渡区和下游过渡区。

（5）移动式标志车

移动式标志车颜色为黄色，顶部安装黄色警示灯，后部安装标志灯牌，可用于临时养护作业或移动养护作业。

（6）移动式护栏

移动式护栏应符合现行《公路交通安全设施设计规范》JTG D81—2017 中的有关防护等级规定，可用于三级及三级以上公路下坡路段养护作业。

（7）车载式防撞垫

车载式防撞垫颜色为黄、黑相间，可安装在养护作业车辆或移动式标志车尾部。

1.3.3 公路养护作业区布置

公路养护作业区分别按照高速公路及一级公路，二级、三级公路，四级公路，桥涵，隧道，平面交叉，收费广场，交通工程及沿线设施等八类情况进行布置。此外，特殊路段及特殊气象条件养护安全作业按照《公路养护安全作业规程》JTG H30—2015 第 14 章执行。

1. 高速公路及一级公路养护作业区布置

（1）一般规定：

① 养护作业区布置考虑养护作业的内容与要求、时间和周期、交通量、经济效益等因素，控制区内交通标志的布设必须合理、前后协调，起到引导车流平稳变化的作用。

② 养护作业区两侧差异化布设安全设施，并符合下列规定：车道养护作业时，在封闭车道一侧的警告区布设施工标志和限速标志，在非封闭车道一侧的警告区布设施工标志，并宜布设警示频闪灯。八车道及以上公路，在非封闭车道一侧的警告区尚应增设限速标志。路肩养护作业时，在封闭路肩一侧的警告区布设施工标志和限速标志，在另一侧仅在警告区起点布设施工标志。

③ 同一行车方向不同断面同时进行养护作业时，相邻两个工作区净距不宜小于 5km。

④ 封闭车道养护作业区与被借用车道上的养护作业区净距不宜小于 10km。

⑤ 养护作业区设置工程车辆专门的出、入口，并宜设在顺行车方向的下游过渡区内。当工程车辆需经上游过渡区或工作区进入时，布设警告标志并配备交通引导人员。

资源 1-1 高速公路及一级公路养护作业区布置示例图集

（2）养护作业区布置

① 四车道公路封闭车道或封闭路肩的养护作业，以设计速度 100km/h 为例，作业区布置示例参见资源 1-1。

② 六车道及以上公路养护作业封闭中间车道时，宜同时封闭相邻一侧车道，并布置两个上游过渡区，其最小间距不小于 200m。在交通量大路段养护作业，不能同时封闭相邻车道时，宜采取必要措施加强现场交通管控。以设计速度 120km/h 为例，六车道及八车道公路作业区布置示例参见资源 1-1。

③ 借用对向车道通行的养护作业，结合中央分隔带开口位置，利用靠近养护作业一侧的车道通行，双向车道都布置作业区。借用车道双向通行分隔宜采用带有连接的车道渠化设施，并在前一出口或平面交叉口布设长大车辆绕行标志。以设计速度 100km/h 为例，作业区布置示例参见资源 1-1。

④ 立交出、入口匝道附近及匝道上养护作业区布置，根据工作区在匝道上的具体位置而定。匝道养护作业警告区长度不宜短于 300m。当匝道长度短于警告区最小长度时，作业区最前端的交通标志布设在匝道入口处。以设计速度 100km/h 为例，作业区布置示例参见资源，1-1。

⑤ 临时养护作业区布置可采用单一限速控制，警告区长度宜取长、短期养护作业警告区长度的一半，但应配备交通引导人员，当布设移动式标志车时，可不布设上游过渡区。以设计速度 100km/h 为例，作业区布置示例参见资源 1-1。

⑥ 机械移动养护作业宜布设移动式标志车；当作业机械配备闪光箭头或车辆闪光灯时，可不布设移动式标志车。作业区布置示例参见资源 1-1。

⑦ 当占用路面进行人工移动养护作业时，宜封闭一定范围的养护作业区域，并按临时养护作业的有关规定执行。对于路肩清扫等人工移动养护作业，宜布设移动式标志或交通锥，其距人工移动养护作业起点不宜小于 150m。人工移动养护作业应避开高峰时

段。路肩人工养护作业区布置示例参见资源1-1。

⑧ 中央分隔带或边坡绿化内的植被灌溉养护作业，应在灌溉车辆上配备醒目的闪光箭头或车辆闪光灯，也可在灌溉车辆后布设移动式标志车。作业人员不得在中央分隔带内休息，且中央分隔带中不宜多人集中作业。

⑨ 中央分隔带绿化内的植被修剪、垃圾清理等养护作业，应封闭靠近中央分隔带的内侧车道，并按临时养护作业区布置。

2. 二级、三级公路养护作业区布置

（1）一般规定

资源1-2
二级、三级公路养护作业区布置示例图集

① 养护作业区布置除符合《公路养护安全作业规程》JTG H30—2015 第6.1.1条的有关规定外，尚应兼顾养护作业区是否交替通行、线形特征等因素。

② 二级、三级公路车道养护作业时，本向布置警告区、上游过渡区、缓冲区、工作区、下游过渡区和终止区，对向布置警告区和终止区。

③ 警告区布设施工标志及限速标志，车道封闭养护作业尚应布设改道标志；上游过渡区布设交通锥、闪光箭头、交通引导人员等；上游过渡区和缓冲区交界处布设附设警示灯的路栏；终止区布设解除限速标志。

④ 同一方向不同断面同时养护作业时，相邻两个工作区净距不小于3km。

⑤ 不满足超车视距的弯道或纵坡路段养护作业区布置，提前布置警告区。

（2）养护作业区布置

① 双向交替通行路段养护作业，除布设必要的安全设施外，尚宜配备交通引导人员，也可布设临时交通控制信号设施。以设计速度80km/h为例，作业区布置示例参见资源1-2。

② 路肩施工保持双向通行路段的养护作业区布置符合下列规定：紧靠路肩的预留车道宽度满足表1-3-1中的规定；当不满足规定时，按封闭车道养护作业区布置。警告区可仅布设一块限速标志，工作区作业车辆上配备警示频闪灯或反光标志。布设移动式标志车时，可不布置上游过渡区。以设计速度80km/h为例，作业区布置示例参见资源1-2。

③ 全封闭路段养护作业，采取分流措施或修筑临时交通便道。修筑临时交通便道的作业区布置符合下列规定：控制区内布设附设警示灯的路栏。作业车辆配备警示灯或反光标志。临时修建的交通便道，宜施划临时标线，可设置交通安全设施。设计速度60km/h为例，作业区布置示例参见资源1-2。

④ 弯道路段养护作业，根据工作区与弯道的相对位置关系确定养护作业区布置方法。

弯道路段养护作业，工作区在弯道前，下游过渡区宜布置在弯道后的直线段；工作区在弯道后，上游过渡区宜布置在弯道前的直线段。以设计速度60km/h为例，作业区布置示例参见资源1-2。

连续弯道路段养护作业，警告区起点宜在弯道起点上，且警告区长度不宜超出最小长度200m。对向车道的警告区和终止区布置示例可按《公路养护安全作业规程》JTG H30—2015的有关规定执行。以设计速度60km/h为例，作业区布置示例参见资源1-2。

反向弯道路段养护作业，上游过渡区布置在反向弯道中间的平直路段；当警告区起

点在弯道上时，将其提前至该弯道起点。对向车道的警告区和终止区布置示例可按《公路养护安全作业规程》JTG H30—2015 的有关规定执行。以设计速度 60km/h 为例，作业区布置示例参见资源 1-2。

回头弯道路段养护作业，回头曲线段的作业车道作为缓冲区。对向车道的警告区和终止区布置示例可按《公路养护安全作业规程》JTG H30—2015 的有关规定执行。以设计速度 60km/h 为例，作业区布置示例参见资源 1-2。

⑤ 纵坡路段养护作业，在竖曲线顶点配备交通引导人员；工作区在封闭车道行车方向的下坡路段时，在工作区或上游过渡区与缓冲区之间布设防撞桶、水马、防撞墙、隔离墩等安全设施。对向车道的警告区和终止区布置示例可按《公路养护安全作业规程》JTG H30—2015 "二、三级公路弯道路段养护作业"的有关规定执行。以设计速度 60km/h 为例，作业区布置示例参见资源 1-2。

⑥ 临时养护作业区可简化为警告区、上游过渡区、工作区和下游过渡区，警告区长度宜取长、短期养护作业警告区长度的一半。当布设移动式标志车时，可不布置上游过渡区，移动式标志车与工作区净距宜为 10～20m。对向车道可仅布置警告区。以设计速度 60km/h 和 40km/h 为例，作业区布置示例参见资源 1-2。

⑦ 移动养护作业区布置符合下列规定：机械移动养护作业宜布设移动式标志车，弯道路段养护作业将移动式标志车移至弯道前。作业区布置示例参见资源 1-2。人工移动养护作业，宜封闭一定范围的养护作业区域，并按临时养护作业的有关规定执行。

3. 四级公路养护作业区布置

（1）一般规定

① 养护作业区布置除符合《公路养护安全作业规程》JTG H30—2015 第 6.1.1 条的有关规定外，尚应兼顾养护作业区交通组成特殊性、线形特征等因素。

② 长期和短期养护作业区可仅布置警告区、上游过渡区、工作区和下游过渡区，临时和移动养护作业区可仅布置警告区和工作区。

③ 警告区内布设施工标志、限速标志，上游过渡区、工作区、下游过渡区布设交通锥，上游过渡区内、配备交通引导人员，视距不良路段养护作业时增设一名交通引导人员。

资源 1-3 四级公路养护作业区布置示例图集

（2）养护作业区布置

① 双车道四级公路封闭单车道的养护作业，以设计速度 30km/h 为例，养护作业区布置示例参见资源 1-3。

② 单车道四级公路通行状态下的养护作业，在工作区两端的错车台或平面交叉处各配备一名手持"停"标志的交通引导人员。以设计速度 20km/h 为例，作业区布置示例参见资源 1-3。

③ 四级公路全封闭车道养护作业，在作业区前后的交叉路口布设道路封闭或改道标志；无法改道时，车辆等待时间不宜超过 2h。作业区布置示例参见资源 1-3。

④ 四级公路临时养护作业，在工作区及前后两端布设标志及安全设施，可配备交通引导人员。作业区布置示例参见资源 1-3。

⑤ 四级公路移动养护作业符合《公路养护安全作业规程》JTG H30—2015 第 7.2.7 条的有关规定。

资源1-4 桥涵养护作业区布置示例图集

4. 桥涵养护作业区布置

（1）一般规定

① 养护作业区布置除符合《公路养护安全作业规程》JTG H30—2015 第 6.1.1 条的有关规定外，尚应兼顾养护作业区桥梁养护作业特点、养护作业位置、作业影响范围等因素。

② 桥梁养护作业时加强车辆限速、限宽和限载的通行控制。经批准允许通行的危险品运输车辆应引导通过。

③ 当预判桥梁养护作业会出现车辆排队时，利用桥梁检查站、收费站、正常路段或警告区布置大型载重汽车停靠区，并布设"重车靠右停靠区"标志，间隔放行大型载重汽车，不得集中放行。

④ 立交桥上养护作业区布置符合下列规定：养护作业影响桥下净空时，在立交桥下方公路上布设施工标志、限高及限宽标志，并不得向桥下抛投任何物品。养护作业占用下方公路路面时，立交桥下方公路布置养护作业区。

⑤ 桥梁养护作业影响桥下通航净空时，按有关规定布设标志及安全设施。

⑥ 特大、大桥养护作业除满足桥梁养护作业区布置的一般要求外，尚应符合该特大、大桥养护作业的特定技术要求。

（2）养护作业区布置

① 桥梁养护作业区布置符合《公路养护安全作业规程》JTG H30—2015 第 6 章～第 8 章的有关规定。

② 中、小桥和涵洞养护作业封闭整条作业车道作为工作区，纵向缓冲区终点宜止于桥头。以设计速度 100km/h 为例，作业区布置示例参见资源1-4。

③ 特大、大桥养护作业区布置符合下列规定：工作区起点距桥头小于 300m 时，纵向缓冲区起点提前至桥头。以设计速度 100km/h 为例，作业区布置示例参见资源1-4。工作区起点距桥头大于或等于 300m 时，按相应的等级公路养护作业区布置，并在桥头布设施工标志。以设计速度 100km/h 为例，作业区布置示例参见资源1-4。

④ 桥梁半幅封闭养护作业区布置，符合下列规定：特大、大桥中央分隔带可设开口时，按《公路养护安全作业规程》JTG H30—2015 第 4.0.6 条公路养护作业区缓冲区的有关规定执行；中间分隔带不能设开口时，上游过渡区终点止于桥头。借用对向车道通行的桥梁养护作业，全时段配备交通引导人员。以设计速度 100km/h 和 80km/h 为例，作业区布置示例参见资源1-4。

⑤ 机动车道与非机动车道分隔的桥梁，非机动车道养护作业，非机动车借用机动车道行驶时，可将缓冲区并入工作区。以设计速度 100km/h 的公路为例，作业区布置示例参见资源1-4。特大、大桥非机动车道养护作业区布置尚应符合《公路养护安全作业规程》JTG H30—2015 第 9.2.3 条特大、大桥养护作业控制区布置的有关规定。

⑥ 桥梁伸缩缝常规检查、清理作业可按临时养护作业区布置。桥梁伸缩缝更换作业半幅封闭或全幅封闭受伸缩缝施工影响的桥孔，并符合下列规定：半幅封闭按《公路养护安全作业规程》JTG H30—2015 第 9.2.4 条桥梁半幅封闭养护作业控制区布置的有关规定执行。全幅封闭做好分流信息提示，并在作业区前后的交叉路口布设桥梁封闭或改道标志。

⑦桥梁拉索、悬索及桥下部结构养护作业影响范围内，将对应桥面封闭为工作区，并布置养护作业区；对影响净高或净宽的养护作业，布设限高或限宽标志。

5. 隧道养护作业区布置

（1）一般规定

①养护作业区布置除符合《公路养护安全作业规程》JTG H30—2015 第 6.1.1 条的有关规定外，尚应兼顾养护作业区隧道养护作业特点、养护作业位置等因素。

②隧道养护作业时，当隧道养护作业影响原建筑限界时，设置限高及限宽标志。

③隧道养护作业区中交通锥的布设间距不宜大于 4m，缓冲区和工作区照明满足养护作业照明要求。

资源 1-5 隧道养护作业区布置示例图集

④隧道养护作业人员穿戴反光服装和安全帽，养护作业机械配备反光标志，施工台架周围布设防眩灯。

⑤隧道养护作业宜在交通量较小时进行。

⑥特长、长隧道养护作业全时段配备交通引导人员，轮换时间不超过 4h。

⑦特长、长隧道养护作业时，间隔放行大型载重汽车。

（2）养护作业区布置

①隧道养护作业区布置符合《公路养护安全作业规程》JTG H30—2015 第 6 章～第 8 章的有关规定。

②单洞双向隧道养护作业区布置符合下列规定：

封闭一条车道双向交替通行时，隧道入口处布设临时交通控制信号设施或配备交通引导人员，上游过渡区布置在隧道入口前。以设计速度 60km/h 为例，作业区布置示例参见资源 1-5。

中、短隧道养护作业封闭隧道内整条作业车道，下游过渡区宜布置在隧道出口外。以设计速度 60km/h 为例，作业区布置示例参见资源 1-5。

③单洞双向通行的隧道全幅封闭养护作业时，做好分流信息提示，并在作业区前后的交叉路口布设隧道封闭或改道标志。

④双洞单向通行的中、短隧道养护作业区布置符合下列规定：上游过渡区布置在隧道入口前。隧道群养护作业，当警告区标志位于前方隧道内时，将标志提前至前方隧道入口处。以设计速度 80km/h 为例，作业区布置示例参见资源 1-5。

⑤以设计速度 80km/h 为例，单洞全幅封闭并借用另一侧通行的隧道，养护作业区布置示例参见资源 1-5。

⑥双洞单向通行的特长、长隧道养护作业区布置，符合下列规定：当工作区起点距隧道入口不大于 1km 时，养护作业区布置按《公路养护安全作业规程》JTG H30—2015 第 10.2.4 条第 1 款双洞单向通行的中、短隧道养护作业控制区之上游过渡区布置在隧道入口前的有关规定执行。当工作区起点距隧道入口大于 1km 时，按路段养护作业区布置。隧道入口处增设施工标志。隧道内警告区宜采用电子显示屏提示。

⑦临时和移动养护作业宜布设移动式标志车，并在隧道两端布设施工标志，必要时配备交通引导人员。移动养护作业宜采用机械移动养护作业。

资源1-6
平面交叉
养护作业
区布置示
例图集

6. 平面交叉养护作业区布置

（1）一般规定

①平面交叉养护作业的范围界定符合下列规定：有渠化的平面交叉养护作业的范围包括平面交叉规划及渠化范围。无渠化的平面交叉养护作业的范围距交叉入口不超过停车视距范围。

②当工作区上游存在交叉，且其在养护作业区内时，可将警告区起点移至其出口处。

③平面交叉养护作业区的上游视距不良时，可在视距不良处增设施工标志。

④平面交叉入口或出口封闭车道改为双向通行时，划出橙色临时标线；当车道宽度无法满足双向通行时，配备交通引导人员引导车辆交替通行。

⑤平面交叉养护作业车辆配备闪光箭头或车辆闪光灯，可布设移动式标志车。

（2）养护作业区布置

①十字交叉入口养护作业，根据入口封闭情况布置养护作业区，并符合下列规定：入口封闭且需借用对向车道交替通行的养护作业，布设临时交通信号灯。入口封闭且需借用对向车道双向通行的养护作业，在借用车道上布设车道渠化设施分隔双向交通。入口单车道封闭且本向车道维持通行的养护作业，作业区布置示例参见资源1-6。

②十字交叉出口养护作业，根据出口封闭情况布置养护作业区，并符合下列规定：出口封闭且需借用对向车道交替通行的养护作业，布设临时交通信号灯。出口封闭且需借用对向车道双向通行的养护作业，在借用车道上布设车道渠化设施分隔双向交通。出口单车道封闭且本向车道维持通行的养护作业，对入口车道宜封闭一定区域布置上游过渡区和缓冲区。

③十字交叉中心处养护作业，同时在四个交叉入口布置作业区。作业区布置示例参见资源1-6。

④被交道为单车道四级公路的十字交叉养护作业，主线养护作业的终止区布置在通过被交道后的位置，被交道可简化作业区布置，在被交道入口配备交通引导人员。作业区布置示例参见资源1-6。

⑤环形交叉封闭入口车道养护作业，在入口处布置养护作业区。作业区布置示例参见资源1-6。当中间车道进行养护作业时，封闭相邻一侧车道。

⑥环形交叉封闭出口车道养护作业，在出口处布设闪光箭头或导向标志和附设警示灯的路栏，尚应在另三个交叉入口分别布设施工标志。作业区布置示例参见资源1-6。

⑦环形交叉中心处养护作业，在交叉入口处布设施工标志。作业区布置示例参见资源1-6。

⑧T形交叉养护作业，可按十字交叉封闭入口车道养护作业区布置。

⑨临时养护作业区布置可按《公路养护安全作业规程》JTG H30—2015第6章～第8章的有关规定执行，在受影响的交叉入口配备交通引导人员。作业区布置示例参见资源1-6。

7. 收费广场养护作业区布置

（1）收费广场养护作业应关闭受养护作业影响的收费车道，并布置养护作业区。进行各类养护作业时不得全部封闭单向收费车道。

（2）主线收费广场养护作业区可简化，符合下列规定：

① 工作区在收费车道入口处，可仅布置警告区、上游过渡区、缓冲区和工作区，警告区布设施工标志，上游过渡区布设闪光箭头或导向标志，车辆无须变道时，宜布设施工标志。作业区布置示例参见资源 1-7。

② 工作区在收费车道出口处，可仅布置工作区和下游过渡区，并关闭对应的收费车道。作业区布置示例参见资源 1-7。

资源 1-7 收费广场养护作业区布置示例图集

（3）匝道收费广场养护作业，按作业位置确定作业区布置，并符合下列规定：

① 匝道收费口前养护作业，在匝道入口布设施工标志，并关闭养护作业的收费车道，上游过渡区和缓冲区长度均可取 10～20m。作业区布置示例参见资源 1-7。

② 匝道收费口后养护作业，关闭对应的收费车道，并布置下游过渡区，其长度可取 5～10m。作业区布置示例参见资源 1-7。

8. 交通工程及沿线设施养护作业区布置

（1）护栏、防眩板和视线诱导标养护作业，可按封闭内侧车道或封闭路肩的临时养护作业区布置，交通锥宜布设在车道分隔线内侧，可布设移动式标志车。

（2）交通标志养护作业，根据其所在的位置，可按封闭路肩或封闭车道的临时养护作业区布置，可布设移动式标志车。拆除交通标志时，必须保证原有标志的指示、警示等功能，可布设临时性标志。

资源 1-8 交通工程及沿线设施养护作业区布置示例图集

（3）交通标线养护作业，充分考虑施划标线的位置，按移动养护作业区布置，可布设移动式标志车，划线车辆配备闪光箭头。施划标线后，沿标线摆放交通锥。并符合下列规定：

① 同向车道分隔标线、车辆导向箭头、路面文字或图形标记的养护作业，将移动式标志车布设在施工车辆后方 20～30m 处，移动式标志车尚应配备限速标志，限速值宜取 20km/h。作业区布置示例参见资源 1-8。

② 双向通行车道分隔标线的养护作业，将移动式标志车布设在施工车辆之前，并在施划标线的路段起终点布设施工标志。作业区布置示例参见资源 1-8。

【任务实施】

1. 确定养护维修作业区布置图

（1）警告区长度 S

该高速公路设计速度为 100km/h，由表 1-3-2 可知，警告区最小长度为 1500m，此处取警告区长度为 2000m。

（2）上游过渡区长度 L_s

封闭车道宽 3.50m，限制车速为 60km/h，由表 1-3-4 可知，上游过渡区最小长度为 100m，此处取上游过渡区长度为 200m。

（3）缓冲区长度 H

由表 1-3-2 可知，缓冲区最小长度取值规定为 80m，此处取缓冲区长度为 200m。

（4）工作区长度 G

由工作任务描述可知，工作区长度为 80m。

（5）下游过渡区长度 L_x

下游过渡区最小长度取值规定为 30m，此处取下游过渡区长度为 50m。

（6）终止区长度 Z

终止区最小长度取值规定为 30m，此处取终止区长度为 50m。

该高速公路封闭外侧车道的养护维修作业区布置不改变交通流方向，如图 1-3-2 所示。

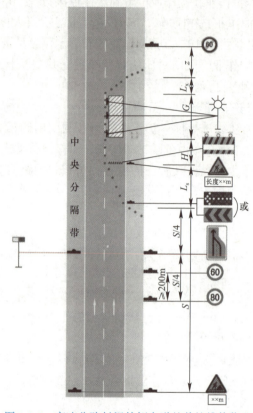

图 1-3-2　高速公路封闭外侧车道的养护维修作业

2. 实施养护作业区的布置

（1）准备足够的养护安全设施。

（2）作业人员穿着带有反光标志的橘红色工作装。

（3）用车辆将养护安全设施及作业人员送达需要布置养护作业区的作业点。

（4）顺着交通流方向设置养护安全设施。

任务1.4　公路防灾与突发事件处置

【学习目标】

1. 掌握公路灾害类型及防治措施。
2. 了解公路交通突发事件应急预案。

【任务描述】

××县普降暴雨到大暴雨，全县平均雨量110mm，其中该县中部及以南普遍有100mm以上的大暴雨，强降雨导致该县多处公路、桥梁、路基损坏，交通中断县、乡道路11条，塌方20余处，15条农村公路交通中断（图1-4-1）。针对该突发事件，提出××县在农村公路抢险救援中的相关方案。

图1-4-1 ××县农村公路机械化抢险

【相关知识】

我国地域辽阔，山川河流地势复杂，地质灾害多发频发。近年来，我国极端气候事件也呈多发频发态势，这些灾害既威胁着群众生命财产安全，也对公路发展成果可持续健康发展造成影响。防微杜渐，有备无患，公路防灾减灾工作需要将安全隐患消除在平时。采用防为先、治为本、救为底的策略提升道路交通防灾减灾体系的韧性。

为维护公路的正常交通，应坚持"预防为主、防治结合"的方针，对洪水和流冰侵袭公路造成公路设施的损坏，路面积雪和积沙影响行车安全或阻碍交通，以及各类突发事件损坏公路设施和影响公路使用功能的情况，采取行之有效的措施，予以预防和处治。

1.4.1 公路灾害类型及防治措施

1. 公路灾害防治原则

（1）强化防治措施，提升灾害防治能力

"宁可十防九空，不可失防万一。"对于凡是存在安全隐患的桥梁和公路，均应按照相关规定实施限载限速，对于不能确保车辆安全通行的该停就停、该封就封；对于公路沿线已有成灾迹象的安全隐患，切实做到提前避让、预防避让、主动避让，有效降低人民群众生命财产安全风险。

在公路防汛减灾工作中最难、最重要的是保障桥梁安全，桥梁垮塌后恢复难度大、周期长，给群众出行带来严重不便。开展桥梁技术状况检测检查，采取日常保养、加固改建、拆除重建的方式进行分类处置，强化事中高频巡查，提升桥梁交通管控标准，改善桥梁通行状况。

防控灾害风险源头。倡导"地质选线、环保选线"的新理念，在路网规划和可行性研究阶段，加强对路线走廊带的灾害风险评估，从源头上发现公路灾害，严格设计审批，尽可能通过绕避和有效的工程措施防治公路自然灾害。

（2）推进储备中心建设，强化公路应急体系

2014年以来，在金沙江白格堰塞湖处置、京昆高速公路雅安段姚河坝大桥垮塌、"7·21"河南郑州特大暴雨洪涝灾害等重大突发事件处置过程中，国家公路应急储备中心的大型专业抢通装备发挥了重要作用，有力支撑了应急处置。储备中心配备的新型专业装备和形成的实战工法，为地方公路应急能力建设提供了积极有益借鉴，示范引领效果

显著。地方各级交通运输主管部门会同发展改革部门积极编制地方公路应急储备体系规划，强化应急保障能力建设，现已基本形成国家、省、市（县）三级公路交通应急储备保障体系，保障体系逐步健全。

2. 公路地质灾害类型及防治措施

公路的修建常常需要跨越不同的地貌单元、地层岩性，会遇到多种地质环境问题，地质灾害类型较多，公路项目中常见的地质灾害主要有崩塌、滑坡、泥石流、地面塌陷、冻土冻融（图1-4-2）。对于穿山越岭的公路铁路而言，崩塌、滑坡、泥石流（以下简称崩滑流灾害），是引发经济损失和人员伤亡的主要灾害。对其进行勘察、预测和防护，对于交通运输的安全运行至关重要。

（1）崩塌、滑坡

崩塌是指陡峻斜坡上的块状岩土体高速倾倒、翻滚、坠落于坡脚现象；滑坡是指斜坡上的岩土体主要在重力和地下水作用下，沿着一定软弱面或软弱带以水平位移为主的整体向下滑动的作用和现象。崩塌、滑坡地质灾害是山区公路工程常见的地质灾害之一，主要是由地质原因或人为开挖坡脚造成的。由于山坡或路基边坡发生崩塌、滑坡，常使交通中断，影响公路的正常运输。

崩塌、滑坡具体防治措施主要包括：

① 掌握崩塌活动分布规律，公路要尽可能避开崩塌、滑坡危险区及可能的危害区；

② 加强对危岩体监测、预测、预报工作，临崩、滑前及时疏散人员和重要财产；

③ 实施必要的工程措施，加固斜坡或防护受威胁的工程设施。主要工程措施有：护墙或护坡，防止斜坡岩土剥落；镶补、填堵坡体岩石缝洞；削坡，人工消除小型危岩体或减缓陡峭高坡；锚固，加固危岩体，提高其稳定程度，防止崩落、滑坡；排水、疏通地表水和地下水，减缓对危岩陡坡的冲刷和潜蚀；拦截、修筑挡石墙、落石平台、拦石栅栏等，阻止崩滑物对公路设施的破坏。

（2）泥石流

泥石流是指发生在山区的一种含有大量泥沙、石块的暂时性急水流。泥石流是公路，尤其是山区公路建设过程中普遍存在且破坏作用极其强烈的公路水毁类型，是毁坏穿越泥石流沟的公路路基、路面及相应防治结构物的重要外在机制，危害方式有淤积、掩埋、堵塞、冲击及冲刷公路，我国公路每年因泥石流造成的经济损失数亿至数十亿元。

泥石流防治是一项由多种措施组成的系统工程。它主要由四方面措施组成：

① 防止和削弱泥石流活动的防治体系——通过生物措施和工程措施，保护和治理流域环境，消除或削弱泥石流发生条件；

② 控制泥石流运动的防治体系——采用拦挡坝、谷坊、排导沟、停淤场等工程措施，调整和疏导泥石流流通途径和淤积场地，减少灾害破坏损失；

③ 预防泥石流危害的防护工程体系——修建渡槽、涵洞、隧道、明硐、护坡、挡墙、顺坝、丁坝等工程，对重要危害对象进行保护；

④ 预测、预报及救灾体系——对于遭受泥石流严重威胁的居民、企业和重要工程设施，及时搬迁、疏散，受灾时有效地抢险救灾，减少灾害破坏损失。

（3）地面塌陷

地面塌陷是指地表岩、土体在自然或人为因素作用下，向下陷落，并在地面形成塌陷坑（洞）的一种地质现象。有岩溶塌陷、矿山采空塌陷、黄土湿陷等类型，公路工程若在上述塌陷地区通过，经常会造成路面开裂、路基及路面变形、沉降甚至塌陷，影响公路正常通行，甚至威胁人身生命、财产安全。

为避免或减少地面塌陷灾害，必须十分重视公路场地的地质环境，查明建设区地面塌陷的危险程度和形成条件，对地面塌陷进行预测，尽可能布设在塌陷危险性小的安全地带；对于无法避让路段，则应根据具体情况，在设计和施工中采取钻孔灌浆、旋喷加固等必要的防塌措施。

图 1-4-2　公路地质灾害
（a）崩塌、滑坡；（b）泥石流；（c）地面塌陷；（d）冻土冻融

（4）冻土冻融

冻土冻融是指在季节性冻土区，地基土冬季冻胀，夏季融化沉陷的一种现象。此种灾害是东北地区等高纬度或高海拔地区特有的地质灾害，常会造成道路翻浆、冻胀、融陷及路面冻裂，影响道路正常通行。

冻土冻融的防治措施包括：

① 工程应根据岩土工程勘察报告所确定的地基土冻胀级别，采取相应的防冻胀融沉措施；

② 在拟建工程施工时，一是回填粗颗粒抗冻材料，并在地面做好防水工作，防止冻胀产生的冻切力破坏基础；二是采取清基换填砂砾或粗砂等透水性好的填筑材料等措施

处理基础。

3. 公路其他灾害及防治措施

（1）公路雪害

雪害有积雪和雪崩两种形式。积雪对公路的危害主要是影响行车安全，雪害严重时则会阻断交通。较严重的积雪在我国多发于东北地区、青藏高原及新疆等地。山上大量的积雪突然沿山坡或山沟崩落下来，就会发生雪崩。在我国新疆及西藏的山区多有发生，雪崩不仅能掩埋路基、阻断交通，还能击毁路上的行车及建筑物（图1-4-3）。

图1-4-3　雪害应对处置

对雪害的防治，应通过全面的调查研究，查清雪害的成因与基本规律，了解现有防雪设施工作效果，保持防雪设施的完好，增添必要的防雪设施，以减少雪害对公路及交通的危害。

（2）公路沙害

在多风沙地区，沙害是公路的常见病害。其危害主要表现为风蚀和沙，其中尤以沙埋为主（图1-4-4）。治理风沙应贯彻"预防为主，防治结合；因地制宜，因害设防；先治标，后治本，标本兼治"的原则。

图1-4-4　清理路面积沙

以工程措施防治沙害，能及时解决紧道的路线通阻问题，是治标的措施。以植物措施防治沙害是治本的措施，但见效时间较长，一般应与治标措施结合进行。确定防治风沙的具体方案，应根据事先调查的流沙移动方式、方向、年移动距离、输沙量，沙丘形状、沙丘高度及风向风速等，并在摸清其变化规律与综合分析的基础上，制订出防治风沙的最佳方案，以确保公路畅通。采用"固沙""阻沙""输沙""导沙"等措施防治沙害，应根据当地情况，各有侧重，配合使用。

1.4.2 公路交通突发事件应急预案

1. 编制目的

为规范和加强公路交通突发事件的应急管理工作，指导、协调各地建立和完善应急预案体系，有效应对公路交通突发事件，及时保障、恢复公路交通正常运行，制定本预案。

2. 编制依据

依据《中华人民共和国突发事件应对法》《中华人民共和国公路法》《公路安全保护条例》《突发事件应急预案管理办法》《国家突发公共事件总体应急预案》《交通运输突发事件应急管理规定》《交通运输部突发事件应急工作暂行规范》等相关规定。

3. 事件分级

本预案所称公路交通突发事件，是指由于自然灾害、事故等原因引发，造成或者可能造成公路交通运行中断，需要及时进行抢修保通、恢复通行能力的，以及由于重要物资、人员运输特殊要求，需要提供公路应急通行保障的紧急事件。

公路交通突发事件按照性质类型、严重程度、可控性和影响范围等因素，分为四个等级：Ⅰ级（特别重大）、Ⅱ级（重大）、Ⅲ级（较大）和Ⅳ级（一般）。

（1）Ⅰ级事件。事态非常复杂，已经或可能造成特别重大人员伤亡、特别重大财产损失，需交通运输部组织协调系统内多方面力量和资源进行应急处置的公路交通突发事件。

（2）Ⅱ级事件。事态复杂，已经或可能造成重大人员伤亡、重大财产损失，需省级交通运输主管部门组织协调系统内多方面力量和资源进行应急处置的公路交通突发事件。

（3）Ⅲ级事件。事态较为复杂，已经或可能造成较大人员伤亡、较大财产损失，需市级交通运输主管部门组织协调系统内多方面力量和资源进行应急处置的公路交通突发事件。

（4）Ⅳ级事件。事态比较简单，已经或可能造成人员伤亡、财产损失，需县级交通运输主管部门组织协调系统内多方面力量和资源进行应急处置的公路交通突发事件。

自然灾害等对公路交通的影响尚不明确，而国家专项应急预案或相关主管部门已明确事件等级标准的，可参照执行。

省级交通运输主管部门可以结合本地区实际情况，对Ⅱ级、Ⅲ级和Ⅳ级公路交通突发事件分级情形进行细化补充。

4. 适用范围

本预案适用于Ⅰ级公路交通突发事件的应对工作，以及需要由交通运输部指导、支持处置的Ⅰ级以下公路交通突发事件或者其他紧急事件的应对工作。

本预案指导地方公路交通突发事件应急预案的编制和地方交通运输主管部门对公路交通突发事件的应对工作。

【任务实施】

××县地处山区，地形地质条件十分复杂，夏季台风、洪水、泥石流等自然灾害频发，冬季雨雪、冰冻天气频现，是该省地质灾害最为严重的县（市）之一。由于公路等级较低，抗灾能力弱，给公路应急抢险、保障畅通工作带来巨大压力和挑战。近年来，××县自然灾害频发，面对灾情，县公路部门"首当其冲"，第一时间做出应急反应，担负起抗灾抢险的重任。以某村抗灾抢险为例，提出××县在农村公路抢险救援中的相关方案、做法。

1. 某村抢险基本情况

某村发生山体滑坡（图1-4-5），26名群众、1名乡镇干部共27人失联。灾情的发生吹响了交通运输系统抢险救援的集结号，交通运输部门与救援作业组、抢险救援部队紧密配合，主动在物资保障、救援通道建设、救援重建方案谋划等方面做好服务工作，确保抢险工作高效顺利。

全市交通运输系统上下齐心，截至10月17日，共调运重型挖掘机38台、三角形宽履带推土机2台、镐头机3台、装载机3台、压路机1台、自卸车40余台和公路养护机械6台；组织10辆大中型客车和5辆公交车，运行1033趟次。落实军地指挥部交办任务38项，转移受灾群众和抢险人员22670人。

图1-4-5　自然村发生山体滑坡

2. 主要做法和成效

（1）成立工作组，确保协调到位

9月29日，市交通运输局成立"山体滑坡抢险救援工作组"，市局局长任组长，副局长任常务副组长，下设综合协调组、公路保畅组、运力保障组和抢险技术支持组。市本级交通运输系统副县级以上领导24小时现场轮值抢险救援第一线，身先士卒、率先垂范，快速处置各类突发事件和抢险指挥部交办的临时任务。每日17时，与建设、国土和武警水电部队等部门进行会商，协调、落实抢险救援的保障工作。

（2）建立微信群，确保信息畅通

建立"9·28"某村抢险救援交通保障组微信工作群，在群内第一时间传达上级抢修救援指令、发布抢险救援交通保障信息、落实相关工作，确保抢险救援交通保障工作有序、高效、快速。

（3）多部门配合，确保通道有序

一是严控非救援大货车进入救援通道。高速交警、高速路政、高速公路管理处等部门联动，在两个出口处设岗，对原本过通道的非救援大货车进行分流，引导其绕行某高速公路。二是迅速打通第二救援通道。某设计院现场勘查后，确定初步设计方案；9月30日起，通过60h昼夜作战，打通1.5km长、6m宽的第二救援通道；10月4日起，通过36h连续施工，完成简易路面铺装。三是顺利运送设备进场。在公安交警部门的支持下，制定严密的大型设备运送方案，现场指挥、协调，确保救援设备顺利进场。四是及时开通救援班车。每天 4 辆以上公交车往返灾区，为受灾群众转移和救援人员入场提供方便，最大限度减轻通道的通行压力。五是强化救援通道养护作业。组织公路养护设备和人员，每天凌晨 2~4 点利用通道空歇期，对路况进行检查合理安排养护作业，确保通道路面、路况稳定。

（4）未雨绸缪，做好后勤保障

组织了两个班组的重型机械维修人员和 50 余名机械驾驶人员进驻现场，就近安排住宿，做好随时抢修设备的准备，确保村抢险机械、设备的正常运行。

（5）统筹兼顾，做好配合工作

为方便救援和堰塞湖排水，根据武警水电部队施工便道的建设需求，10 月 2 日上午紧急采购、调度、安装 24 节大型涵管。10 月 3 日，调运 20m 长、6m 宽、2cm 厚的钢板，连夜制作钢板便桥，保障机械设备的正常作业。10 月 8 日，配合建设第二施工便道，快速连通南北两岸。

3. 抢险救援中其他影响因素

在抢险救援工作中，除领导重视及按照应急预案执行以外，还有其他一些因素会对抢险救援工作造成一定的影响。

（1）责任落实

抢险救援工作与日常工作相比具有更强的时效性，尤其是涉及群众生命和财产安全的抢险救援，责任更加重大，因此，责任落实到位是顺利完成抢险救援工作的前提条件。从抢险指挥人员到下面的执行人员，每个人的职责要明晰，责任要落实到位，落实到每个人，并且要有相应的监督。

（2）资金落实

抢险救援除人力安排外，还需要有强大的物力和财力作支撑，抢险救援阶段的资金一般都容易保证，但后续的灾后重建资金，可能由于一些原因，无法足额保障，尤其是地方财政较为薄弱的落后区域，农村公路的灾后重建资金难以落实。近几年，为解决该问题，××县创新思路，将农村公路引入财产保险范围，解决了大部分的灾后重建资金，大大增强了公路抵御风险的能力，减小了地方财政的压力。

资源 1-10 干线公路灾害防治工程典型案例

思考与练习 1

扫描二维码可做题自测。

思考与练习 1

公路养护技术与管理
GONGLU YANGHU JISHU YU GUANLI

项目 2

公路路基养护

项目2　公路路基养护

【项目导读】

合抱之木，生于毫末；九层之台，起于累土；千里之行，始于足下。路基是公路的重要组成部分，是路面的基础，与路面共同承受车辆荷载。路基的强度和稳定性是保证路面结构与使用功能的基本条件。因此，路基养护工作显得尤为重要。

公路路基养护坚持"以防为主、防治结合、积极改善、保障畅通"的原则，以经常性、预防性维护为主，以修补性维护为辅；先重点、后一般，对危及道路通行安全及对公路设施会造成严重损坏的，应优先考虑。保持或恢复路基各部分原有状态和技术标准，确保路基处于正常使用状态；对原来达不到技术要求的部分进行改善提高，弥补路基缺陷，完善和提高路基使用功能。在保证道路正常功能的情况下，绿化、美化道路环境。

本项目依据《公路养护技术标准》JTG 5110—2023、《公路路基养护技术规范》JTG 5150—2020及《公路养护工程质量检验评定标准　第一册　土建工程》JTG 5220—2020，从公路路基养护的基本知识入手，介绍了路基日常养护、路基病害处治、特殊路基养护、路基养护工程质量检验与评定等内容，最后以工程实例阐述了公路路基养护方案的编制方法。

【知识目标】

1. 知道路基养护类型，掌握路基养护对策选择办法；
2. 知道路基常见病害类型及其损坏程度判断标准，掌握常见病害处治措施及养护质量检验与评定方法；
3. 知道特殊路基病害类型，掌握特殊路基病害处治措施。

【能力目标】

1. 能够识别路基养护类型，进行路基养护对策选择；
2. 能够识别路基常见病害类型，判断其损坏程度，进行常见病害处治，进行养护质量检验与评定；
3. 能够识别特殊路基病害类型，进行特殊路基病害处治。

【素养目标】

1. 通过路基病害的识别与处治，培养精益求精、爱岗敬业等职业精神；
2. 通过工程案例的学习，结合家乡公路养护现状，体会家国情怀、职业担当。

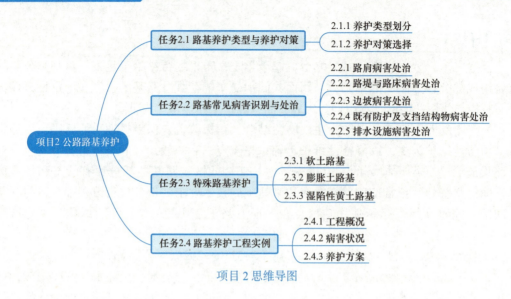

项目 2 思维导图

任务 2.1　路基养护类型与养护对策

【学习目标】

1. 了解路基养护工作对象及路基养护工作内容。
2. 知道路基养护类型及其工作内容。
3. 能够进行路基养护对策的选择。

【任务描述】

××高速公路设计速度为 100km/h，全线挖方约 513 万 m^3，填方约 402 万 m^3，负责其养护职责的为某高速公路管理公司。其中 A 路段主线总里程 61km，现对该段路基进行日常巡查，并提出相应的日常养护对策。

【相关知识】

路基养护工作对象包括公路用地范围内的路肩、路堤与路床、边坡、既有防护及支挡结构物、排水设施、特殊路基等。路基养护工作内容包括路况调查与评定、养护决策、日常养护、养护工程设计、养护工程施工、养护工程质量验收、跟踪观测和技术管理。

2.1.1　养护类型划分

路基养护包括日常养护和养护工程。

1. 日常养护

日常养护包括日常巡查、日常保养和日常维修。其具体内容、频率及方式见表 2-1-1。路基日常养护应及时做好工作记录，包括作业时间、作业内容、作业人员、完成的工作量等；并应提倡和鼓励使用机械设备开展养护作业，提升路基日常养护机械化水平。

2. 养护工程

养护工程包括预防养护、修复养护、专项养护和应急养护。

路基日常养护的内容、频率及方式　　　　　　　表 2-1-1

类型		内容	频率及方式
日常巡查	一般巡查	①检查路肩是否存在缺损、阻挡排水，是否存在杂草、杂物； ②检查路堤是否存在杂物堆积，是否存在沉陷、冻胀翻浆； ③目测边坡是否存在冲刷、缺口，坡面是否存在杂草、杂物，坡体是否存在松动、碎落崩塌、局部坍塌； ④检查既有防护及支挡结构物是否存在表面破损、勾缝脱落、杂草、杂物，是否存在排（泄）水孔堵塞，是否存在局部损坏； ⑤查看排水设施是否存在堵塞、破损等	每周不宜少于一次，遇特殊气候、突发灾害等情况应适当增加巡查频率。可用目测方式，也可用目测与量测相结合的方式
日常巡查	专项巡查	①察看边坡坡顶和坡面是否存在裂缝以及裂缝的发展情况；边坡坡面是否存在岩体风化松散、局部坍塌、滑坡； ②检查既有防护及支挡结构物是否存在结构变形、滑移、开裂；基础是否存在积水、冲刷、空洞等； ③查看排水设施的排水是否通畅、有效，是否损坏、不完善	在年度公路网级的路基技术状况调查基础上，每半年进行一次；对最近一次路基技术状况指数（SCI）或任一分项指标评定为"次、差"的路段，其专项巡查频率每月不得少于一次
日常保养		①整理路肩，修剪路肩杂草，清除路肩杂物； ②整理坡面，缺口培土，修剪坡面杂草，清除坡面杂物； ③除护坡、支挡结构物上的杂物，疏通排（泄）水孔； ④清理绿化平台、碎落台上的杂物； ⑤疏通边沟、截水沟、集水井、泄水槽等排水设施； ⑥修整中央分隔带路缘石，清除杂物、杂草，清理排水通道	—
日常维修		①修补路基缺口，整修路缘石，修整路肩坡度，处理路肩的轻微病害； ②清理边坡零星塌方，修补坡面冲沟，修理砌石护坡、防护网、绿植等坡面防护工程的局部损坏； ③修理既有防护及支挡结构物的表观破损和轻微的局部损坏； ④整修绿化平台、碎落台； ⑤局部开挖边沟、截水沟等，铺砌、修复排水设施等	

（1）预防养护

预防养护是对存在病害隐患、暂未影响正常运营的路基及其附属结构物，以预防病害隐患过快发展、提高安全运行为目的进行的主动性养护工程。

预防养护应贯彻路基预防养护理念，遵循"预防为主、主动施策"的原则。对路基存在病害隐患的路段应实施定点观测或监测，及时掌握病害发展趋势，并根据定点观测或监测结果，确定预防养护时机。在确定预防养护时机的基础上，根据路基病害隐患特点及发展趋势等，确定预防养护措施。

（2）修复养护

修复养护是在路基出现明显病害或部分丧失服务功能的情况下，以恢复良好的路基状况为目的进行的维修加固性养护工程。应及时对路基病害进行维修加固，实施修复养护工程。

（3）专项养护

专项养护是为恢复、保持或提升路基服务功能而集中实施的路基维修、加固、专项处治、灾后恢复等养护工程。

（4）应急养护

应急养护是在路基严重损坏或损毁，并危及或已造成交通中断等突发情况下，以快速恢复安全通行能力为目的进行的应急性抢通、保通和抢修养护工程。

2.1.2 养护对策选择

路基养护对策应根据路基技术状况评定结果、养护工作对象与内容,以及病害处治类型,按表2-1-2进行选择。对于路基某一养护工作对象与内容,存在两个或两个以上对策可供选择时,应根据实际情况选择其一。具体如下:

(1)当路基及结构物技术状况为优、良,但有局部轻微损坏或病害迹象时,应适时采取预防养护措施,防止或延缓病害的发生和发展。

(2)当路基及结构物出现明显病害或较大损坏时,应及时组织专项检查和评定,以及必要的工程勘察,采取相应工程措施,并应符合下列要求:

① 路基及结构物技术状况等级为中,或出现局部损坏时,应实施修复养护工程,及时处治或加固。

② 路基及结构物技术状况等级为次及以下,路基整段出现大范围病害,或重要结构物出现较大损坏时,应实施专项养护工程,及时处治、加固或改建。

(3)对路基技术状况指数(SCI)为0的路段,应及时采取应急养护措施。实施应急养护时,应设置交通安全设施;需中断交通的,应合理采取分流措施。

路基养护对策　　　　　　　　　　　　　　　　　　　　　　表2-1-2

养护工作对象与内容		日常养护		养护工程			
		日常保养	日常维修	预防养护	修复养护	应急养护	
						抢通保通	应急修复
路肩	路肩清扫	√	—	—	—	—	—
	路肩整修	√	√	—	√	—	—
	路缘石维修	√	√	—	√	—	—
路堤与路床	沉降处治	—	—	√	√	√	√
	开裂滑移处治	—	—	√	√	√	√
	冻胀翻浆处治	—	√	—	√	—	—
	桥头跳车处治	—	—	√	√	—	—
边坡	坡面防护	√	√	—	√	—	—
	碎落崩塌处治	√	√	—	√	—	—
	局部坍塌处治	—	—	—	√	√	√
	滑坡处治	—	—	—	√	√	√
既有防护及支挡结构物	表观破损处治	—	—	√	√	—	—
	排(泄)水孔淤塞处治	√	√	—	√	—	—
	局部损坏修复	—	—	√	√	—	—
	结构失稳加固	—	—	—	√	—	—
排水设施	排水设施疏通	√	√	—	√	—	—
	排水设施修复	—	√	—	√	—	—
	排水设施增设	—	—	√	√	—	—

根据前期采集的各项数据,包括路基主体基本情况,路线信息,沿线地质水文、地形地貌、气象、地震、交通状况、材料供应、施工能力等基础数据;原设计文件、交竣

工资料、养护历史信息和当地病害防治经验等详细数据；定期检测、技术状况评定、定点监测与评价获得的相关数据；不同病害类型的数量、位置、程度等，以及通过现场测试和室内试验采集到的相关物理、力学指标参数等专项检测数据，进一步确定路基病害位置、病害类型与程度、数量等，综合分析判断其主要病害。结合地质、气候、荷载条件和力学分析结果，确定主要病害产生的原因，出具病害分析报告，提出养护对策。

特殊路基病害路段的养护工程，应进行地质勘测与检测，查明特殊地质岩土的性质、成因类型、规模、稳定状况及发展趋势；特殊路基养护工程设计所需要的物理力学参数，宜采用原位测试的数据，并结合室内试验资料综合分析确定。

【任务实施】

1. 路基日常巡查

经日常巡查发现，A 路段存在未处理的垃圾 4 处，分别位于路肩、坡面、边沟、中央分隔带；路肩上的野草、中央分隔带内杂生灌木等未及时清除。

2. 路基日常保养对策

根据日常巡查结果分析，A 路段位于景区，游人较多，抛撒垃圾杂物较多，不易发现的地方堆放着大量垃圾没有及时清理。现提出相应的日常保养对策如下：

（1）整理路肩，修剪路肩杂草，清除路肩杂物。

（2）整理坡面，清除坡面杂物。

（3）疏通边沟。

（4）修整中央分隔带路缘石，清除杂物、杂草。

A 路段所在区域多山体和沟壑，坡度太陡，易导致边坡稳定性下降。在路肩、挡土墙、排水等各环节应加强日常养护工作，及时处理坍塌、滑坡，发现有危石、浮石等，要马上清除，以免发生山体崩塌阻碍交通、堵塞水沟、阻碍排水。在病害发展稳定后，结合道路具体状况，通过种植草坪、植树、砌石防护等措施，加强斜坡的稳定，并适时进行排水，对各类防护结构进行养护。在雨季来临之前，对容易出现滑坡的路段进行认真检查，及早发现并及时处治。

任务 2.2　路基常见病害识别与处治

【学习目标】

1. 知道路肩病害、路堤与路床病害、边坡病害、既有防护及支挡结构物病害、排水设施病害的类型，能进行损坏程度判断，掌握病害处治措施。

2. 知道翻浆、滑坡、崩塌、泥石流等路基典型病害成因，掌握其防治措施。

【任务描述】

某公路工程的挖方路段起讫桩号为 K13+120～K14+960，该路段从山丘坡脚处穿过，地形起伏变化相对较大，土体覆盖层薄，滑坡前缘形成临空面，对坡土本身的稳定性造成不利影响，致使边坡岩面产生蠕动变形，在地表形成裂缝。请针对该路基边坡的病害问题，设计相应的养护方案（图 2-2-1）。

【相关知识】

路基是按照路线位置和一定技术要求修筑的带状构造物，是公路的基本结构，是支撑路面结构的基础，承受由路面传递下来的行车荷载，同时承受气候变化及各种自然灾害的侵蚀和影响。按路基填挖情况，路基的结构形式有路堤、路堑、半填半挖路基、零填零挖路基（图 2-2-2、图 2-2-3）。

图 2-2-1 路基边坡岩面变形

图 2-2-2 路堤、路堑

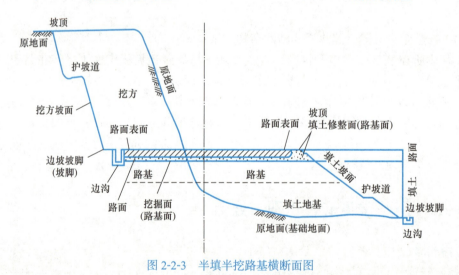

图 2-2-3 半填半挖路基横断面图

路基病害可分为路肩病害、路堤与路床病害、边坡病害、既有防护及支挡结构物病害、排水设施病害五类。

2.2.1 路肩病害处治

路肩是保证路基、路面整体稳定性和排除路面水的重要结构，也是为保证临时停车所需两侧余宽的重要组成部分。路肩的横坡应平整顺适，硬路肩应与路面横坡相同，土或植草的路肩应比路面横坡坡度大 1%～2%。若路肩横坡坡度过缓，则不利于排水，影响路基稳定；坡度过大，又易于被雨水冲刷成沟槽。路肩的宽度应符合行业标准《公路工程技术标准》JTG B01—2014 的规定。路肩应经常保持平整坚实，不应积水、积淤泥或出现坑槽、车辙和缺口。路肩上严禁种植农作物和堆放任何杂物。路肩应尽量与环境协调，尽可能使之美观。

路肩的养护情况直接关系路基路面的强度、稳定性和行车的舒适与畅通。路肩养护应满足：表面密实平整、清洁，无杂物、无杂草；路肩宽度符合设计要求，边缘顺直、无缺损；横坡符合设计要求，与路面衔接平顺，不阻挡路面排水；路缘石完好、无缺损。

1. 路肩病害类型

路肩病害可分为路肩或路缘石缺损、阻挡路面排水、路肩不洁三类。

（1）路肩或路缘石缺损，指路肩一侧宽度小于设计宽度 10cm 及以上，路肩出现 20cm×10cm（长度 × 宽度）以上的缺口，路缘石丢失、损坏、倾倒或路缘石与路面脱离透水等（图 2-2-4、图 2-2-5）。

图 2-2-4　路肩缺损

图 2-2-5　路缘石缺损

（2）阻挡路面排水，指路肩高于路面，造成路面排水不畅。

（3）路肩不洁，指路肩有堆积杂物、未经修剪且高于 15cm 的杂草。

2. 损坏程度判断

沥青路面路肩损坏分类符合表 1-2-15 的规定，水泥混凝土路面路肩损坏分类符合表 1-2-16 的规定。所有损坏均按面积计算，累计面积不足 1m 应按 1m 计算。损坏程度按以下标准判断：

① 轻度：包括表 1-2-15 和表 1-2-16 规定的所有轻度和中度损坏。

② 重度：包括表 1-2-15 和表 1-2-16 规定的所有重度损坏。

路缘石缺损按长度（m）计算。

3. 路肩病害处治措施

（1）保持土路肩的整洁：土路肩上出现的车辙、坑洼，用与原路肩相同的土填平夯实；雨后必须及时排除积水、清理淤泥，以保持路肩的整洁；对于植草皮或利用天然草加固的路肩，定期进行维护和修剪，草高不得超过 15cm，并随时清除泥沙杂物。

（2）保持硬路肩的整洁：加强日常巡查，发现路肩上出现杂物，应及时清扫，以保持路肩的整洁。清扫路肩时应洒水，避免造成扬尘污染。

（3）土路肩车辙、坑洼的处理：土路肩上出现车辙、坑洼或与路面产生错台现象时，必须及时整修，并用与原路肩相同的土填平夯实，使其顺适。

（4）土路肩隆起的处理：土路肩过高，妨碍路面排水时，应铲削整平，宜在雨后土壤湿润状态下，结合清理边沟同时进行。铲除的土或混合料，不得堆放在边沟内或边坡上。

（5）填土路基路肩塌陷的修理：对于小型路肩塌陷缺口，用黏性良好的土修补夯实；对于较大的塌陷缺口，先进行清理，将路肩上出现病害部分的土挖去，再分层填筑夯实。回填时，挖补面积要扩大，且逐层挖成台阶状，由下往上逐层填筑，压实度达到路基施工质量要求。

（6）土路肩横坡坡度过大、过小的处理：土路肩横坡坡度过大时，宜用良好的砂土以及其他合适的材料填补压实，不得用清沟挖出的淤泥或含有草根的土填补。土路肩横坡过小时，应削高补低，整修至规定坡度。有草路肩的横坡坡度应比路面坡度大1%~2%，以利排水。

（7）陡坡路段路肩的养护：陡坡路段（纵坡大于5%）路肩由于纵坡大，易被暴雨冲成纵横沟槽，甚至冲坏路堤边坡。可采取的措施有：设置截水明槽、加固土路肩或铺筑硬路肩、人工植草、砌筑路肩边缘带、路肩上严禁种植农作物和堆放任何杂物等。

（8）路肩的加固：为减少路肩养护工作量，应有计划地将土路肩进行加固，对于行车密度大的线路，可将土路肩改铺成硬路肩；对于交通量较小的线路，路肩可用植草加固。

（9）路肩外侧边缘缺口的处理：路肩边缘带应加强养护和修理。对由于雨水冲刷及车辆碾压造成的松动、破损，应及时修复或更换。路肩外侧边缘被流水冲缺，或牲畜踩踏、车轮碾压形成缺口时，应及时修补。

（10）路肩上严禁堆放杂物：对于养路材料，应在公路以外相连路肩之处，根据地形情况选择适宜地点设置堆料坪，堆料坪的间距以200~500m为宜。

2.2.2　路堤与路床病害处治

路堤与路床病害处治范围包括填方和半填半挖路基、挖方段的路床区及地基。当出现不均匀沉降、开裂滑移、冻胀翻浆等病害时，应及时采取相应的技术措施进行维修加固。路堤与路床养护应满足：无明显不均匀沉陷；无开裂滑移；无冻胀、无翻浆。

1. 路堤与路床病害类型

路堤与路床病害可分为杂物堆积、不均匀沉降、开裂滑移、冻胀翻浆四类。

（1）杂物堆积：指人为倾倒的垃圾和秸秆等杂物的堆积。

（2）不均匀沉降：指路基出现大于4cm的差异沉降，或大于5cm/m的局部沉陷（图2-2-6）。沉降包括路堤沉降和地基沉降（图2-2-7），其中路堤沉降的主要成因是填料使用不当、填筑方法不合理、压实度不足、外界水入渗等；地基沉降的主要成因是软弱地基未处理或处理效果不良等。

图2-2-6　路基沉降

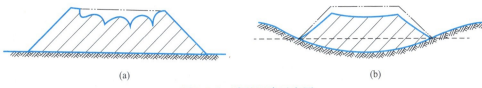

图 2-2-7 路基沉降示意图

（a）路堤沉降；（b）地基沉降

（3）开裂滑移：指沿路基纵向出现弧形开裂，路基产生侧向滑动趋势（图 2-2-8）。开裂滑移的主要成因是地质条件不良、路基抗剪强度不足、排水设施不合理及其他特殊情况。

（4）冻胀翻浆：指季节性冰冻引起的路面隆起、变形，春融或多雨地区的路基在行车荷载作用下造成路面变形、破裂、冒浆等（图 2-2-9、图 2-2-10）。冻胀翻浆的主要成因是路堤含水率过高、填料使用不当、排水不畅等。

图 2-2-8 路基开裂滑移

图 2-2-9 路基冻胀

图 2-2-10 路基翻浆

2. 损坏程度判断

路基沉降按处计算，损坏程度按以下标准判断：路基沉降长度小于等于 5m 为轻度，路基沉降长度 5~10m 为中度，路基沉降长度大于等于 10m 为重度。

3. 路堤与路床病害处治措施

根据路堤与路床的土质条件、地下水类型及埋藏深度、降水量、加固材料来源、施工可行性等，经比选后确定合理的养护技术。常用处治措施可参照表 2-2-1 选用。

（1）换填改良

是将不良土质清除，并用稳定性好的土、石、工业废渣、建筑垃圾等材料进行回填并压实，或对原状土掺入石灰、水泥等化学改良剂进行土质改良（图 2-2-11）。换填改良适用于填料不良引起的强度不足、沉陷、翻浆等病害处治或地基沉降路段局部处理。

换填材料宜采用级配较好的砾类土、砂类土等粗粒土，填料最大粒径应小于 100mm，填料的加州承载比 CBR 值应符合行业标准《公路路基施工技术规范》JTG/T 3610—2019

的相关要求。不得采用含草皮、生活垃圾、树根、腐殖质的土,以及泥炭、淤泥、冻土、强膨胀土、有机质土和易溶盐超过允许含量的土。换填改良材料的配合比应通过试验确定。

路堤与路床病害处治措施　　　　　表 2-2-1

病害类型	处治措施						
	换填改良	注浆	复合地基	钢管抗滑桩	增加综合排水设施	设置土工合成材料	加铺罩面
不均匀沉降	△	√	√	×	△	△	△
开裂滑移	×	√	△	√	△	△	×
冻胀翻浆	√	×	×	×	√	×	△

注:√表示推荐;△表示可选;×表示不推荐。

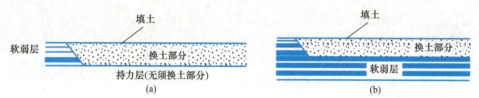

图 2-2-11　换填改良示意图

换填区与相邻路基衔接处应开挖成台阶状,换填施工应减少对老路基的扰动,及时做好开挖回填及防排水工作;采用透水性材料作为回填材料时,应做好与既有排水设施的衔接。具体施工工艺如图 2-2-12 所示。

资源 2-1
换填改良
施工

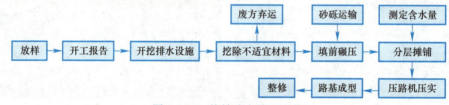

图 2-2-12　换填改良施工工艺

（2）注浆

注浆是钻孔植入注浆管,通过一定的注浆压力将浆液挤压入土体,对周围土体实施填充或压缩,提高土体密实度和承载能力。可用于路堤或路床压实度不足、局部稳定性不满足要求或桥头跳车等路段。常用的注浆技术可分为压密注浆和袖阀管注浆两类。

① 压密注浆:指在路基中钻孔后插入注浆管,待封孔达到强度后进行加压注浆。若土质较差易塌孔时,可在孔内植入带孔的硬聚氯乙烯(PVC-U)管进行压密注浆。压密注浆示意图如图 2-2-13 所示,其施工工艺如图 2-2-14 所示。

② 袖阀管注浆:袖阀管注浆同样是在路基中钻孔后插入注浆管来进行加压注浆,但注浆管包括注浆外管和注浆内管。其中,注浆外管每隔一定间距预留出浆口,并在出浆口处加设截止阀,注浆完成后外管将永久留在土体中。注浆时,将带封堵装置的注浆内管置入注浆外管内,对需要注浆部分进行注浆,在土体中形成以钻孔为核心的桩体,且在桩体外围土体裂隙中形成抗剪能力强的树根网状浆脉复合体。袖阀管注浆示意图如

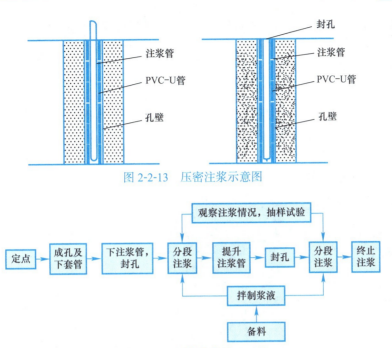

图 2-2-13 压密注浆示意图

图 2-2-14 压密注浆施工工艺

图 2-2-15 所示，其施工工艺如图 2-2-16 所示。

进行注浆加固前，根据处治目的和要求，以及材料的性能、适用范围和固结体的特性，选用水泥浆液、水泥-粉煤灰浆液或其他注浆材料。

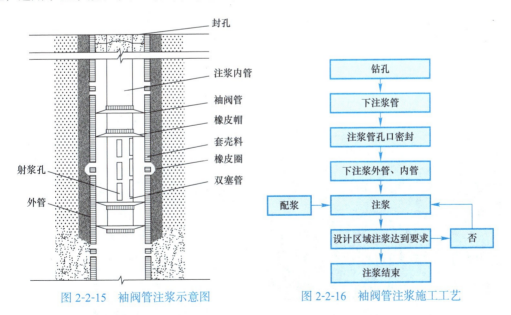

图 2-2-15 袖阀管注浆示意图　　图 2-2-16 袖阀管注浆施工工艺

注浆时应控制好浆液的搅拌时间及注浆压力，连续注浆，中途不得中断。注浆应遵循逐渐加密的原则，多排孔注浆时，宜先注边排后注中间排。边排孔宜限制注浆量，中排孔注至不吃浆为止。应加强注浆过程控制，做好注浆记录，动态调整注浆压力、注浆量及注浆时间，防止对路面结构及周边土体或结构物造成破坏。注浆完成后，应及时做好封孔处理，并进行跟踪观测评价注浆效果。注浆效果的检验宜在注浆结束后28d进行，对检验不合格的注浆区应进行重复注浆。注浆施工应做好施工组织设计，减少行车对注浆质量的影响。注浆养护时间不宜少于3d。

（3）复合地基

复合地基常用技术分为碎石桩、水泥搅拌桩、水泥粉煤灰碎石桩（CFG桩）和预制管桩。

①碎石桩：是以碎石（卵石）等为主要材料，通过振动密实制成的复合地基加固桩。碎石桩施工如图2-2-17所示，其施工工艺如图2-2-18所示。

图2-2-17 碎石桩施工

图2-2-18 碎石桩施工工艺

资源2-2 水泥搅拌桩施工

②水泥搅拌桩：是利用水泥作为固化剂的主剂，采用搅拌桩机将水泥粉（浆）喷入土体并充分搅拌，使水泥与土发生一系列物理化学反应，从而提高地基强度。水泥搅拌桩施工如图2-2-19所示，其施工工艺如图2-2-20所示。

图2-2-19 水泥搅拌桩施工

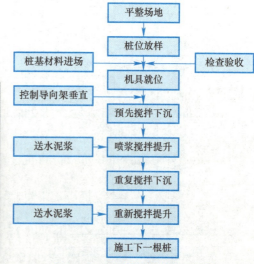
图2-2-20 水泥搅拌桩施工工艺

③水泥粉煤灰碎石桩（CFG桩）：是通过振动成孔，将水泥、粉煤灰、碎石、石屑或砂加水拌合形成的高粘结强度桩，和桩间土、褥垫层共同形成复合地基。水泥粉煤灰碎石桩（CFG桩）施工如图2-2-21所示，其施工工艺如图2-2-22所示。

 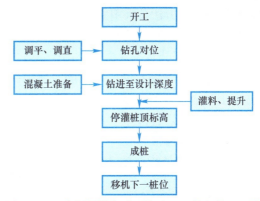

图 2-2-21 水泥粉煤灰碎石桩（CFG 桩）施工　　图 2-2-22 水泥粉煤灰碎石桩（CFG 桩）施工工艺

④ 预制管桩：主要由钢筋混凝土或预应力混凝土制成，具有多种类型，如预制混凝土管桩、预应力混凝土管桩和钢管桩等。其中，预应力混凝土管桩施工如图 2-2-23 所示，其施工工艺如图 2-2-24 所示。

 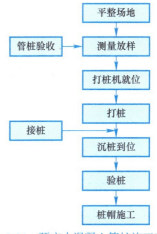

资源 2-3
预制管桩
施工

图 2-2-23　预应力混凝土管桩施工　　图 2-2-24　预应力混凝土管桩施工工艺

复合地基可用于处治地基沉降变形大、承载力低的软弱路基，以及差异变形大的拓宽路段。常用技术类型及适用条件可参照表 2-2-2 选用。

复合地基法常用技术类型及适用条件　　表 2-2-2

适用条件	养护处治技术			
	碎石桩	水泥搅拌桩	CFG 桩	预制管桩
地基沉降变形大的路基	△	√	√	△
承载力低的软弱路基	△	√	√	×
开裂滑移的路基	×	△	△	√

注：√表示推荐；△表示可选；×表示不推荐。

除应收集路基主体基本情况、病害类型等资料外，尚应补充收集沉降变形观测数据，用于确定合理的加固区域。碎石桩、CFG 桩施工前应做成桩试验，并对复合地基承载力进行检测。检测方法可采用平板载荷试验。

复合地基成孔桩长允许偏差≤100mm，桩径允许偏差≤20mm，垂直度允许偏差≤1%；路堤部分宜采取振动小的干钻方式进行预成孔，并及时清运钻孔取土。钻孔过程中应避免多台设备在同一断面同时施工，以减少对老路基的振动扰动；碎石桩和预制管桩施工时应进行间隔跳打；对桩顶高程以上的路基内桩孔，应进行封孔回填处理；应对单桩桩体质量进行检测。

（4）钢管抗滑桩

钢管抗滑桩是指在钻孔中植入直径不大于30cm的空心钢管后，向管内灌入强度等级不低于C25的混凝土，管外灌注水泥砂浆，使桩周一定范围内的土体得到加固，形成钢管+水泥砂浆复合体的钢管抗滑桩（图2-2-25）。钢管抗滑桩具有抗弯拉强度较高、抗剪能力较强、施工简单、速度快、造价低等优点。钢管抗滑桩可用于处治或预防路堤浅层滑移，也可作为削坡减载、支挡结构物的基础施工或抗滑桩施工的一种辅助性加固措施。

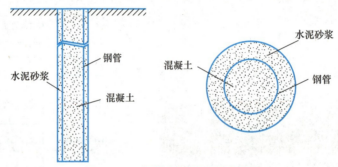

图2-2-25 钢管抗滑桩加固示意图

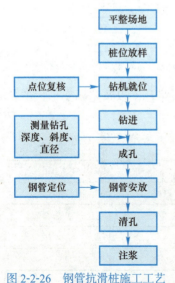

图2-2-26 钢管抗滑桩施工工艺

钢管抗滑桩宜采用钻孔植入法施工，路基钻孔应采取干钻方式。宜布置在路基边坡顶部或坡脚，间距不宜大于3m，钻孔直径宜为250~320mm，抗滑桩应穿过滑移面不少于2m且其深度满足路基边坡稳定性验算要求，坡脚位置处宜适当增大穿过滑移面的深度。钢管抗滑桩钻孔孔径不得小于设计值，且应大于钢管外径70mm以上。无缝钢管应垂直插入钻孔并对中，钢管的连接宜采用套管焊接方式。当管外充填注浆难以达到要求时，可采用压力注浆。应保证管外和管内桩长范围内完全注满。注浆泵与注浆孔口距离不宜大于30m，以减小注浆管路系统阻力，保证实际的注浆压力，具体施工工艺如图2-2-26所示。

（5）辅助处治措施

增加综合排水设施、设置土工合成材料、加铺罩面为辅助处治措施。其中，增加综合排水设施适用于路床区易遭受水损坏的路段、冻胀翻浆路段，维修加固时需开挖路槽，增设排水渗沟或暗沟，加大加深边沟。设置土工合成材料适用于半填半挖路基；当挖方区为土质时，优先选用渗水性好的材料填筑，对挖方区路床范围内土质进行超挖回填碾压，并在填挖交界处的路床范围内铺设土工合成材料。加铺罩面适用于路床强度不足，路基沉降变形较小且路基、路面未出现破损的情况；选用该方案时，应综合考虑路面加铺对交通运行、路面上部净空等的影响。

4. 路基修复质量检验与评定

（1）土方路基修复

路基填料应符合规范和设计的要求。填方路基应分层填筑压实，每层表面平整，路拱合适，排水良好。不宜使用大型压实机具的工作面，分层的最大松铺厚度应不超过200mm。施工临时排水系统应与原路基排水系统结合，避免冲刷边坡，不得使路基附近积水。修复的路基应与现有路基连接平顺，线形顺畅。土质路基填挖衔接处及零填方处应根据土质、含水率情况采取翻晒处理、超挖换填等措施或按设计要求进行处理，路基的压实度及路基的稳定性应满足要求。土方路基修复实测项目应符合《公路养护工程质量检验评定标准　第一册　土建工程》JTG 5220—2020 的要求。

（2）填石路基修复

填石路基施工应逐层水平填筑，边部应码砌牢固。修复的路基应与现有路基连接平顺，线形顺畅。路基表面应整修平整。填石路基修复实测项目应符合《公路养护工程质量检验评定标准　第一册　土建工程》JTG 5220—2020 的要求。

2.2.3 边坡病害处治

边坡病害处治应保证坡面与坡体稳定，并应根据实际情况计算确定原支护结构的有效抗力。当出现坡面冲刷、岩体碎落崩塌、边坡局部滑塌、滑坡等病害时，应及时采取相应的技术措施进行维修加固。根据边坡岩土体条件、病害类型及严重程度、地下水类型及埋藏深度、降水量、施工可行性，经比选后确定合理的养护方案。对边坡进行维修加固时，应完善排水设施。

1. 边坡病害类型

边坡病害可分为坡面冲刷、碎落崩塌、局部坍塌、滑坡四类。

（1）坡面冲刷，指由雨水冲刷坡面形成的深度10cm以上的沟槽（图2-2-27）。

（2）碎落崩塌，指路堑边坡因表层风化等产生的碎石滚落、局部崩塌等（图2-2-28）。

图2-2-27　坡面冲刷

图2-2-28　碎落崩塌

（3）局部坍塌，指因边坡表面松散破碎或雨水冲刷而引起的坡面滑塌（图 2-2-29）。

（4）滑坡，指边坡发生整体剪切破坏引起的坡体下滑，或有明显水平位移（图 2-2-30）。

图 2-2-29　局部坍塌　　　　　　　图 2-2-30　滑坡

2. 损坏程度判断

水毁冲沟按处计算，损坏程度按以下标准判断：冲沟深度小于或等于 20cm 为轻度，冲沟深度 20~50cm 为中度，冲沟深度大于 50cm 为重度。边坡坍塌按处计算，其损坏程度按以下标准判断：边坡坍塌长度小于或等于 5m 为轻度，边坡坍塌长度 5~10m 为中度，边坡坍塌长度大于 10m 为重度。

3. 边坡病害处治措施

常用处治措施可参照表 2-2-3 选用。

边坡病害常用处治措施　　　　表 2-2-3

边坡病害类型	处治措施							
	坡面防护	沿河路基冲刷防护	挡土墙	锚固	钢筋混凝土抗滑桩	削方减载	堆载反压	棚洞
冲刷	√	√	×	×	×	×	×	×
碎落崩塌	√	×	△	×	×	×	×	√
局部坍塌	△	△	√	×	×	√	×	×
滑坡	△	×	√	√	√	△	△	×

注：√表示推荐；△表示可选；×表示不推荐。

（1）坡面防护

坡面防护包括植物防护、工程防护以及两者结合的综合防护。

植物防护是通过创造植物生长环境，恢复受损边坡的生态系统，保护生态环境，提高水土保持能力（图 2-2-31、图 2-2-32）。

工程防护是通过支挡、压重、挂网防护等方式，提高边坡的抗冲蚀、抗风化性能，加强边坡稳定性，防止岩体崩塌、碎落（图 2-2-33、图 2-2-34）。

综合防护是利用植物防护、工程防护两者的各自优势形成的兼顾边坡稳定性与生态环境保护等功能的防护措施，其主要形式为骨架植物防护（图 2-2-35）。

资源 2-4
骨架植物
防护施工

图 2-2-31　铺草皮

图 2-2-32　种植灌木

图 2-2-33　挂网喷护

图 2-2-34　护面墙

图 2-2-35　骨架植物防护

坡面防护可用于处治边坡坡面冲刷、风化、碎落崩塌等病害。坡面防护主要类型及适用条件宜符合表 2-2-4 的规定。

坡面防护主要类型及适用条件　　表 2-2-4

防护类型	亚类	适用条件
植物防护	植草或喷播植草	可同于坡率不陡于 1∶1 的土质边坡防护。当边坡较高时，植草可与土工网、土工网垫结合防护
	铺草皮	可用于坡率不陡于 1∶1 的土质边坡或全风化、强风化的岩石边坡防护
	种植灌木	可用于坡率不陡于 1∶0.75 的土质、软质岩石和全风化岩石边坡防护

续表

防护类型	亚类	适用条件
植物防护	喷混植生	可用于坡率不陡于1：0.75的砂土、碎石土、粗粒土、巨粒土及风化岩石边坡防护，边坡高度不宜大于10m
工程防护	喷护	可用于坡率不陡于1：0.5的易风化但未遭强风化的岩石边坡防护
	挂网喷护	可用于坡率不陡于1：0.5的易风化、破碎的岩石边坡防护，高速公路、一级公路和环境景观要求高的公路不宜采用
	干砌片石护坡	可用于坡率不陡于1：1.25的土质边坡或岩石边坡防护
	浆砌片石护坡	可用于坡率不陡于1：1的易风化的岩石和土质边坡防护
	护面墙	可用于坡率不陡于1：0.5的土质和易风化剥落的岩石边坡防护
综合防护	骨架植物防护	可用于坡率不陡于1：0.75的土质和全风化、强风化的岩石边坡防护

边坡坡脚宜设置碎落台，其宽度可根据边坡高度和土质进行确定，不宜小于1m。

（2）沿河路基冲刷防护

冲刷防护是通过设置砌石护坡、抛石、石笼、浸水挡土墙、丁坝、顺坝等，对受水流直接冲刷的边坡进行防护（图2-2-36、图2-2-37）。

图2-2-36 石笼

图2-2-37 丁坝

沿河路基防护可用于防护水流对沿河、沿溪等路堤坡脚的冲刷与淘刷。沿河地段路基受水流冲刷时，根据河流特性、水流性质、河道地貌、地质等因素，结合路基位置选用适宜的防护工程、导流或改河工程。沿河路基冲刷防护主要类型及适用条件宜符合表2-2-5的规定。

冲刷防护主要类型及适用条件　　表2-2-5

防护类型	适用条件
植物防护	可用于允许流速在1.2~1.8m/s、水流方向与公路路线近似平行、不受洪水主流冲刷的季节性水流冲刷地段防护。经常浸水或长期浸水的路堤边坡不宜采用
砌石或混凝土护坡	可用于允许流速为2~8m/s的路堤边坡防护
土工织物软体沉排、土工模袋	可用于允许流速为2~3m/s的沿河路基冲刷防护
石笼防护	可用于允许流速为4~5m/s的沿河路堤坡脚或河岸防护
浸水挡土墙	可用于允许流速为5~8m/s的峡谷急流和水流冲刷严重的河段

续表

防护类型		适用条件
护坦防护		可用于沿河路基挡土墙或护坡的局部冲刷深度过大、深基础施工不便的路段
抛石防护		可用于经常浸水且水深较大的路基边坡或坡脚,以及挡土墙、护坡的基础防护
排桩防护		可用于局部冲刷深度过大的河湾或宽浅型河流的防滑
导流构造物	丁坝	可用于宽浅型河段,保护河岸或路基不受水流直接冲蚀而产生破坏
	顺坝	可用于河床断面较窄、基础地质条件较差的河岸或沿河路基防护,以调整流水曲度和改善流态

（3）挡土墙

挡土墙是在边坡坡脚设置一系列挡土结构物,增强边坡抗滑力,并对坡脚起到压重作用,保证边坡稳定（图 2-2-38）。用于路基养护的常用挡土墙类型分为重力式挡土墙、锚杆挡土墙、桩板式挡土墙等（图 2-2-39～图 2-2-45）。

挡土墙可用于支承路基填土或山坡土体,防止填土或土体变形失稳。挡土墙主要类型及适用条件宜符合表 2-2-6 的规定。

图 2-2-38 挡土墙

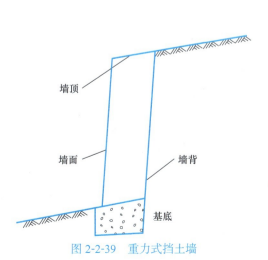

图 2-2-39 重力式挡土墙

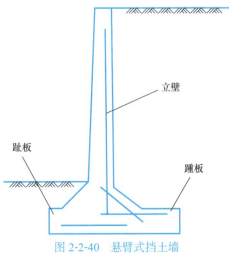

图 2-2-40 悬臂式挡土墙

资源 2-5 重力式挡土墙施工

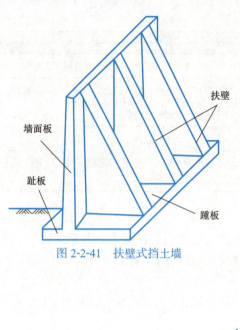
图 2-2-41　扶壁式挡土墙

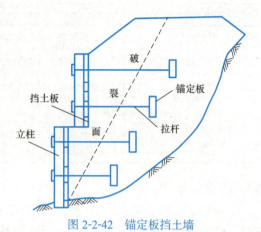
图 2-2-42　锚定板挡土墙

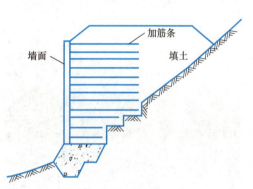
图 2-2-43　加筋土挡土墙

图 2-2-44　桩板式挡土墙

资源 2-8
锚杆挡土墙施工

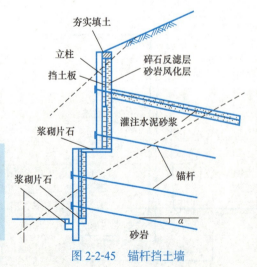
图 2-2-45　锚杆挡土墙

挡土墙施工应进行施工组织设计，加强基槽开挖、回填阶段的防排水，验算基槽开挖对边坡稳定性的影响，必要时应进行临时边坡加固。挡土墙基底开挖前应做好地面排水设施，开挖时应将基底表面风化、松软土石清除。路堑挡土墙采用分段跳槽开挖法，宜采用自上而下、分层开挖步骤。锚杆挡土墙应采用逆施工法，并及时砌筑墙身。应加强挡土墙排水设计，挡土墙墙背填料宜采用渗水性强的砂土、砂砾、碎（砾）石、粉煤灰等材料，不宜采用黏土作为填料，严禁采用淤泥、腐殖土、膨胀土。在季节性冻土地区，不得采用冻胀性材料作为填料。

挡土墙主要类型及适用条件　　　　　　　　表 2-2-6

挡土墙类型	适用条件
重力式挡土墙	一般地区、浸水地区和地震地区的路肩、路堤与路堑边坡坡脚等支挡工程
锚杆挡土墙	墙高较大的岩石路堑地段，可采用肋柱式或板壁式单级墙或多级墙，每级墙高不宜大于8m，多级墙的上、下级墙体之间应设置宽度不小于2m的平台
桩板式挡土墙	表土及强风化层较薄的均质岩石地基，也可用于地震区的路堑、路堤支挡或滑坡等特殊地段的治理

（4）锚固

锚固是将锚杆、锚索等抗拉杆件的一端锚固在可靠的地层中，使其提供可靠的拉力和剪力，用来平衡土压力，增强坡体抗滑力，提高岩土体自身的强度及自稳能力。锚固分为预应力锚固和非预应力锚固，适用于岩层、稳定土层或可提供足够锚固力的构筑层的边坡加固治理（图2-2-46、图2-2-47）。

图 2-2-46　锚固

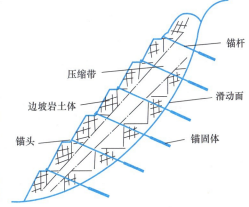

图 2-2-47　锚固示意图

预应力锚固在土层中应用时，应进行特殊工艺处理以提供足够锚固力。预应力锚索（杆）宜采用易于调整预应力值的精轧螺纹钢筋、无粘结钢绞线等；非预应力锚杆宜采用HRB400钢筋，钢筋直径宜为16~32mm。锚索（杆）锚固段应穿过已有滑裂面或潜在滑裂面不小于2m，且满足边坡稳定性验算要求。

（5）钢筋混凝土抗滑桩

钢筋混凝土抗滑桩是穿过滑坡体深入滑床的桩柱，其作用是利用抗滑桩插入滑动面以下的稳定地层后产生的对桩的抗力（锚固力）来平衡滑动体的推力，增加其稳定性（图2-2-48、图2-2-49）。钢筋混凝土抗滑桩适用于稳定边坡或滑坡、加固不稳定山体以及其他特殊路基。

抗滑桩宜选择设置在滑坡厚度较薄、推力较小、锚固段地基强度较高的位置。抗滑桩宜与预应力锚索（杆）联合使用。对易发生局部塌方的破碎岩体段，宜设置挡土板。对已采用抗滑桩加固的边坡进行补桩时，其设计计算应考虑原抗滑桩有效抗力；桩排距宜不小于2倍桩截面宽度，桩的横向间距应根据边坡的地质，以及桩的结构、承载能力等技术条件和经济因素进行比较后确定。

图 2-2-48 抗滑桩

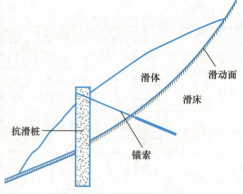
图 2-2-49 抗滑桩示意图

抗滑桩施工应采取相应措施保障坡脚稳定，并做好场地排水。稳定性较差的边坡工程应避免雨期施工，必要时宜采取堆载反压等增强边坡稳定性的措施，防止变形加大。抗滑桩施工应分段间隔开挖，宜从边坡工程两端向主轴方向进行。滑坡区施工开挖的弃渣不得随意堆放，且施工时应减少对边坡的影响，以免引起新的滑坡。桩纵筋的接头不得设在土石分界处和滑动面处。桩间支挡结构及与桩相邻的挡土、排水设施等，均应按设计要求与抗滑桩正确连接，配套完成。

（6）削方减载

削方减载是在滑坡后缘采取减重措施以降低滑坡推力，从而保证边坡处于稳定状态（图2-2-50、图2-2-51）。削方减载可用于地下水位较低的山区公路滑坡后缘减载，且不应引起次生病害的发生。削方应与邻近建筑物基础有一定的安全间距，不得危及邻近建筑物、管线和道路等的安全及正常使用。削方减载施工应做好工程防护及交通引导措施，减少对交通的干扰。削方减载后应根据实际需要设置防护工程。

图 2-2-50 削方减载

削方减载施工应根据现场情况，确定分段施工长度，做好临时排水措施，保证施工作业面不积水，并进行隔段施工。开挖应先上后下、先高后低、均匀减载。开挖后的坡面应及时进行防护及排水处理。开挖的土体应及时运出，不得对邻近边坡形成堆载或因临时堆载造成新的不稳定边坡。坡顶应设置截水沟，坡面应增设急流槽，坡脚宜设置护脚墙并设置排水沟。

（7）堆载反压

堆载反压通过在路基坡脚或滑坡前缘进行堆载，提高边坡的抗滑稳定性，使加固后的既有边坡满足预定功能（图 2-2-52）。堆载反压可用于软土地区路基护坡道，以及应急抢险时的滑坡前缘反压。堆载反压不应危及邻近建筑物、管线和道路等的安全及正常使用，不应对邻近的边坡带来不利影响。

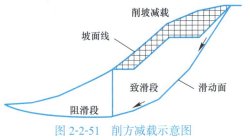

图 2-2-51　削方减载示意图

堆载反压施工应根据拟加固边坡的整体稳定性，验算确定堆载反压量。反压位置应设置在阻滑段。堆载反压加固材料宜就地取材、便于施工，不得阻塞滑坡前缘的地下排水通道。堆载反压体应设置在滑坡体前缘，以保证能提供有效的抗力；当进行软土地基护坡道堆载反压施工时，土体应堆填密实，密实度不宜低于 90%。堆载反压施工工艺如图 2-2-53 所示。

图 2-2-52　堆载反压

图 2-2-53　堆载反压施工工艺

（8）棚洞

棚洞是指明挖路堑后，构筑顶棚架并回填形成的洞身，可以提高路堑稳定性。进行边坡维修加固时，需要根据边坡病害类型及产生机理，选用推荐的一种或多种技术组合，也可辅以其他措施（图 2-2-54）。

4. 边坡修复质量检验与评定

土边坡坡面应平顺、坚实、饱满；坡脚线应顺直，曲线应圆滑。填方土边坡修复实测项目应符合《公路养护工程质量检验评定标准　第一册　土建工程》JTG 5220—2020 的要求。

图 2-2-54　棚洞

2.2.4　既有防护及支挡结构物病害处治

既有防护及支挡结构物维修加固前，应对病害及其严重程度、既有结构物的功能有效性进行评估。根据既有结构物的评估结果，合理利用原结构与材料，确定维修加固方案。既有防护及支挡结构物养护应满足：无沉陷、无开裂、无移位，沉降缝、伸缩缝完好；表面平整、无脱空；排水孔无堵塞、无损坏。

1. 既有防护及支挡结构物病害类型

既有防护及支挡结构物病害分为表观破损、排（泄）水孔淤塞、局部损坏、结构失稳四类。

（1）表观破损，指勾缝或沉降缝损坏、表面破损、钢筋外露和锈蚀等。

（2）排（泄）水孔淤塞，指排（泄）水孔被杂物堵塞，造成排水不畅。

（3）局部损坏，指局部出现的基础掏空、墙体脱空、脱落、鼓肚、轻度裂缝、下沉等。

（4）结构失稳，指结构物整体出现的开裂、倾斜、滑移、倒塌等。

2. 损坏程度判断

路基构造物损坏按处计算，损坏程度按以下标准判断：

① 轻度：勾缝损坏、沉降缝损坏、表面破损、钢筋外露和锈蚀等，每10m计1处，不足10m按1处计算。

② 中度：局部基础掏空、墙体脱空、轻度裂缝、鼓肚、下沉等，每10m计1处，不足10m按1处计算。

③ 重度：整体开裂、倾斜、滑移、倒塌等。

3. 既有防护及支挡结构物病害处治措施

（1）既有防护工程

坡面防护工程出现局部松动、脱落、损坏、隆起、裂缝等病害时，应按原防护形式及时修复；出现大面积脱落、严重变形时，应及时拆除重建。

图 2-2-55 锚杆挂网喷浆作业

植物防护工程出现缺损时，应及时补栽修复。锚杆挂网喷浆防护工程出现破损、裂缝、掉块露筋时，应及时喷浆修补；出现局部脱落、坍塌、鼓胀时，应清理坡面，重新挂网喷浆处治（图2-2-55）。当主动式柔性防护网的锚钉出现锈蚀时，应进行防腐处理；网内出现落石汇集时，应及时清理；网出现破损时，应及时修补（图2-2-56）。对于被动式柔性防护网，当出现紧固部位锚栓松动或立网变形时，应及时更换或增设（图2-2-57）。

冲刷防护工程受到洪水、波浪或流水冲击，坡脚发生局部破坏时，应及时采取抛压片石防护、石笼压盖等措施进行处治。抛压片石防护处治时，抛石顺序先小后大，面层块石越大越好。抛石后稍加整理，用小石填塞孔隙，防止松动。堆石厚度一般为50～90cm。所用石料质地坚硬密实，无裂缝和尖锐棱角，其最小粒径不小于设计粒径的1/4，并有50%以上的石料达到设计要求。冲刷防护工程发生冲毁时，应调查冲毁的原因，对既有构造物进行评估，根据受损情况及时进行维修加固或重建。

项目2 公路路基养护

图2-2-56 主动式柔性防护网

图2-2-57 被动式柔性防护网

（2）既有挡土墙

挡土墙出现表观损坏时，可结合日常养护进行处治。

挡土墙病害处治措施可参照表2-2-7选用。除表中的加固措施外，还可以采用削方减载、截排水、注浆来处治轻微病害或作为辅助措施与其他技术联合应用。

挡土墙病害处治措施　　　　　　　　　　　表2-2-7

挡土墙类型	处治措施	
	局部损坏（含墙身开裂、滑移、墙身鼓肚、承载力不足等）	结构失稳（含整体失稳、倾覆、倒塌、严重开裂等）
重力式挡土墙	支撑墙、锚固、加大截面	支撑墙、抗滑桩加固、拆除重建
悬臂式、扶壁式挡土墙	加大截面、支撑墙	支撑墙、抗滑桩加固、拆除重建
锚定板、加筋土挡土墙	支撑墙、锚固	支撑墙、抗滑桩加固、拆除重建
桩板式挡土墙	锚固	抗滑桩加固
锚杆挡土墙	锚固	抗滑桩加固

发生倾覆、坍塌等结构失效情况时，应查明原因，及时进行加固或拆除重建；挡土墙基础尺寸或地基承载力不满足要求时，宜采用加大截面法、注浆加固法、截排水加固法等措施。挡土墙基础嵌固段外侧岩土体的水平抗力不满足要求时，可采用增设锚杆、抗滑桩以及注浆加固等措施。挡土墙的泄水孔堵塞时，应及时疏通；无法疏通时，应选择适当位置增设泄水孔，或在挡土墙背后增设排水设施。具体措施如下：

① 锚固法

采用锚固法加固时，应合理确定新增锚杆的位置及预应力值，使挡土墙和加固构件受力合理。进行新增锚杆预应力设计时，应考虑原支护体系锚杆锚固力值；新增锚杆锁定预应力值宜与既有锚杆预应力一致，以利于新旧锚杆共同发挥锚固作用。锚杆外锚固部分与原支护结构间应设传力构件；当已有挡土墙挡板不满足加固锚杆的传力时，可设格构梁、肋或增厚挡板；格构梁应设置伸缩缝，设置间距为10~25m，缝宽2~3cm，并填塞沥青麻筋、沥青木板或其他新材料。钻孔时应合理选择钻孔机具，维持挡土墙整体

73

稳定，并采取措施减少钻孔对原挡土墙的扰动。在锚固条件较差的岩土层中，锚固法注浆宜采用分层多次高压注浆。

②加大截面法

采用加大截面法加固挡土墙时，应考虑墙身加大截面后对地基基础的不利影响；为土质地基时，加大截面部分基础宜采用钢筋混凝土板式基础。加固后的支护结构应按复合结构进行整体计算。新增墙体应采用分段跳槽的实施方案，稳定性较高的部位应优先施工，必要时可采用削方减载等措施，保证施工安全。挡土墙或基础采用钢筋混凝土时，加大截面部分浇筑混凝土前，应采取凿毛、植入连接钢筋等措施，保证新、旧混凝土结合为整体。挡土墙为砌体材料时，应先剔除原结构表面疏松部分，对不饱满的灰缝进行处理，加固部位采取设水平齿槽或锚筋等措施，保证新加混凝土与挡土墙结合为整体。

③抗滑桩加固

采用抗滑桩加固挡土墙时，抗滑桩宜设置在挡土墙外侧；抗滑桩加固锚杆挡土墙宜设于肋柱中间；抗滑桩加固桩板式挡土墙宜设于桩中间，等距布置，且新增抗滑桩与原有桩中心距不宜小于二者桩径较大者的2倍。抗滑桩宜紧贴挡土墙现浇，或在抗滑桩与挡土墙面之间增设传力构件。抗滑桩护壁设计时应考虑挡土墙传来的土压力作用。边坡稳定性较差时，抗滑桩施工应间隔开挖、及时浇筑混凝土，并防止抗滑桩施工对原支护结构安全造成不利影响。

④拆除重建

挡土墙拆除重建施工，应分段拆除，拆除时应采取措施保证墙后填土的稳定。应处理好新旧墙的结合，保证新墙与原挡土墙结合成为整体。墙背回填时，应恢复原排水设施。

（3）既有锚固结构

锚固结构发生严重应力松弛时，宜采用预应力锚索（杆）二次补张拉或新增锚索（杆）补强法进行维修加固；发生锚固结构断裂或内锚固端失效滑移时，在邻近位置增设新的锚固结构。锚固结构发生锚头严重锈蚀、封锚混凝土破坏时，应及时进行锚头防腐处理，修复封锚混凝土。发生地梁、框架脱空、开裂时，宜采用浅层注浆法、加大截面法、新增框架结构或预应力锚索（杆）进行维修加固。

（4）既有抗滑桩

抗滑桩表面出现蜂窝、麻面、露筋、裂缝等表观破损以及混凝土局部压溃造成钢筋保护层剥落等病害时，应根据具体情况采用填充修补、注浆、表面封闭等方法进行养护处治。抗滑桩发生结构性拉裂、侧向稳定性不足时，可采用增加预应力锚索方法进行补强。

对于外露式的抗滑桩，可采用增加预应力锚索的方法进行加固（图2-2-58）。如果外露段出现裂缝和露筋等现象，需要进行修复处理。增加预应力锚索只能限制桩身内力和裂缝宽度的增大，而不会消除或减少已存在的变形破坏。出现抗滑桩倾斜、滑移时，应及时增设预应力锚索框架或补桩。发生混凝土或钢筋被剪断或折断等结构性破坏，或对原有的抗滑桩采用结构补强后不能恢复至设计要求的抗滑能力时，可采用增设钢筋混凝土抗滑桩或钢管抗滑桩、注浆、增设预应力锚索（杆）等措施进行加固处治。

项目2　公路路基养护

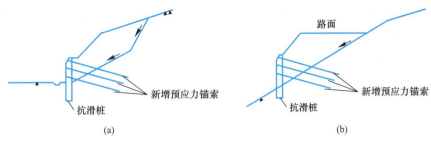

图2-2-58　外露式抗滑桩增设预应力锚索加固示意图
（a）路堑预应力锚索抗滑桩；（b）路堤预应力锚索抗滑桩

4. 既有防护及支挡结构物修复质量检验与评定

（1）砌体挡土墙修复

挡土墙修复前，应完全清除已松动挡土墙砌体；石料或混凝土预制块的强度、规格和质量应符合有关规范和设计要求；砂浆所用的水泥、砂、水的质量应符合有关规范的要求，按规定的配合比施工；地基承载力应满足设计要求，基础埋置深度应满足设计规范要求；砌筑应分层错缝；浆砌时坐浆挤紧，嵌填饱满密实，不得有空洞；干砌时不得出现松动、叠砌和浮塞；沉降缝、泄水孔、反滤层的设置位置、质量和数量应符合设计要求，新旧挡土墙应结合平顺。砌体挡土墙修复实测项目应符合《公路养护工程质量检验评定标准　第一册　土建工程》JTG 5220—2020的要求。

（2）护面墙修复

护面墙可以有效防止边坡冲刷，防止滑动型、流动型及落石型边坡崩塌，是挖方边坡最常见的一种防护形式（图2-2-59、图2-2-60）。

图2-2-59　护面墙

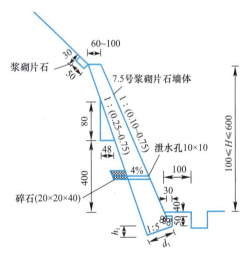

图2-2-60　护面墙示意图（尺寸单位：cm）

护面墙修复前应将已损坏的墙体包括墙背脱空砌体完全拆除；拆除旧墙后如坡面存在松软或缺土现象，应换土填坡，护面坡的坡度、密度、填土厚度均应符合设计要求；石料强度和规格应符合规范要求；砂浆所用水泥、砂、水的质量应符合规范要求；砌筑应分层错缝，砂浆饱满，不得有空洞；沉降缝、泄水孔、反滤层的设置位置、质量和数

75

量应符合设计要求，新旧结合应平顺稳固。护面墙修复实测项目应符合《公路养护工程质量检验评定标准　第一册　土建工程》JTG 5220—2020 的要求。

（3）预应力锚杆、锚索加固

预应力锚杆、锚索加固前应依据设计方案对旧砌体及加固面进行安全分析评估，已损坏的墙体和存在隐患的部分应完全拆除；拆除旧墙体应遵循边拆边恢复的原则，不得采用大面积拆除、一次性恢复的施工工序；挡墙加固采用预应力锚杆、锚索框架结构时，墙面修复应符合设计要求；所用材料的种类、型号、规格、数量和质量必须符合有关规范及设计要求；锚孔的位置、方向、孔径、深度等应符合设计要求；注浆的工艺、工序应符合有关规范及设计要求；现浇钢筋混凝土框架时，应保证护坡坡面平整、梁底密实，无溜滑体、蠕滑体和松动岩石。预应力锚杆、锚索加固实测项目应符合《公路工程质量检验评定标准　第一册　土建工程》JTG F80/1—2017 的有关规定。

（4）锥、护坡修复

锥坡是指为保护桥与行道路基的稳定性，防止冲刷而在桥台两侧设置的（图2-2-61）。护坡是指为防止边坡受冲刷，在坡面上所做的各种铺砌和栽植的统称（图2-2-62）。

图2-2-61　锥坡

图2-2-62　护坡

锥、护坡修复前应先将已损坏的部分完全拆除，同时对原有坡面进行补土修复并夯实；修复时应严格控制新旧结合处的砌筑质量，新旧砌体应密实，砂浆饱满；石料质量、规格应符合有关规定；砂浆所用水泥、砂、水的质量应符合有关规范的要求，按规定的配合比施工；锥、护坡基础埋置深度及地基承载力应符合设计要求；砌体应咬扣紧密，嵌缝应饱满密实；锥、护坡填土密实度应达到设计要求，坡面刷坡整平后方可铺砌。

锥、护坡修复实测项目应符合《公路养护工程质量检验评定标准　第一册　土建工程》JTG 5220—2020 的要求。

（5）边坡锚喷防护

岩面应无风化、无浮石，喷射前必须用水冲洗；钢筋应清除污锈，钢筋网与锚杆或其他锚固装置应连接牢固，喷射时钢筋不得晃动，保护层厚度不应小于20mm；锚杆插入锚孔深度不得小于设计长度的95%，孔内砂浆应密实、饱满，锚杆孔深至少大于锚固长度20mm；喷射前应做好排水设施，对个别漏水空洞的缝隙应采取堵水措施；钢筋、土工格栅或锚杆不得外露，混凝土不得开裂脱落。边坡锚喷防护实测项目应符合《公路养护工程质量检验评定标准　第一册　土建工程》JTG 5220—2020 的要求。

（6）边坡框架梁加注浆锚杆防护

边坡框架梁加注浆锚杆防护应按设计要求的程序施工，结合面的处理、混凝土的浇筑和养生应符合设计要求。原构件裂缝应压浆封闭处理，其他缺陷部分应按设计要求修复。锚杆插入锚孔深度不得小于设计长度。注浆锚杆的灌浆强度应不小于设计和规范要求，锚杆孔内灌浆应密实、饱满。锚杆垫板应满足设计要求，紧贴框架梁，不平时应用M10砂浆填平。钢筋、锚杆不得外露，混凝土不得开裂脱落。边坡框架梁加注浆锚杆防护实测项目应符合《公路养护工程质量检验评定标准 第一册 土建工程》JTG 5220—2020的要求。

2.2.5 排水设施病害处治

路基排水的主要作用是将路基范围内的土基湿度降低到一定限度以内，保持路基常年处于干燥状态，确保路面具有足够的强度和稳定性。路基排水设施分为地表排水设施和地下排水设施。地表排水设施包括边沟、截水沟、排水沟、涵洞、跌水、急流槽、蒸发池、油水分离池、检查井、排水泵站等；地下排水设施包括排水暗管、盲沟、渗沟、渗井、渗水隧洞等。

路基排水系统能否正常工作，直接影响路基的稳定性。因此，加强对各排水设施的日常养护与维修，确保其功能完好、排水顺畅是确保路基稳定的关键环节。同时根据实际使用情况，要不断改善路基排水条件。排水设施养护应满足：无杂物、无淤塞、无冲刷；纵坡适度、排水畅通；进出口状况完好、无积水。

1. 排水设施病害类型

排水设施病害可分为排水设施堵塞、排水设施损坏、排水设施不完善三类。

（1）排水设施堵塞，指排水设施内有杂物、垃圾、淤积等，造成排水不畅或设施堵塞。

（2）排水设施损坏，指排水设施出现勾缝严重脱落，排水沟、截水沟、急流槽等设施破损。

（3）排水设施不完善，指排水设施缺失、未与外部排水系统有效衔接，造成排水不畅通。

2. 损坏程度判断

排水不畅按处计算，损坏程度按以下标准判断：

①轻度：边沟、排水沟、截水沟等排水系统存在杂物、垃圾，每10m计1处，不足10m按1处计算。

②中度：边沟、排水沟和截水沟等排水系统全截面堵塞，出现衬砌剥落、破损、圬工体破裂、管道损坏等，每10m计1处，不足10m按1处计算。

③重度：路基排水系统与外部排水系统不连通。

3. 排水设施病害处治措施

（1）地表排水设施养护

常见的地表排水设施有边沟、截水沟、排水沟、跌水、急流槽等（图2-2-63～图2-2-67），首先应保证设计断面形状、尺寸和纵坡满足排水要求；沟内有淤积、沟壁损坏、边坡松散滑塌，造成沟渠断面形状改变时，应及时清淤和修复。

图 2-2-63　土质边沟

图 2-2-64　石质边沟

图 2-2-65　截水沟

图 2-2-66　排水沟

图 2-2-67　跌水和急流槽

对边沟、截水沟、排水沟等进行冲刷防护、防渗加固时，应符合下列要求：土质边沟受水流冲刷造成纵坡大于3%时，宜采用混凝土、浆砌或干砌片（块）石铺砌；在冰冻较轻地区，可采用稳定土加固；边沟连续长度过长时，宜分段设置横向排水沟将水流引离路基，其分段长度在一般地区不超过500m，在多雨地区不超过300m；对滑坡、膨胀土、高液限土、湿陷性黄土地段，截水沟、边沟、排水沟等产生渗漏时，应采取铺设防渗土工布、浆砌石等防渗措施；雨季前应及时清理盖板边沟、更换破损的盖板，盖板设置不得影响路面的排水功能；对于地下水丰富路段，由于路面加铺导致边沟加深时，应保证原沟底高程不变。

排水设施加固方法见表2-2-8。

排水设施加固方法　　　　　　　　　　表2-2-8

形式	加固方法	加固层厚度（mm）
简易式	土沟夯实	—
简易式	水泥砂浆抹平	20～30
简易式	石灰三合土抹平	30～50
简易式	黏土碎（砾）石加固	100～150
简易式	石灰三合土碎（砾）石加固	100～150
干砌式	干砌片石	150～250
干砌式	干砌片石，顶部水泥砂浆抹平	150～250
浆砌式	浆砌片石	150～250
浆砌式	浆砌混凝土预制块	60～100
浆砌式	砌砖	单砖或一砖半

跌水和急流槽病害处治应符合下列要求：进出口冲刷现象严重时，进水口应进行防护加固，出水口应进行加固或设置消力池；基底不稳定时，急流槽底可设置防滑平台，或设置凸榫嵌入基底中；急流槽较长时，应分段铺砌，且每段长度不宜超过10m。连接处应用防水材料填塞，密实无空隙。

（2）地下排水设施养护

常见的地下排水设施有排水暗管、盲沟、渗井等（图2-2-68、图2-2-69）。当地下排水设施堵塞、淤积、损坏时，应及时清理维修；当发现排水口的流量变化有异常，或路面出现裂缝或凹凸时，需要及时检查地下排水设施，发现破坏需要进行维修或重修。

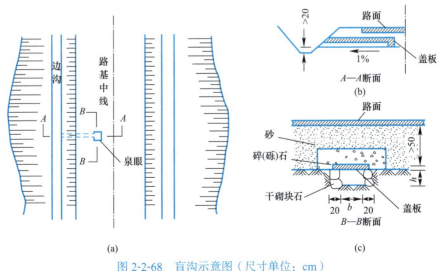

图2-2-68　盲沟示意图（尺寸单位：cm）

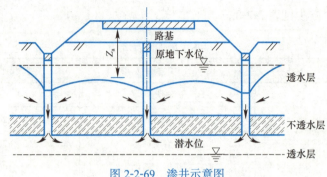

图 2-2-69 渗井示意图

排水暗管堵塞时，宜采用刮擦法、冲洗法、真空吸附法等方法进行疏通；暗管排水进出口应定期清除杂草和淤积物；检查井和竖井式暗管门应盖严，发现损坏或丢失应及时换补；暗管排水量达不到排水要求时，应进行改建，暗管的直径应根据排水量确定；边沟排水暗管由于边坡位移等原因发生变形开裂时，应及时采取加固或更换措施。

还应加强渗井出水口的除草、清淤和坑洼填平等工作；寒冷地区保温设施失效时，应及时更换或维修。渗井周围路基发生渗漏时，应进行防渗处理，井内的淤泥应及时清除；发现渗井设置不合理或功能失效时，应及时改造。

4. 排水设施养护质量检验与评定

（1）土沟整修、增设

土沟边坡应平整、稳定，严禁贴坡；沟底应平顺密实、排水畅通。土沟整修、增设实测项目应符合《公路养护工程质量检验评定标准 第一册 土建工程》JTG 5220—2020 的要求。

（2）砌筑排水沟整修、增设

混凝土和砌体砂浆所用的原材料应符合设计要求；基础、沟体断面形式，压顶、沉降缝和盖板的形式应符合设计要求。砌筑排水沟整修、增设实测项目应符合《公路养护工程质量检验评定标准 第一册 土建工程》JTG 5220—2020 的要求。

（3）急流槽和跌水整修、增设

急流槽、跌水的断面形式和阻水设施形式、尺寸、数量、设置位置应符合设计要求；料或混凝土预制构件的强度、质量应符合设计要求和《公路圬工桥涵设计规范》JTG D61—2005 的相关规定；混凝土和砌体砂浆所用的原材料和配合比以及基础（或垫层）材料应符合设计要求。急流槽和跌水整修、增设实测项目应符合《公路养护工程质量检验评定标准 第一册 土建工程》JTG 5220—2020 的要求。

（4）盲沟整修、增设

盲沟的断面结构、设置位置应符合设计要求。反滤层采用洁净、坚硬、不易风化，并经筛选过的中、粗砂或砾石；粒料反滤层应分层填筑。排水层采用洁净、坚硬、不易风化，并经筛选过的碎、砾石；排水性能应符合设计要求。盲沟整修、增设实测项目应符合《公路养护工程质量检验评定标准 第一册 土建工程》JTG 5220—2020 的要求。

【任务实施】

针对该路基边坡的病害问题，决定采用预防养护措施，具体方案为路基左侧设抗滑桩加挡土墙,在滑坡后缘处布设截水沟。经预防养护处理后的路基边坡,病害能够得到消除,确保边坡的稳定性,保证公路的使用性能。

1. 抗滑桩

本工程中,抗滑桩施工技术要点如下:

(1)开挖桩孔

本工程中,抗滑桩采用跳孔的方法开挖,当开挖作业过程中遇到地质条件较为复杂的地段时,要隔两个桩位开挖。按照设计坐标在现场测量放样并复测桩位,同时在桩的外侧设置龙门桩,以此对桩位随时校正,确保桩的中心偏差在规范标准的允许范围之内,即不大于20mm。开挖桩孔前,要先将锁口做好,向下开挖2.0m后施作护壁,并用钢筋对锁口与护壁之间进行可靠连接,使二者形成整体。孔口周围布设拦挡设施,确保桩孔开挖安全。

(2)土方外运

将吊架安装到桩孔位置处,选用带有自锁装置的电动提升机,挖出的土石方装入吊桶中,由提升机提升至孔外堆放在指定地点。若现场无法使用提升机时,则可以用绞架提升孔内土方。需要注意的是,必须保证绞架的安装质量,以满足提升作业要求。

(3)钢筋笼制作安装

本工程中,抗滑桩的作业条件相对比较有限,而钢筋本身的重量较大且数量多,在充分考虑作业安全和进度的基础上,决定采用现场加工和吊装的方法,对钢筋笼制作安装。用吊车在现场安装钢筋笼,缓慢起吊,对准桩孔,逐步下沉,防止碰触孔壁。当钢筋笼全部入孔后,绑扎好砂浆垫块,保证钢筋的位置正确,保护层的厚度与规范要求相符。

(4)浇筑混凝土

在拌合站对混凝土集中拌制,采用自动计量的方式投料,由罐车负责运输,泵送的方式浇筑,插入式振捣棒振捣密实。对桩身混凝土浇筑前,要先对孔径、孔深、垂直度全面检查,确认无任何问题后,便可浇筑;混凝土浇筑要连续不间断,以确保桩身质量;混凝土采用分层的方法浇筑,每层的厚度控制在30cm左右,以插入式振捣棒振捣密实,振动深度不超过棒长的3/4倍,遵循快插慢拔的原则,上下移动振捣棒,将混凝土振捣均匀。混凝土浇筑振捣后,要及时养生,可以采用覆盖和浇水的方法,养生时间不少于7d。

2. 挡土墙

本工程中,为确保挡土墙的作用充分发挥,保证其质量达标。挡土墙施工技术要点如下:

(1)基础开挖

在对抗滑桩间的挡土墙基础开挖时,要确保抗滑桩施工完毕且达到一定强度,而其他位置的挡土墙可采用跳槽的方法开挖,以此来确保施工安全性。挡土墙基坑开挖的深度较大且边坡的结构稳定性比较差时,必须在作业过程中采取有效的支护措施,避免安全事故的发生。挡土墙的基底要埋入基岩当中,埋入深度不少于1.0m。

(2)墙身砌筑

本工程中,挡土墙选用强度等级为C20的卵石混凝土砌筑,要保证所选的卵石抗压强度达标,即大于等于30MPa并控制好卵石的掺入量,不超过25%;墙身高出地面部分,每隔 2.5m 左右以交错的方式布设泄水孔（采用 PVC 管），墙背处施工厚度 3cm 的反滤层。可将挡土墙最低的排水孔设置在黏土隔水层，沿线路方向每 10m 左右设置一道宽度为 2.0cm 的伸缩缝，在缝周围填塞沥青木板，填塞深度控制在 15cm；要保证墙背填料与设计及规定的压实度要求相符。

任务 2.3　特殊路基养护

【学习目标】

1. 知道软土、膨胀土、湿陷性黄土、盐渍土、岩溶区、冻土等特殊路基及其病害类型。
2. 掌握特殊路基病害处治措施。

【任务描述】

西×高速公路全长 217km，全幅路基宽度 28m，半幅路基宽度 14m，中央分隔带宽 3m。西×高速公路约 90% 的路段处于湿陷性黄土地区，该项目首次在陕西大面积采用强夯、冲击碾压等方法，对全线的湿陷性黄土路段进行处理。在项目建成之后的运营管理过程中，边坡病害是路基的主要病害，黄土边坡的稳定性直接影响着公路的运行安全。请分析西×高速公路路基边坡病害的主要类型以及产生这些病害的主要原因，并提出边坡病害防治措施。

【相关知识】

特殊路基包括特殊岩土路基、不良地质路基和特殊条件下路基，并包括下列类型：

（1）特殊岩土路基包括位于软土、膨胀土、湿陷性黄土、盐渍土、红黏土和高液限土等地段的路基。

（2）不良地质路基包括位于滑坡、崩塌、泥石流、岩堆、岩溶区、涎流冰、风积沙和风吹雪等地段的路基。

（3）特殊条件下路基包括受水、气候的自然因素影响强烈的路基，包括滨海和水库等区域的路基。

特殊路基养护应加强地质灾害防治和气象灾害防御、风险管控和应急处置等工作，并应符合防灾与突发事件处置的有关规定。特殊岩土路基养护应加强排水设施的疏通和修复工作，及时整治和修复边坡坡面及其封闭层。当路基出现翻浆、沉降或侧滑失稳等病害时，应按地基与路堤养护的有关规定及时进行处治。其余不良地质路基养护应重点加强对原有治理措施及设施的维护工作，对损坏的设施应及时修复，治理措施和设施功能不完善时，应及时予以改造。

2.3.1　软土路基

软土是指天然孔隙比大于或等于 1.0，天然含水量高于液限的细粒土（图 2-3-1）。

1. 病害类型

由于软土具有含水率高、孔隙比大、渗透性小、抗剪强度低等不利的工程性质，地基承载力往往不能满足工程设计的要求。另外，软土区域路基修筑时多在两侧就近取土，难免填料不当引发相关病害。

（1）路基沉陷

当填料选择不当、填筑方法不合理、压实不足时，在自重荷载和水温综合作用下，路基本身出现沉降，导致路桥沉降差；当软土地基承载力不足时，路基易出现明显沉陷。

图 2-3-1　软土路基

因路基中心荷载集度远大于两侧边坡部分，可能发生盆形沉降。中心沉降过大、与边缘部分存在沉降差会引发涵管弯曲损坏等问题。

（2）路基开裂失稳

具有高触变性的软土在振动荷载或自重力的作用下，强度下降，表现出很强的流变性，软土层侧向滑动挤出，在剪切和拉裂作用下，路基路面相继开裂，不断发展，并不断贯通。主要表现为路堤侧向整体滑动，边坡外侧土体隆起；靠边坡的车道发生剪裂凸起或沉陷；严重时局部路基整体失稳破坏。

（3）边坡坍塌

这里限指路基沉陷、开裂等问题伴生的边坡损坏。根据边坡土质类别、破坏原因和规模不同，可分为两类：

① 由于路基边坡度变化，少量土体在重力作用下，向下移动所形成的溜方。
② 由于路基结构破坏，一部分土体沿路堤的某一滑动面滑动而引起的滑坡。

资源 2-9 软土路基处理施工

2. 病害处治措施

软土路基的不均匀沉降或开裂滑移处治措施可参照表 2-3-1 选用。

软土路基病害处治措施　　　　表 2-3-1

病害类型	处治措施				
	换填改良	侧向限制	反压护道	注浆	复合地基
不均匀沉降	√	×	×	△	√
开裂滑移	×	△	△	×	√

注：√表示推荐；△表示可选；× 表示不推荐。

软土路基病害处治施工要求如下：

（1）换填改良：宜采用轻质填料，基底应铺反滤层或隔水层加土工布，用黏土封层包心填筑或间隔填筑轻质填料，侧面铺筑碎石或砂砾石渗沟排水（具体施工要求见 2.2.2 节 3. 路堤与路床病害处治措施）。

（2）反压护道法：是指在路堤两侧填筑一定宽度和高度的护道，使路堤下的淤泥或泥炭向两侧隆起的趋势得到平衡，从而保证路堤的稳定性（图 2-3-2）。采用反压护道加固地基，不需要特殊的机具设备和材料，施工简单，但占地多，用土量大，后期沉降大，养护工作量大。反压护道法适用于非耕作区和易取土的地区，以及路堤高度不大于1.7～2倍极限高度的情况。

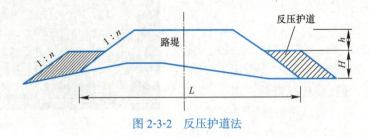

图 2-3-2　反压护道法

反压护道一般采用单级形式，因为多级式护道增加稳定力矩较小，作用不大。反压护道高度一般为路基高度的 1/3～1/2。为保证护道本身的稳定，其高度不得超过天然地基所容许的极限高度。反压护道宽度一般采用圆弧稳定分析法通过稳定性验算决定。在验算中，软土或泥沼地基的强度指标采用快剪法测定，或用无侧限抗压强度的 1/2，或用十字板现场剪力试验所测得的强度。两侧反压护道应与路堤同时填筑。当软土层或泥沼土层较薄，且其下卧硬层具有明显的横向坡度时，应采用两侧不同宽的反压护道，横坡下方的护道应较横坡上方的护道宽一些。

3. 应用案例

（1）工程概况

广东省道 S×××是珠三角西南部地区通往南部沿海地区的主要省干线公路，也是新会区主要的交通要道。S×××的 K11+337～K17+683 段全长约 6.346km，起点为崔华根大桥桥头，终点为濠冲大桥桥头。本段旧路采用一级公路标准（V=80km/h），旧路面采用水泥混凝土路面，路基宽度 23.5～25.5m。

经调查，K11+337～K17+683 段路基主要病害为：路基整体沉降较大且不均匀，经过多年的运营沉降基本已经平衡，桥头路段由于沉降量较大，桥头跳车现象严重；另由于路基的沉降以及路线两侧街道化日益严重，排水系统非常不完善，基本失去作用，造成路面积水比较严重，大部分路段未见边沟、排水沟，部分路段排水边沟不连续，部分排水边沟因路两侧土地开发淤塞，存在排水不通畅的问题。

（2）病害成因分析

省道 S×××软基病害的主要原因有：

①软土路基未处理。全线路基均未作软基处理，造成工后沉降不均匀，从而引起水泥混凝土路面的沉陷、波浪起伏等现象，桥头跳车尤其明显。

②排水系统不完善。水泥混凝土路面基本未设置渗透排水，路基一旦发生沉降，局部面板不仅破碎，而且大量透水；全线大部分无路基排水设施，相反，路基两侧土路肩堆土均高于路面标高，下雨后路面大量积水无处可排，均积于路面上，在车辆重载的作用下，加快了路面的损坏；中央分隔带没有排水设施，超高路段采用漫流方式，由于路面接缝填缝料的剥落，致使雨水从中央分隔带和接缝处下渗到路基无法排出，导致水损害，产生严重的唧泥现象，致使断板率每年都在增加。

③交通量增大。近年来本路段交通量增长较快，车辆超载严重。

④使用年限较长。虽然养护较为及时，但在长期行车和自然因素的作用下，路基使

用性能逐渐变差，路基不可避免地出现了功能损坏和结构破坏。

（3）病害处治方案

根据现场调查结果，改造路段路基状况目前基本良好，路基宽度基本达到要求。经过多年的运行和维护，大部分路段路基稳固，整体强度较好，未见大的不良地质现象发生，路基边坡采用植草、浆砌片石等防护措施，沿途生态环境条件良好。经技术状况评定，K11+337～K17+683路段路基主体的评价等级为差，不满足预防养护标准，因此该路段不适宜进行预防养护，而应进行维修与加固。具体方案见表2-3-2。

S×××（新崖线）软基养护处治方案　　　　表2-3-2

起止桩号	路基主体		路肩		排水设施	
	左幅	右幅	左幅	右幅	左幅	右幅
K11+500～K12+000	当路基强度达不到设计要求时，应分别采取以下措施： （1）对处于干燥或中湿状态的路基，由于降雨或压实度不足等原因造成强度不足时，应采取翻晒、补压等措施进行处理； （2）对处于潮湿或过湿状态的路基，当强度达不到设计要求时，应设置未筛分碎石垫层		全线土路肩采用黏性土培土，培土压实度不小于90%，设置有路侧排水沟路段的培土压实度不小于93%。沿土路肩内侧边缘设置路缘石，路缘石采用C20混凝土预制。路缘石之间采用M7.5水泥砂浆砌筑，底部设置1cm水泥砂浆调平层。土路肩设置向外倾的4%横坡，以利于排水。土路肩采用铺草皮加固		疏通原有管道	新建盖板边沟
K12+000～K13+000					新建梯形排水、新建盖板边沟	新建盖板边沟
K13+000～K14+000					利用原有沟渠	梯形土沟清淤
K14+000～K15+000					新建盖板边沟、新建梯形排水沟	新建盖板边沟、浅碟形边沟清淤、梯形边沟清淤
K15+000～K16+000					新建盖板边沟	梯形边沟、新建盖板边沟
K16+000～K17+000					新建梯形排水沟、加高原有排水沟	梯形边沟清淤、新建盖板边沟、梯形排水沟清淤
K17+000～K18+000					新建梯形排水沟	梯形排水沟清淤、新建盖板边沟

2.3.2　膨胀土路基

膨胀土是指土中黏粒成分主要由亲水性矿物组成，同时具有显著的吸水膨胀和失水收缩两种变形特性的黏性土（图2-3-3）。

1. 病害类型

膨胀土对公路工程的危害形式是多样的，变形破坏具有反复性。在膨胀土地区，路基边坡常大量出现坍方、滑坡，有"逢堑必滑，无堤不坍"之说。膨胀土路堑病害有剥落、冲蚀、泥流、溜塌、坍滑、滑坡等；路堤病害有沉陷、纵向开裂、坍肩、溜塌、坍滑、滑坡等。

图2-3-3　膨胀土路基

2. 病害处治措施

（1）防排水设施养护

膨胀土路基应注重防排水设施的日常养护和维修加固，防水保湿，消除膨胀土湿胀干缩的有害影响；当既有防排水设施不满足使用要求时，应增设防排水设施。

路基边沟出现积水、向路基渗透现象时，应适当加宽、加深；排水沟渠衬砌发生砂浆脱落、缺损时，应及时进行养护维修；所有地面排水沟渠，特别是近路沟渠，均应铺砌和加固；膨胀土路堑应设截水沟；对于台阶式膨胀土高边坡，应在每一级平台内侧设截水沟；零填和低填方路段，当公路路界内地形低于路界外的地面时，应设置截水沟。

地下水位较高的低路堤路段，若路堤底部未设置防渗隔离层和排水垫层，宜在路基两侧增设地下排水渗沟；土质潮湿或地下水发育的挖方路段，若边坡排水性能不良或缺乏排水设施，宜在边坡上增设支撑渗沟或仰斜式排水孔，边沟下应增设纵向排水渗沟，填挖交界处应增设横向排水渗沟。路堑坡顶之外 3~5m 范围的表层膨胀土若未进行处理或防渗措施失效时应采取换填非膨胀土、铺设防渗土工膜等防渗封闭处理措施。

（2）病害处治措施

膨胀土路基的边坡失稳、胀缩变形等病害处治措施应参照表 2-3-3 选用。

膨胀土路基病害处治措施　　表 2-3-3

病害类型	处治措施			
	换填改良	坡面封闭	坡面防护	支挡防护
边坡失稳	×	√	△	√
胀缩变形	√	△	√	×

注：√表示推荐；△表示可选；×表示不推荐。

① 换填改良：宜采用非膨胀性土、灰土或改良土，换土厚度应通过变形计算确定，中、弱膨胀土宜为 1~1.5m，强膨胀土宜为 2m。换填土应分层铺设、分层碾压，并加强防渗。

② 坡面封闭：采用土工合成材料封闭、隔水时，应全断面铺设；采用土工织物对膨胀土路基进行包封时，宜控制好搭接长度；边坡采用黏土包边时，包边宽度不宜小于 2m。

③ 坡面防护：高度大于 10m 的膨胀土边坡开挖时宜采用台阶型。应加强边坡防排水，隔绝外部自由水的渗入。

④ 支挡防护：基坑应采取措施防止暴晒或浸水，基础埋深应在大气风化作用影响深度以下，基底应加强防渗处理。用于膨胀土路堑边坡稳定的挡土墙应根据边坡滑塌部位进行合理设置，并根据路堑边坡滑塌规模，可设一级或多级挡土墙。

膨胀土路基养护作业施工宜避开雨季作业。膨胀土路基处治路段较长时，养护作业宜分段施工，各道工序应紧密衔接，连续完成。边坡应按设计要求修整，并应及时进行防护施工。

3. 应用案例

（1）工程概况

广西南宁（坛洛）至百色高速公路通车已有多年，该高速公路 K711+430~K711+480

段填方路基发生滑坡病害。该段路基填方平均高度约为7.0m，沿高速公路走向南宁侧低、百色侧高；按台阶式开挖，分层碾压回填于黏土层上，填料主要为碎石土和黏性土；填方坡比为1∶1.5，一级边坡，拱形骨架护面，坡面植草防护，现状植被茂密，土路肩宽约0.5m，坡脚设置排水边沟。

（2）病害成因分析

综合地质调绘和钻探勘察成果，结合滑坡变形破坏特征，其发生、发展过程与地形地貌、地质构造、地层岩性及不良地质因素等地质条件密切相关。

① 地质条件：在降雨等不利条件作用下，地表面流沿填土空隙快速入渗至其下黏土层，黏土层为相对隔水层，故向填土界面侧向低洼区域排泄和向下入渗补给，使得黏土层长期处于饱水→失水→饱水的干湿循环交替状态，导致土体内部出现较多裂缝，形成雨水下渗通道，雨水沿着通道造成深部土层膨胀，土体的内部强度减小，导致路基边坡失稳发生滑坡破坏。

② 人类活动：2020年8月，开展BQ12+430～BQ12+500段管沟沟槽开挖施工，该段管沟位于坛百高速公路K711+430～K711+480段上行线填方路基边坡坡脚外侧约30m处，按1∶0.75坡比放坡开挖，开挖深度为3～5m，底部宽度为2.5～3.0m，顶部开挖宽度为8～10m，部分段落已开挖至下伏基岩位置，形成了临空面，膨胀土面在失去上覆土层压重限制情况下，雨水浸透后的膨胀力释放更显著，促进了滑动趋势形成。

③ 气象因素：2020年8月连续降雨，特别是2020年8月11日更是出现较大降雨，大气降水渗入孔隙，坡体自重增加，边坡下滑力上升，土体力学强度下降，从而导致坡体稳定性下降，2020年8月12日在K711+430～K711+480段上行线填方路基发生滑坡破坏。

综上所述，K711+430～K711+480段膨胀土填方路基滑坡的形成条件主要是地质条件、人类活动、气候因素等共同作用，其中大气降水是诱发滑坡的主要原因之一，是滑坡变形发展的动力源泉。

（3）病害处治方案

根据病害路段场地工程地质条件和滑坡变形发展特点，结合场地条件，治坡先治水，本病害路段治理需解决路肩支挡和排水问题。

① 路基支挡结构：采用路肩抗滑桩对路面结构进行支挡，已塌空错台形成临空面区域设置抗滑桩挡土板；挡土板前设置钢管桩对下部填土及黏土进行支挡防护，两侧边坡临空面区域采用混凝土锚喷封闭。

② 排水工程：后缘坡体平台区域和坡脚位置设置截排水边沟，完善场地排水系统。

2.3.3 湿陷性黄土路基

湿陷性黄土指在被水浸湿的同时受外部压力的作用下，土层结构容易被瓦解，使土层下方失去支撑而迅速发生下沉的土体，称湿陷性黄土（图2-3-4）。

图2-3-4 湿陷性黄土路基施工

1. 病害类型

湿陷性黄土路基主要病害有：

（1）边坡变形

黄土地区公路边坡病害破坏形式可归结为两种基本类型，即坡面破坏、坡体破坏。坡面破坏包括剥落和冲刷等；坡体破坏包括崩坍、坡脚坍塌、滑坡和流泥等。

（2）公路地基沉（湿）陷

黄土地基在不利的水环境下，受新建路基的重量作用，极易发生湿陷，导致路基发生不同程度的变形。

（3）陷穴

陷穴是黄土路基病害的一种主要形式。黄土地区修筑的路基，在雨季时大面积汇集的雨水，沿着黄土的垂直节理和大孔隙向路基内部渗透、潜流，溶解了黄土中的易溶盐，破坏了黄土结构，土体不断崩解，水流带走黄土颗粒，形成暗穴，在水的浸泡和冲刷作用下，洞壁坍塌，逐渐扩大形成更大的暗穴或出露于地表的其他形态的陷穴。特别是在地形起伏多变、地表径流容易汇集的地方易形成陷穴，土质松散、垂直节理较多的新黄土中最易形成陷穴。

2. 病害处治措施

（1）防排水设施养护

现有排水设施出现破损、渗漏、淤塞等病害时，应及时维修处理，排水设施接缝处应坚固不渗漏。农田灌溉可能造成黄土地基湿陷时，可对路堤两侧坡脚外5～10m做表层加固防渗处理或设侧向防渗墙。湿陷性黄土路基防排水设施不完整或缺乏时，应根据需要增设防冲刷、防渗漏等措施拦截、排除地表水。地下排水构造物与地面排水沟渠必须采取防渗措施，路侧严禁积水。

（2）病害处治措施

湿陷性黄土路基沉（湿）陷变形处治可选用夯实法、桩挤密法等方法。

① 夯实法

采用夯实法处理湿陷性黄土地基时，土的天然含水率宜低于塑限1%～3%。在夯实过程中应加强夯沉量检测。强夯结束后30d左右，可采用静力触探或静载试验等方法测定地基承载力（图2-3-5）。

② 桩挤密法

采用桩挤密法处理湿陷性黄土地基时，可选用沉管、冲击成孔等方法。成孔应间隔分批进行，成孔后应及时夯填。局部处理时，应由外向里施工。若土层含水率过大，拔桩时应随拔随填（图2-3-6）。

3. 应用案例

（1）工程概况

××机场高速公路是甘肃省省会兰州市与兰州中川机场相连接的重要通道。该线路起点在永登县树屏乡尹家庄北800m尹家庄互通立交北端处，起点桩号K23+800，逆碱沟河谷而上，经哈家嘴、上街、小黑川、宗家梁、马家山至机场新大门处，终点桩号K45+780，全长22.052km。经检查发现，机场高速公路K13+800～K14+500段堤不均匀沉降严重，引起多处路面沉陷及纵向裂缝，严重影响了公路的安全运营（图2-3-7）。

该路段位于陇西黄土高原西北部，请考虑该段路基的病害处治方案。

图 2-3-5　夯实法

图 2-3-6　桩挤密法

(a)

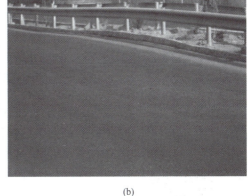
(b)

图 2-3-7　路基不均匀沉降引起的病害
（a）纵向裂缝；（b）路面沉陷

（2）病害成因分析

路堤沉降过大、不均匀沉降，是甘肃黄土地区公路路基最为常见的病害，也是导致路面裂缝，路面沉陷及结构层破坏等的根本原因。

××机场高速公路沿线地区年平均降雨量 261.1mm，虽然降雨量不大，但多集中在夏末秋初，暴雨强度大，全线受洪水灾害较多。该路段地势较低，降雨时排水缓慢，因此路堤在水的影响下湿陷、固结沉降较大，引起多处路面沉陷和纵向裂缝。同时，路堤内部土体含水率较高，受冻融、干湿交替作用影响使之变形，也可能是该路段病害较为严重的原因之一。

（3）病害处治方案

路基病害发生后，仔细勘察现场，在认真分析病害产生原因的基础上，根据各路段病害的具体情况提出相应的处治措施：

① 该路段路面沉陷及纵向裂缝轻微处重新铺筑一层路面，防止地表水渗入。此法为简易方法，施工简单易行，工期短，经济费用低，但未解决路堤沉降问题，往往过段时间后，新铺筑的路面继续沉陷、裂缝，导致反复铺筑路面，效果差。

② 路面沉陷及纵向裂缝严重的地段,需挖开路面后对路基进行处理,采用强夯或冲击碾压技术对其进行补强,后重新铺筑路面。此法针对病害产生的原因,对路基进行处理,效果较好,但处治时需要封闭交通,施工工期长,经济费用较高。

③ 根据病害路段的具体情况,完善、优化防排水设施设计,加强施工质量。防排水设施设计不当或损毁,造成黄土路堤浸水,是其沉降变形过大的重要原因。因此在黄土路堤病害处治时,防排水设施设计的优化和加强施工质量十分重要。在上述两种方法处治时,都应配合防排水设计的完善和优化。

【任务实施】

一、黄土路基边坡病害分析

该黄土路基边坡病害主要类型包括以下两种:一种是以坍塌、崩塌及滑坡为主的黄土坡体损坏;另一种是以剥落及冲刷为主的黄土坡面损坏。

1. 坡体损坏

(1)坍塌

经调查分析,该黄土路基出现坍塌的主要原因见表 2-3-4。

坍塌主要形成原因　　　　　　　　　　　表 2-3-4

序号	原因
1	开挖路堑边坡较陡,使边坡的支持力量减弱
2	堆积物受到地表水及地下水的影响,使土壤的抗剪强度降低
3	土壤受到冻结融化的反复作用,使边坡土体的稳定性降低
4	受到风化作用、地震作用、气温的变化等,使边坡的稳定性受到影响

(2)崩塌

经调查分析,该黄土路基出现崩塌的主要原因见表 2-3-5。

崩塌主要形成原因　　　　　　　　　　　表 2-3-5

序号	原因
1	开挖路堑增大了边坡的坡度,使岩体失去了平衡
2	地表水深入岩体裂缝或地下水在岩体裂缝中流动,使岩体自重增加
3	风化作用及冰冻作用结果,加快了岩体裂缝的发展,使岩体的坚固性降低
4	其他如大爆破、地震、植物根系在岩石裂缝中生长以及降雨量、蒸发量、气温等变化对岩体的性质亦有影响

(3)滑坡

经调查分析,该黄土路基出现滑坡的主要原因见表 2-3-6。

滑坡主要形成原因　　　　　　　　　　　　　　　　　　表 2-3-6

序号	原因
1	地质条件方面：滑坡发生于可塑性的土质或软弱岩层上，在具备蓄水构造与聚水条件以及软弱面（能起隔水作用）以后，就有可能发生滑坡
2	地质构造方面：岩层的结构与构造，对山坡的稳定性、滑动面的形成以及滑坡的发展都有很大的影响，如堆积与岩层的接触面愈陡，则堆积层土体的重力作用就愈大，极易发生滑坡
3	水文条件方面：地表水及地下水作用，都会破坏土体的稳定，助长滑坡的活动

2. 坡面损坏

（1）剥落

坡面剥落是黄土边坡变形的一种普遍现象，对路基及边坡自身都有较大的不利影响，主要表现在长时间剥落会引起边坡产生较大变形，甚至会导致边坡破坏，给行车安全带来影响。目前对坡面剥落的处理方法较多，但处理起来较为困难，其效果也不佳。

（2）坡面冲刷

黄土地区修建的边坡，其坡面冲刷与该地区土体的成分、地质条件、风化程度等具有较大联系。密实结构老黄土的抗冲刷性要比松散结构的近代坡积的黄土要强。在不同位置和不同水流的作用下形成不同的冲刷形式，具体见表 2-3-7。

坡面冲刷主要冲刷形式　　　　　　　　　　　　　　　　表 2-3-7

序号	类型	形式
1	径流集中处	易形成深沟或沟穴
2	不同岩性的土层构成	接触面处常易形成洞穴或冲沟
3	均匀坡面水流	在其埋藏土层处冲成细沟，而在坡面形成明显的条带
4	集中水流冲刷	处于埋藏土壤层底部，常有钙质结核，密度较大，具有较好的抗冲刷能力，形成小冲沟中的跌水

二、病害防治措施

1. 坍塌、崩塌的防治

结合现场的实际情况，目前对坍塌和崩塌所采取的措施见表 2-3-8。

坍塌、崩塌防治措施　　　　　　　　　　　　　　　　表 2-3-8

序号	处理措施	具体操作
1	引导表面水流	该法主要是修建起围护作用的截水沟，把塌方以上斜坡处流下的水流截断，引导到别处去，在塌方体表面上修建排水系统，把水汇集到塌方体以外；调整或改变塌方地区以内人工灌溉设施
2	截断地下水流	为了降低地下水位，减少塌方体的重量渗透压力，采取设置支撑盲沟的办法将水截断，使塌方体干燥、聚集和排出斜缝中的地下水
3	护坡	用种植物和铺砌块石护坡等方法，增加边坡防止冲刷的能力进行加固
4	设置支撑构造物	设置挡土墙建筑物可增加边坡的支撑力量，以维持土体的平衡，防止土体塌落下来，同时使路基内侧（挖方）坡脚变陡，减少边坡挖方数量，加强坡脚土体的稳定性

续表

序号	处理措施	具体操作
5	削方减载	削方减载通常在防止塌方中采用，其数量需根据土石的物理力学性质进行验算，并考虑边坡的地质条件
6	改道绕线	当塌方规模较大时，难以根治而路线不可能绕避时，可考虑改线，但应作经济技术方案的比较后才能确定

2. 滑坡的防治

滑坡的防治主要可以从降低或消除水的影响以及增加滑坡的稳定性两个方面入手，具体可采取的措施见表2-3-9。

滑坡防治措施　　　　　　　　　　　　　表2-3-9

序号	处理措施	具体操作
1	排除地表水	切断滑坡体以外的地表水，不使水流入滑坡体内。防止滑坡本身范围内的地表水渗入滑坡体内，应结合滑坡体内的地形及水量情况，在滑坡区内设置树枝状的排水系统；填平山坡滑动地，整平夯实山坡面，填实裂缝，防止积水下渗；在山坡种植草皮，以吸取地表水分，又可借根系增加地表土体的稳定性
2	排除地下水	可采用支撑盲沟、截水盲沟和泄水洞的办法，所有盲沟与泄水洞，应该根据土壤与流量情况，设置倒滤层，避免潜蚀作用引起陷穴，并防止泥沙流入，淤塞排水孔道
3	增设滑坡体的平衡条件	可采取减重和修建支撑构造物的办法。值得注意的是，修建支撑构造物的基础应埋置于滑动面以下的硬层或基岩上，以保证建筑物基础的稳定

3. 坡面损坏的防治

目前坡面防护措施主要趋势是绿色、环保护坡，如客土喷播防护技术，同时还可以采用将工程防护与植被防护相结合的方法，如骨架植物防护技术。具体坡面防护技术见表2-3-10。

坡面防护技术　　　　　　　　　　　　　表2-3-10

序号	名称	具体操作
1	"营养麦草泥+网锚植草"技术	该技术是将麦草秸秆、种植土、植物种子、有机肥和无机肥、水按照一定的配合比搅拌均匀，通过人工涂覆在边坡坡面，形成类似于自然土壤且能储存水分和养分的适宜于植物生长的基层，在外层按照一定间距采用"T"型螺旋钢进行挂网。植物恢复后，发达的根系可深入黄土坡体，与坡面、镀锌网结合成一个整体，从而达到护土固坡、美化环境的目的
2	客土喷播防护技术	客土喷播是利用特制喷混机械将有机基材与长效肥、速效肥、保水剂、胶粘剂、植物种子和水的混合物喷射到裸露坡面上，在胶粘剂的作用下，坡面上能形成多孔稳定结构层（即一层具有连续空隙的硬化体），种子可以在其中生根、发芽、生长，从而达到恢复自然、稳固坡面、保持水土、改善景观、美化环境的目的
3	穴种防护技术	穴种是在坡面上用特制的钻具（钻头直径为5cm）挖掘出直径5~8cm、深10~15cm的小洞穴，将固体肥料和种子放入，用土和砂掩埋。洞穴的分布密度为12~28个/m^2。肥料可由草木灰、锯末、禽畜粪便、尿素、磷肥等经特殊的工艺制成，并与土壤按7∶3的比例拌合。该方法适用于坡比不大于1∶0.5，坡高小于8m的黄土边坡。植物生长后产生的根系稳固边坡，可达到治理边坡剥落的目的，适合于表层剥落病害的处治

续表

序号	名称	具体操作
4	骨架植物防护技术	该技术是在坡面上浇筑混凝土框架或浆砌片石骨架，然后在骨架或框架内的坡面土体裸露部位采用人工种植或机械喷播的方式建植草皮或灌木。骨架起到防止坡面土体和草皮脱落的作用，植草起到稳定坡面土体及美化路容和环境的作用。骨架植物防护克服了工程防护和纯植物防护的缺点，是工程防护和植物防护的有效结合
5	土工格室防护技术	土工格室由高密度聚乙烯宽带经超声波焊接而成的具有三维蜂窝状格室结构的立体材料。与土工格栅、土工网等平面加筋材料相比，其最大的特点是具有立体结构、强度高、整体性能好。它伸缩自如，运输时可折叠，使用时张开并充填土石等材料，构成具有强大侧向限制和大刚度的结构体。此外，它还具有材质轻、耐磨损、化学性能稳定、耐光氧老化、耐酸碱等特性

三、预防养护措施

在高速公路的运营管理过程中，边坡失稳是路基的主要病害，黄土边坡的稳定性直接影响着公路的运行安全。通过对西禹高速公路的路基病害及使用现状调查，将调查数据进行整理分析，发现西禹高速公路路基稳定性比较好，路基病害以小范围的边坡冲沟和排水系统的局部表面损坏为主，通过对病害产生的原因进行分析，提出了以下具有针对性的预防养护措施：

（1）及时疏通和维修排水系统，特别是在4~10月的汛期内要加大对排水系统的检查频率，及时清理维护；发现有损坏的部位要进行维修，避免破损的进一步扩大。

（2）对路基边坡出现小范围冲沟和坍塌的情况，首先要对水源进行截留或改道，及时回填整修冲沟和坍塌土方，在修补冲沟和坍塌土方时要对冲开部位进行适当扩大开挖，避免暗穴暗沟被遗漏，然后用灰土进行回填夯实，必要时可增设砌石挡墙或护面墙。

（3）对台背下沉的部位首先要对桥涵和路基交接处的裂缝进行修补，避免路面水的渗入，同时要对台背下沉现象加强观测，下沉量稳定或桥头跳车现象严重时可采取加铺沥青路面的方式减少沉降量。

任务2.4　路基养护工程实例

2.4.1　工程概况

××高速公路是国家公路网中的重要路段，随着公路沿线经济建设的发展，交通量增长迅速，特别是小客车及特大货车增长比较明显，经过运营使用，公路的技术状况出现了不同程度衰减，路基、路面出现了不同程度的病害。

2.4.2　病害状况

某管理所养护人员在汛期巡查时发现，××高速公路上行线K199+800~K199+920里程桩号之间的路基在路肩墙前缘发生下错滑动破坏，推测发生了滑坡，经现场踏勘及后期勘察调查发现，为一新滑动破坏的滑坡体（图2-4-1）。

该处为一陡坡填方路基，最大填方高度约15.2m，高速公路路肩设置有3.5m高路肩墙，挡墙基础为长20m、中心距3m（涵洞处间距6m），直径1.2m的抗滑桩，桩体嵌岩

图 2-4-1 ××高速公路 K199+850 处滑坡示意图

深度约 10m。路肩墙和一级边坡总高约 8m,一级边坡坡面采用混凝土面板封闭,二级边坡采用拱形骨架防护,一、二级边坡间设置有 3m 宽平台,平台上设置有排水沟,二级边坡坡脚设置有一道外露高度 2.5m 的重力式护脚墙,坡面设置有 2 道急流槽。

该滑坡后缘处于××高速公路 K199+800～K199+900 段公路路肩墙前缘,滑坡一旦再次滑动,挡土墙基础桩间土会挤压导致路基破坏,进而威胁高速公路运营及车辆行人安全,危害性大,根据《公路滑坡防治设计规范》JTG/T 3334—2018 第 3.2 条款划分,该滑坡危害程度为严重,防治工程安全等级为Ⅰ级。为及时消除安全隐患,××分公司对该段道路进行了交通管制,并及时委托××公路勘察设计研究院对该滑坡进行应急勘察治理工作。

1. 滑坡特征

(1)滑坡平面形态特征

根据现场调查,滑坡平面形态(图 2-4-1)近似簸箕形,滑坡前缘平均高程约 1275m,后缘平均高程约 1293m,相对高差约 18m,平均坡度约 20°,滑坡主滑方向为 94°,滑坡长约 54m,后缘宽约 79m,中部宽约 105m、前缘宽约 91m,滑坡体平均厚度约 4～8.1m,滑坡区面积约 $5.4 \times 10^3 m^2$,体积约 $3.2 \times 10^4 m^3$,为推移式浅层小型土质滑坡。

(2)滑坡边界特征

滑坡后缘位于路肩墙前缘裂缝 1 处,裂缝长约 79.0m,为贯穿性裂缝,裂缝错台高度 0.3～1.5m、宽 0.3～0.6m(图 2-4-2);滑坡北侧边界位于路基填挖交界处,出现了贯穿性裂缝,裂缝宽 0.2～0.3m,由滑坡后缘贯穿至滑坡前缘(图 2-4-3);滑坡南侧边界位于坡面处急流槽位置处,中上部侧壁出露明显,形成 0.2～0.6m 高滑坡侧壁,长约 29m,中前部出露不明显(图 2-4-4);滑坡前缘位于路基填土前缘一级阶地的玉米地中,随地形呈 S 形,剪出口位置上泉水出露,形成连续性地表径流,在滑坡推力的作用下,滑坡推挤前缘耕地,在玉米地中形成反翘(高 1～20cm)及放射状裂缝,推倒了玉米(图 2-4-5)。

图 2-4-2 滑坡后缘裂缝

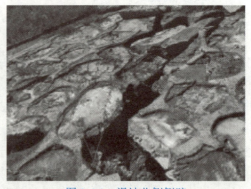

图 2-4-3 滑坡北侧侧壁

图 2-4-4　滑坡南侧侧壁（错段急流槽）　　　图 2-4-5　滑坡前缘

（3）滑坡变形破坏特征

据地质与滑坡要素调绘、地表裂缝位置测量，滑坡主要表现为后缘拉张 LF1、LF2 及明显的前缘和剪出口，滑坡滑动迹象明显，同时根据现场实际测量，已建挡土墙已经整体向前缘滑动（滑动距离约 0.3～1.53m），坡面上拱形骨架整体向坡脚下错，平台排水沟及坡面截水沟多处被错段，整体表明滑坡已经滑动破坏，平面最大滑动距离约 1.53m，滑坡体后缘整体下错约 1.5m，前缘局部推挤反翘。

2. 滑坡成因分析

据调查分析滑坡发生原因如下：

（1）岩土体性质对滑坡的影响（内因）

高速修建时在现状斜坡上堆积了较厚的填土，为边坡施加了较大的附加荷载，其坡面相对较平缓，为降雨入渗提供了条件，同时由于其黏土含量较高，加之其下伏地层主要为粉质黏土层，排水性较差，阻隔了滑坡体后缘山体内的地下水排出，导致大量地下水在坡体内无法排出，一方面增加了坡体重度，另一方面导致了滑床土软化、抗剪能力降低，为滑坡发生提供了内因。

（2）地形与空间特征（外因）

滑坡地貌单元宏观上属于山麓斜坡-阶地，滑坡所在的斜坡区坡度一般，整体平均度约 20°，坡体上发育有多级陡坎，滑坡前缘小陡坎具有临空面，填方路基最开始修筑时安全拦挡措施不足，为斜坡上松散堆积覆盖层的起动创造了基础条件。

（3）降雨及地下水对滑坡的影响（诱因）

该滑坡发生主要是因为当地连续降雨，导致滑坡体保水，而发育滑坡的边坡上，填土及粉质黏土黏粒含量较高，导致滑坡后缘山体地下水无法及时排出，进而导致土体保水，同时由于降雨的不断补给，在坡体内部形成了贯通的径流路径，进而形成了滑动面，在水的作用下，滑动面上强度降低、而滑体土重度增加，综合导致了边坡发生了滑动破坏。

（4）人类工程活动对滑坡的影响

根据调查，该滑坡处于高填方区，因此坡体物质及地表形态都是人为因素形成的，坡体物质填土的最大厚度可达 9.8m，为滑坡发生创造了条件。

2.4.3 养护方案

1. 设计原则

该滑坡进行治理工程设计的基本原则是，在保证滑坡稳定性较高的前提下，同时要兼顾高速公路的健康运营。根据本滑坡的特点，还保证做到以下几点：技术可行，经济合理；一次根治，不留后患；充分考虑与周边相邻工程的顺接，保证工程整体上美观协调；该滑坡为应急治理工程，现状道路已经局部封闭，因此采取工程措施应尽量采用机械化施工，便于及时实施，以提高施工速度。

2. 滑坡治理设计方案

采用滑坡后缘卸载+锚索肋板墙多级加固+坡脚挡墙墙背设圆形抗滑桩+综合排水措施进行治理。

（1）卸载与坡面防护措施

对滑坡下滑段进行卸载，由上而下，一级边坡下挖2.6m，设置2m宽平台，再按1:2坡率进行刷坡，形成高5.7m的边坡，在坡脚至挡土墙顶部范围内，按1:10的坡率进行刷坡，刷坡后一级边坡坡面采用拱形骨架防护，墙顶部分采用喷播植草绿化。

（2）锚索肋板墙加固

在现状路肩墙下方抗滑桩悬臂段设置一道3.3m高锚杆肋板墙+0.7m钢筋混凝土横系梁+锚索+2排ϕ108长度16m钢花管+疏干孔，肋板与抗滑桩及路基填土间孔洞部分注水泥砂浆。在肋板上设置2道锚杆，锚杆长度为12m，间距3.0m，横系梁中间位置设置一排锚索长30m，锚索横向间距3m一根，锚固段长10m，设计抗拔力200kN。疏干孔长度18.0m，横向间距6.0m。

（3）坡脚挡墙墙背抗滑桩

在坡脚挡墙墙背抗滑桩位置上，间隔3m设置一根直径1.2m，长20m的圆形抗滑桩，入土深度8.4m，嵌入基岩深度11.6m。

（4）综合排水工程

首先在现状道路靠山侧沿山体设置1道排水沟，排水沟下方设置1道盲沟，在抗滑桩前锚杆肋板墙处、现状削方坡脚位置、现状挡土墙前缘各设置1道排水沟，共设置3道排水沟，在滑坡外围设置1道截水沟，滑坡体中部设置1道急流槽。在卸载的一级边坡及坡面上间隔12m设置一道纵向渗沟。

思考与练习2

扫描二维码可做题自测。

思考与练习2

项目 3

公路沥青路面养护

【项目导读】

沥青路面在交通载荷和环境因素的作用下，随着时间的推移会出现各种各样的病害，伴随着路面使用性能的逐渐变坏，路面的服务能力也将变得越来越差。对于沥青路面病害采取"病急乱投医"是不可取之举，"对症下药"才能有效治理。为了保持沥青路面良好的使用性能并延长它的使用寿命，在路面寿命周期的各个阶段需要采用不同的养护维修措施来恢复和保证它的服务能力。

本项目依据《公路养护技术标准》JTG 5110—2023、《公路沥青路面养护技术规范》JTG 5142—2019、《公路沥青路面养护设计规范》JTG 5421—2018、《公路沥青路面预防养护技术规范》JTG/T 5142-01—2021、《公路沥青路面再生技术规范》JTG/T 5521—2019，基于公路养护工作流程的思路，介绍了常见沥青路面病害及处治方法，针对不同路面技术状况引入路面养护概念并合理选择养护对策，并着重阐述了基于绿色养护理念的沥青路面再生利用技术，再配合典型工程案例将全部知识点贯穿起来，达到融会贯通活学活用。

【知识目标】

1. 识别沥青路面常见病害及原因；
2. 了解常见沥青路面养护类型和适用范围；
3. 掌握不同沥青路面再生利用技术的施工工艺及区别。

【能力目标】

1. 能够完成沥青路面常见病害的维修作业；
2. 能组织实施沥青路面罩面、翻修及再生利用，以及预防养护技术流程及质量控制要点。

【素养目标】

1. 通过沥青路面外业病害调查工作，体会团队协助、吃苦耐劳、与时俱进的精神；
2. 通过典型路面病害的识别与诊断，培养精益求精、爱岗敬业等情操；
3. 培养沥青路面养护质量意识。

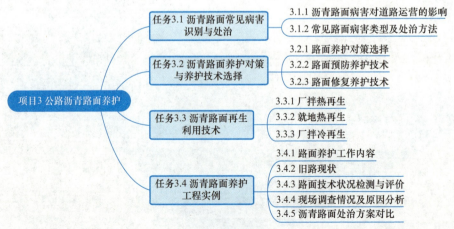

项目3 思维导图

项目3 公路沥青路面养护

任务 3.1 沥青路面常见病害识别与处治

【学习目标】
1. 识别沥青路面常见病害及原因。
2. 能够完成沥青路面常见病害的维修作业。

【任务描述】
养护中心拟对管养路段 K12+800 处的裂缝病害和 K13+000 处的坑槽病害进行维修，见图 3-1-1，天气小雨，请对上述两处病害实施修补处治。

图 3-1-1 沥青路面的裂缝和坑槽

【相关知识】

3.1.1 沥青路面病害对道路运营的影响

沥青路面铺装出现病害后，必然对道路运营产生不利影响，主要有以下几个方面：

1. 影响路面美观

沥青路面铺装病害小到渗水、唧浆，大到车辙、坑槽，均会对沥青铺装的外观造成一定的影响，从而大大降低道路的服务品质，与项目建设目标以及"内实外美"的需求不相适应。

2. 影响行车安全

沥青路面铺装出现的严重病害，比如严重车辙、磨光以及因为梁板破损引起的坑槽，均会对行车安全造成严重影响（图 3-1-2），甚至引发交通安全事故。对此，必须进行修复，以保障道路运行及行车安全。

3. 缩短结构寿命

沥青路面铺装层产生的各种病害，无论是从最初的路面破损，到下面层破损，再到后期的基层损坏，都会间接导致结构受损，从而影响路面的使用寿命。

4. 修复难度较大

运营期路面病害修复，必然涉及道路封闭、设备调遣、材料进出场等。受封闭时间限制，一些修复工艺复杂的病害，施工难度很大，且施工后较难恢复正常使用状态。

图 3-1-2 路面病害影响交通

5. 增加养护成本

沥青路面病害将导致其在运营期反复或多次修复，必将大大增加养护成本。当维修部位处于沥青铺装底层时，采取"刨根问底"式的根治方案，必然需要花费大量资金。

3.1.2 常见路面病害类型及处治方法

图 3-1-3 沥青路面裂缝钻芯样

沥青路面出现的裂缝、坑槽、车辙、沉陷、波浪拥包、松散、泛油等病害应及时进行处治，防止路面病害发展与扩大。

1. 裂缝

裂缝是沥青路面最主要的病害之一（图3-1-3）。沥青路面上出现裂缝，按照成因不同分为横向裂缝、纵向裂缝、块状裂缝、龟裂四种类型（图3-1-4）。

(a)　　　　　　　　　(b)　　　　　　　　　(c)

图 3-1-4　裂缝
（a）纵向裂缝；（b）块状裂缝；（c）龟裂

（1）产生原因

横向裂缝是指垂直于行车方向的裂缝。按照成因不同，横向裂缝又可以分为荷载裂缝与非荷载裂缝两大类。荷载裂缝是由于路面结构设计不当或施工质量低劣，或者由于车辆严重超载，致使沥青面层或半刚性基层内产生的拉应力超过其疲劳强度而断裂。非荷载裂缝又有两种情况,即沥青面层缩裂和基层反射裂缝。

纵向裂缝产生的原因有两个:一个原因是沥青层分幅摊铺时,两幅接槎处未处理好,在车辆荷载与大气因素作用下逐渐开裂;另一个原因是路基压实不均匀或由于路基边缘受水侵蚀产生不均匀沉降而引起。

块状裂缝和龟裂主要是由路面的整体强度不足引起的。其原因可能是路面结构设计不合理,路基路面压实度不足,路面材料配比不当或未拌合均匀等;也可能是由于路面出现横向或纵向裂缝后未及时封填,致使水分渗入下层,尤其在融雪期间冻融交加,加剧了路面的破损。沥青在施工期间以及在长期使用过程中的老化也是导致沥青面层形成龟裂的原因之一。

(2)损坏程度判断

横向裂缝应是路面上与行车方向基本垂直的裂缝,应按长度(m)计算。检测结果应用影响宽度(0.2m)换算成损坏面积。损坏程度应按以下标准判断:轻度应为主要裂缝宽度小于或等于3mm。重度应为主要裂缝宽度大于3mm。

纵向裂缝是路面上与行车方向基本平行的裂缝,按长度(m)计算。检测结果应用影响宽度(0.2m)换算成损坏面积。损坏程度应按以下标准判断:轻度应为主要裂缝宽度小于或等于3mm。重度应为主要裂缝宽度大于3mm。

块状裂缝应按面积(m^2)计算,损坏程度标准判断为:轻度应为主要裂缝块度大于1.0m,平均裂缝宽度为1~2mm。重度应为主要裂缝块度为0.5~1.0m,平均裂缝宽度大于或等于2mm。

龟裂应按面积(m^2)计算,损坏程度应按以下标准判断:轻度应为主要裂缝块度为0.2~0.5m,平均裂缝宽度小于或等于2mm。中度应为主要裂缝块度小于0.2m,平均裂缝宽度为2~5mm。重度应为主要裂缝块度小于0.2m,平均裂缝宽度大于5mm。

(3)处治方法

裂缝处治时机应根据裂缝类型特点、严重程度及原因确定,并采取适宜的处治措施,及时进行裂缝封闭。裂缝处治可采用灌缝、贴缝、带状挖补方式,或组合使用。灌缝材料宜采用密封胶;贴缝材料可采用热粘式贴缝胶和自粘式贴缝胶,其工艺可分为直接贴缝和灌缝后贴缝。裂缝填封的8种结构形态见图3-1-5。

裂缝处治后出现明显变形、唧泥等破坏的,应采用带状挖补方法进行彻底处理,对损坏的基层宜采用大粒径透水性沥青混合料进行回填处理,面层应采用与原沥青面层相同的材料进行修补,并做好纵横向排水处理措施。重度局部块状裂缝、龟裂应按坑槽修补方法进行。

裂缝处治决策流程见图3-1-6,本决策流程通过对灌缝时机、措施选择及验收指标的规定,提高灌缝的科学性及有效性。采用本方法可及时发现路面开裂并进行及时的处治,同时,可针对不同的开裂类型及开裂宽度提供相适应的处治措施,通过实施各项验收程序可保障裂缝处治质量,一定程度上延缓路面裂缝扩张,延缓路面性能衰减,延长服役寿命,且通过此方法可记载各条裂缝特征及采取的处治方式,在后续的服役过程中通过反馈的数据可不断优化本决策方法。此外,本方法决策条件明确,思路清晰,具有较强的可实施、可操作性,利于推广使用。

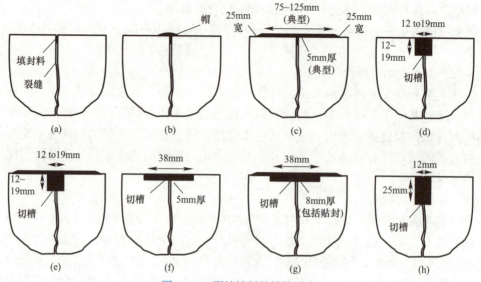

图 3-1-5 裂缝填封的结构形态

（a）无槽平封式；（b）无槽帽封式；（c）无槽贴封式；（d）方槽平封式；（e）方槽贴封式；（f）浅槽平封式；（g）浅槽贴封式；（h）深槽平封式

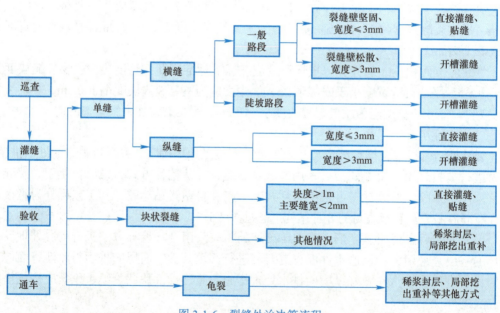

图 3-1-6 裂缝处治决策流程

2. 坑槽

沥青路面出现的大小不同、深浅不一的凹坑，称为坑槽。坑槽的形成与发展一般经历三个阶段（图3-1-7）。沥青路面在反复的行车荷载和自然因素作用下，粘结力薄弱的区域集料逐渐剥落，最终形成坑槽。坑槽病害是沥青路面常见病害之一，若不对初期的坑槽及时采取措施，在车辆荷载的进一步作用下，将会导致局部路段大面积破损，影响沥青路面路用性能。车辆在道路上行驶遇到坑槽时，坑槽的位置、大小、深度，车辆类型以及道路用户的驾驶心理等不同,会呈现出不同的交通特性,坑槽对交通产生的影响和道路用户受到的损失也会有所不同。

(a)

(b)

(c)

图 3-1-7　坑槽的形成与发展

(a)上面层产生坑槽;(b)坑槽后形成水洼;(c)坑槽内聚集的松散集料

(1)产生原因

坑槽是沥青路面日常养护中急需解决的一个问题。对沥青路面坑槽破损原因进行深入的分析,有助于养护工作者对坑槽破坏规律的了解,在日常的养护维修过程中因地制宜、对症下药,实现沥青路面坑槽高效经济的养护修补。原因如下:由于沥青路面上面层混合料局部空隙大、沥青与石料间的粘附力不强,在车载作用下会使表面沥青剥落,形成上面层的坑槽,深度一般为2~5cm;基层强度不足,沥青混合料强度低;路面压实度不足,孔隙率过大,在雨水侵蚀及荷载等作用下造成沥青路面材料松散而出现坑槽。

(2)损坏程度判断

坑槽应按面积(m^2)计算,损坏程度应按以下标准判断:轻度为坑槽深度小于25mm,或面积小于$0.1m^2$。重度为坑槽深度大于等于25mm,或面积大于等于$0.1m^2$。

(3)处治方法

坑槽影响沥青路面的使用性能,还对行车安全不利,对其进行及时的修补主要实现两个目的:保证坑槽段的沥青混凝土路面满足路用性能要求;避免沥青混凝土路面引发更严重的破损。

坑槽可采用就地热修补、热料热补、冷料冷补等方式。冷补材料和传统热拌材料性能和特点对比见表 3-1-1。坑槽修补材料应具有足够的强度以及良好的高低温性能、抗水损坏和老化性能。一般应按"圆洞方补、斜洞正补"的原则,确定路面坑槽破损的边界。坑槽修补轮廓线与行车方向平行或垂直,并超过坑槽破损边界10~15cm。坑槽处治至损坏的最底部,修补后新填补部分应略高于原沥青路面。雨季和多雨地区,应对路面坑槽修补接缝处进行封缝处理。常见的四种坑槽修补工艺简图见图 3-1-8。

资源 3-1
沥青路面坑槽就地热修补施工

冷补材料和传统热拌材料性能和特点对比　　表 3-1-1

对比项目	冷补修补料	热补修补料
施工季节	不受季节气候影响,可实现全年修补	雨雪低温等极端气候条件下无法施工
最低温度	最低施工温度可达-40℃	环境温度在10℃以上

续表

对比项目	冷补修补料	热补修补料
对坑槽的处理	简单处理,积水坑槽可直接修补	清理干净积水必须排除并且烘干,涂抹粘层油
存放	可露天存放,袋装可长时间存放	无法存放
施工性能	不需熟练工人,不需专用机械	需要熟练的工人和专用机械
施工环境	可就地生产或工厂预先拌合,无热沥青气味	需要工厂拌合,有浓重热沥青气味
开放交通	修补完毕即可通车,无须封闭交通	修补完毕需封闭交通一段时间
资源消耗	一般不需加热石料,节约能源	必须加热沥青、石料到150℃左右
社会效益	随时修补保证路面常新,延长道路使用寿命	不能随时修补,造成损害加剧影响道路使用寿命

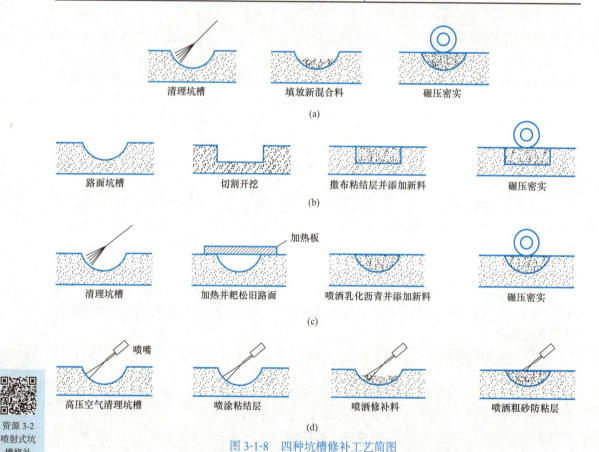

图 3-1-8 四种坑槽修补工艺简图
(a)填料法;(b)挖补法;(c)热再生法;(d)喷射式法

资源 3-2 喷射式坑槽修补施工

3. 车辙

路面在车轮荷载的反复作用下,由于路面的磨损、路基与基层的压密、沉降和高温季节的侧向流动隆起,使路面沿行车轮迹逐渐产生纵向带状凹陷的车辙变形(图 3-1-9),包括结构型、失稳型、磨耗型。结构型车辙是指荷载超过路基、基层、沥青面层等结构层的强度而引起的宽度比较大、两侧没有隆起、车轮迹凹陷的永久变形。失稳型车辙是指沥青材料的高温稳定性及耐久性等较差,沥青面层在车载,尤其是重载和超载车辆作用下进一步被压实及侧向流动变形,使车轮作用的部位下陷,两侧向上隆起,似槽沟状。磨耗型车辙是指渠化交通,车辆反复作用引起路面材料的磨耗形成的车辙。

图 3-1-9　车辙

（1）产生原因

车辙产生的因素,包括沥青材料、级配组成、荷载作用、温度影响等。沥青材料的高温稳定性及耐久性较差;土路基、（底）基层、沥青面层等结构层的压实度不足,强度不够;混合料配合比不合理,粗集料用量过少,承受变形的能力低;重载和超载车辆的通行;结构层的组合和厚度不合理。

（2）损坏程度判断

车辙应按长度（m）计算,检测结果应用影响宽度（0.4m）换算成损坏面积。损坏程度应按以下标准判断：轻度为车辙深度10～15mm；重度为车辙深度大于等于15mm。

（3）处治方法

应根据车辙病害类型、范围、严重程度及原因,合理采取局部车辙处治或大范围直接填充、就地热再生、铣刨重铺等措施。车辙处治措施可按表3-1-2选用。

资源 3-3 沥青路面车辙处治施工

车辙处治措施选用　　　　　　　　　表 3-1-2

路面车辙深度 RD	直接填充	就地热再生	铣刨重铺
RD≤15mm	√	△	△
15mm＜RD≤30mm	△	√	√
RD＞30mm	×	△	√

注：√表示推荐,△表示可选,×表示不推荐。

图 3-1-10　沉陷

4．沉陷

沉陷是由于路基、路面产生竖向变形而导致的路面下沉的现象。通常有均匀沉陷、不均匀沉陷、局部沉陷、桥头跳车等几种情况（图3-1-10）。

（1）产生原因

均匀沉陷是路基、路面在自然因素和行车作用下,进一步密实、稳定的现象。

不均匀沉陷是由于路基、路面碾压不均匀,在水的侵蚀下经行车作用所引起的沉陷变形。局部沉陷是由于路基下原来有墓穴、枯井、沟槽或填土路基碾压不密实，当受到水的侵蚀时而引起的局部沉陷变形。桥头跳车是由于在桥、涵台背与路面交接的部位，因回填材料选择不适、压实不足等原因引起路面不均匀沉降而形成的高差造成的行车颠簸。

（2）损坏程度判断

沉陷应按面积（m²）计算，损坏程度按以下标准判断：轻度为深度小于等于25mm，行车无明显不适感；重度为深度大于25mm，行车明显颠簸不适。

（3）处治方法

沉陷处治技术措施和结构层位应根据沉陷病害类型、发生部位、严重程度及原因合理确定。因基层局部强度不足或松散造成的路面沉陷，应铣刨或挖除沥青面层，处理好基层后，重铺沥青面层。因路基不均匀沉降引起的路面沉陷，根据路面破损状况可采取下列处治措施：路面略有下沉、无破损或仅有少量轻微裂缝时，可在沉陷部位喷洒粘层沥青，用沥青混合料将沉陷部分填补，并压实、整平。路面出现较大范围的不均匀下沉时，可对沉陷路段两端衔接部位各10m范围内分层、分台阶铣刨沥青面层，纵向台阶搭接宽度不宜小于30cm，横向台阶搭接宽度不宜小于20cm，清理干净下承层，喷洒粘层沥青，在侧壁涂覆乳化沥青后，分层重铺沥青面层。路基密实稳定、不再继续下沉后，进行沥青面层处治。

5. 波浪拥包

波浪是路面沿纵向形成的有规则的凹凸起伏的一种变形（图3-1-11）。拥包是路面上局部出现的高度1.5cm以上的包状隆起。

图3-1-11　波浪拥包

（1）产生原因

沥青混合料的配合比不合理，设计强度不足，难以抵抗行车水平荷载的作用；基层铺筑不平，面层松铺厚度不一致；路面摊铺机行驶速度不均匀，不能连续，供料系统速度忽快忽慢，夯实板振动频率不稳定等；压路机振动频率低振幅大。

（2）损坏程度判断

按照波峰波谷高差判断：轻度为高差≤25mm，重度为高差>25mm。

（3）处治方法

根据波浪拥包病害类型及产生原因，可采用局部铣刨、局部铣刨重铺、就地热再生、整体铣刨重铺等处治方式，重铺材料可采用热拌、冷拌或温拌沥青混合料，功能性罩面材料等。

6. 松散

松散是一种从路面表面向下不断发展的集料颗粒流失和沥青结合料流失而造成的面层呈松散状态的路面损坏（图3-1-12）。

（1）产生原因

沥青黏度偏低，油石比偏小，沥青老化等造成沥青与集料间结合不良；低温施工，压实

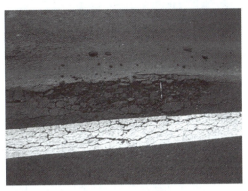

图3-1-12　松散

度不足，沥青面层空隙率过大，雨天摊铺，水膜降低了集料间的粘结力，在车辆荷载作用下造成沥青面层松散；矿料表面过湿、含泥量超标，与沥青粘结不牢；基层强度不足，在行车作用下可造成面层松散；在沥青路面使用过程中，溶解性油类的泄漏，雨雪水的渗入，降低了沥青的粘结性能；集料选择有误，选择了酸性集料，与沥青粘附性差而造成的松散。

（2）损坏程度判断

松散按面积（m^2）计量，损坏程度按以下标准判断：轻度为路面细集料散失，出现脱皮、麻面等表面损坏；重度为路面粗集料散失，表面出现脱皮、麻面、露骨、剥落、小坑洞等损坏。

（3）处治方法

因施工不良造成的路面麻面松散，可采用下列方法进行处治：将路面上已松动的集料收集起来，将残留在麻面松散层上的浮料清扫干净，喷洒沥青用量为0.8~1.0kg/m^2的封层油，再按用量为5~8m^3/1000m^2撒布3~5mm粒径的碎石或粗砂，用轻型压路机压实；将路面麻面松散部分进行铣刨重铺，或采用就地热再生进行处治。

因沥青老化造成的路面麻面松散，可采取封层养护措施进行处治，也可采用就地热再生进行处治，还可铣刨或挖除松散部分后重铺沥青面层进行处治。

因沥青与酸性石料间的粘附性不良造成的路面麻面松散，可铣刨或挖除松散部分，重铺沥青面层，其矿料不宜使用酸性石料。在缺乏碱性石料的地区，应在沥青中掺入抗剥离剂、增黏剂或使用干燥的消石灰、水泥等表面活性物质作为填料的一部分，或采用石灰浆处理粗集料等抗剥离措施。

7. 泛油

泛油是指路面混合料中的沥青向上迁移到路表面，形成一层有光泽的沥青膜（图3-1-13）。

（1）产生原因

沥青面层沥青用量过大、稠度太低、热稳定性差等；过量使用透层沥青、粘层沥青，高温时粘结料上溢；沥青用量偏高、集料级配偏细或混合料空隙率偏低；沥青混合料水稳定性不良、空隙率偏大。

图3-1-13　泛油

（2）损坏程度判断

泛油损坏不分严重程度等级，路表呈膜，发亮、镜面、有轮印。按泛油涉及的面积计量。

（3）处治方法

泛油处治时机应根据泛油病害类型、严重程度及原因合理确定，并采取可行的技术措施。

出现轻微泛油时，可撒布 3～5mm 粒径的碎石或粗砂，并采用压路机或行车碾压。出现重度泛油，但未发生沥青的迁移现象时，可采用下列方法进行处治：先撒布 5～10mm 粒径的碎石，后采用压路机碾压，待稳定后，再撒布 3～5mmn 粒径的碎石或粗砂，采用压路机或行车碾压；先撒布 10～15mm 粒径或更大粒径的碎石，后采用压路机强力压入路面，待稳定后，再撒布 5～10mm 或 3～5mm 粒径的碎石，采用压路机或行车碾压；将路面表面 1～2cm 的富油沥青层铣刨后，铺筑 1～2cm 的微表处、超薄罩面或薄层罩面。

因沥青面层的沥青用量偏高、集料级配偏细或混合料空隙率偏低引起的路面泛油，可采用碎石封层、就地热再生、铣刨泛油面层后重铺等方式。因沥青混合料水稳定性不良、空隙率偏大引起的沥青向上迁移型泛油，中、下面层的沥青含量低，混合料处于松散状态，存在结构性破坏时，可采用铣刨沥青面层、重新铺筑处治方式。

【任务实施】

由于传统的热补法不能在低温和降雨施工，无法满足城市精细化管养道路的要求，而冷补料施工速度快，操作简便，可在冬季和降雨天气施工的优点，恰好满足了坑槽修补的要求。因此，养管单位及时用沥青冷补料修复路面，确保暴雨期间道路畅通平整，保障市民出行安全。针对【任务描述】中的两种沥青路面病害，考虑到天气和施工操作便利性等因素，分别采取灌缝处治和冷补料挖补法进行施工，处治后的结果见图 3-1-14 和图 3-1-15。

沥青冷补料修补路面坑槽的施工工艺如下：

（1）坑槽清理。将坑槽边缘切割整齐，坑槽内及四周的碎石、废渣清理干净，及时清运，垃圾做到日产日清。

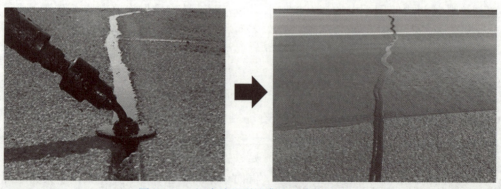

图 3-1-14　沥青路面裂缝灌缝处治前后对比

项目3　公路沥青路面养护

图 3-1-15　坑槽修补前后对比

（2）坑槽填料。将足够的沥青冷补材料填进坑槽内，填满后坑槽中央处应稍高于四周路面并呈弧形，若路面坑槽深度大于 5cm 时，应分层填补，逐层压实，每层 3～5cm。

（3）碾压找平。铺设均匀后，根据修补面积的大小和深度，选择适当的压实工具和方法进行碾压找平。可用人力夯、振动平板夯压实、小型压路机压实等。

任务 3.2　沥青路面养护对策与养护技术选择

【学习目标】

1. 了解常见沥青路面养护类型和适用范围。
2. 掌握路面养护的养护对策内容。

【任务描述】

某二级公路区间段日车流量约为 12000 辆，重载车辆所占比例约为 65%。在实施预防养护前对原路面的病害状况进行了全面调查，并检测了原路面的承载能力、抗滑性能、平整度等路况指标，包括弯沉、摩擦摆值和平整度均方差。从破损调查的结果来看，最主要的病害是裂缝，有两个路段存在着总破损面积较大的脱皮，分别为 50m^2 和 100m^2，有一个路段存在着总破损面积达 40m^2 的坑槽，除此以外，均为少量零星的脱皮、坑槽和局部沉陷，未见车辙病害。根据调查的结果，对原路面的裂缝、坑槽、沉陷等病害都做了修补处理。表 3-2-1 为原路面破损调查和路况检测数据。从测定结果来看，可采取哪些养护措施？

原路面破损调查和路况检测数据　　表 3-2-1

原路面破损调查		原路面路况检测					
DR（%）	PCI	弯沉（0.01mm）		摩擦摆值（BPN）		平整度均方差（mm）	
		代表值范围	平均代表值	代表值范围	平均代表值	代表值范围	平均代表值
1.520	82.2	16.8～55.1	30.9	41～54	47.9	1.61～3.93	2.02

【相关知识】

养护实施分为日常养护和养护工程两大类，其中日常养护包括日常保养和日常维修，养护工程包括预防养护、修复养护、专项养护和应急养护工程。根据设计单元的养护目的及养护对象确定养护类型,分为预防养护及修复养护两类。沥青路面养护作业主要内容如表3-2-2。本任务重点对预防养护和修复养护进行讲述。

沥青路面养护作业主要内容　　　　　　　　　　　　　　　　表3-2-2

工程类别		作业内容
日常养护		①除路面泥土、积沙、杂物、散落物、积水、积雪和积冰等; ②铺撒路面防冻和防滑料等; ③疏通路面排水设施; ④沥青路面局部裂缝、坑槽、车辙、沉陷、拥包、松散和泛油等病害处治
养护工程	预防养护	沥青路面整路段防损、防水、抗滑、抗老化或提高平整度等表面处治
	修复养护	①沥青路面表面层结构功能衰减的修复、加铺或重铺; ②沥青路面面层和基层结构性破坏的修复、加铺或重铺

3.2.1 路面养护对策选择

路面病害原因诊断应综合考虑路况专项检测数据、交通荷载、气候环境、施工质量等因素。养护对策选择应最大限度利用既有路面结构,并对结构层中的病害进行处治。

1. 养护类型划分

利用路面技术状况数据对评价单元进行评价分析后,可将各评价单元划分为预防养护或修复养护,划分应符合表3-2-3的规定。表3-2-3中各指标值域应根据各评价单元的建养历史、交通状况、养护水平、路况现状及养护目标等因素综合确定。在缺少相关数据及经验的情况下,可参考表3-2-4的取值范围。

评价单元养护类型划分　　　　　　　　　　　　　　　　　　表3-2-3

值域范围				养护类型
PCI	RQI	RDI	SRI	
≥A	≥B	≥C	<D	预防养护
		<C	—	修复养护
	B2~B1	—	—	预防养护
	<B2	—	—	修复养护
A2~A1	≥B2	—	—	预防养护
	<B2	—	—	修复养护
<A2	—	—	—	修复养护

备注:表中"—"表示不存在这种情况,表3-2-4相同。

养护标准值参考范围　　　　　　　　　　　　　　　　　　　表3-2-4

公路等级	值域范围					
	PCI		RQI		RDI	SRI
	A1	A2	B1	B2	C	D
高速公路、一级公路	90	85	90	85	80	75

续表

公路等级	值域范围					
	PCI		RQI		RDI	SRI
	A1	A2	B1	B2	C	D
二级公路、三级公路	85	80	85	80	80	—
四级公路	80	75	—	—	—	—

2. 养护对策选择

（1）预防养护

预防养护对策应根据预防养护专项数据调查结果，结合路面结构使用年限、公路等级、交通荷载等级、外观要求、施工水平等因素综合考虑，并进行技术经济分析比选后合理选择。其预期使用年限及应用条件可按表3-2-5、表3-2-6的规定进行选择。

预防养护措施预期使用年限　　　　　　　　表 3-2-5

措施	含砂雾封层	稀浆封层	微表处	碎石封层	纤维封层	复合封层	超薄罩面	薄层罩面
时间（年）	2	2~3	2~3	2~3	2~3	3~4	3~4	3~5

预防养护措施应用条件　　　　　　　　表 3-2-6

公路等级	交通荷载等级	预防养护措施							
		含砂雾封层	稀浆封层	微表处	碎石封层	纤维封层	复合封层	超薄罩面	薄层罩面
高速公路、一级公路	重及以上	△	×	★	×	×	★	★	★
	中及以下	★	×	★	△	△	★	★	★
二级及以下公路	重及以上	△	△	★	△	△	★	★	★
	中及以下	★	★	★	★	★	★	★	★

注：★表示推荐；△表示谨慎推荐；×表示不推荐。

（2）修复养护

修复养护对策应根据修复养护专项数据调查结果，结合路面病害发展程度、路面结构强度、病害原因诊断及结构层完整性评价结果等因素综合考虑，并进行技术经济分析比选后合理选择。开展修复养护工程前，应综合病害类型、分布范围、病害层位及产生原因等因素，合理确定既有路面病害的处治措施。路面修复养护类型划分及养护对策的选择可参照表3-2-7进行。

路面修复养护类型划分及养护对策选择　　　　　　　　表 3-2-7

养护类型划分	适用性条件			建议养护对策
	病害原因类型	路面结构完整性评价	整体结构强度	
功能性修复	表面层性能衰减	基层及中下面层保持完好，多数病害未贯穿表面层结构	满足	直接加铺罩面直接加铺碎石封层＋罩面
		基层及中下面层保持完好，表面层发生较大面积损坏	满足	表面层铣刨重铺

续表

养护类型划分	适用性条件			建议养护对策
	病害原因类型	路面结构完整性评价	整体结构强度	
结构性修复	表面层性能衰减	基层及面层保持完好,多数病害未贯穿表面层结构	不足	直接加铺补强
	面层结构破坏	基层保持完好,面层整体发生较大面积损坏	满足	沥青面层铣刨重铺
			不足	面层铣刨,基层补强
	路基结构不稳定基层结构破坏	基层或底基层发生较大面积破坏	不足	路基、路面结构重建

注:1. 根据路面技术状况和病害发生层位确定铣刨厚度。
   2. 沥青面层铣刨重铺包括铣刨一层加铺两层、铣刨两层重铺两层或三层、铣刨三层重铺三层等类型。
   3. 整体结构强度应结合弯沉检测、承载板、钻芯取样等数据综合判定。

3.2.2 路面预防养护技术

路面预防养护是指针对路面整体性能良好但有轻微病害,为延缓性能衰减、延长使用寿命而预先采取的主动防护工程。与其他路面养护技术对比,路面预防养护技术的基本特征是厚度薄,一般不超过40mm。

沥青路面实施预防养护工程的目的:

(1) 封闭路面表面细小裂缝与裂隙,提高路面的防水性能;
(2) 防止路面表面松散,延缓沥青路面的老化;
(3) 提供表面磨耗层,提高路面的耐磨性能;
(4) 保持或提高路面的抗滑性能,改善沥青路面表观效果。

预防养护应根据公路等级、使用年限,路面技术状况、交通量大小及组成、气候条件等因素,合理确定沥青路面预防养护时机。沥青路面预防养护应按图3-2-1的工作流程

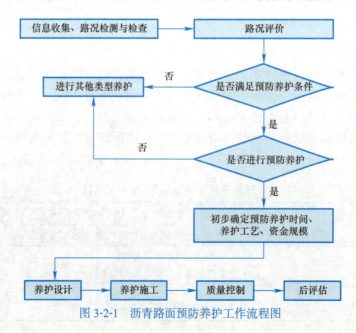

图 3-2-1 沥青路面预防养护工作流程图

进行。在预防养护时机确定的基础上,应设定预防养护目标,经过养护设计与方案比选,采取合适的预防养护措施沥青路面预防养护技术,可分为封层、罩面、就地热再生等不同类型。

1. 封层类

(1)含砂雾封层

含砂雾封层是指采用专用高压喷洒设备将由乳化沥青基或煤焦油基材料、陶土、聚合物添加剂、细砂组成的混合料,喷洒在沥青路面上形成的封层(图 3-2-2)。它适用于表面有松散麻面、渗水、沥青老化且抗滑性能较好的沥青路面,但不适用于由酸性岩石、鹅卵石等破碎集料铺筑的沥青路面,其适用的各等级公路路况水平应符合表 3-2-8 的规定。

图 3-2-2 含砂雾封层现场施工后外观

含砂雾封层适用的各等级公路路况水平　　　　表 3-2-8

路况指数	高速公路	一级、二级公路	三级、四级公路
PCI、RQI、RDI	≥90	≥88	≥85
SRI	≥75	≥70	—

雾封层材料应以同一来源、同一次购入且储入同一储罐的同一规格的材料为一"批",以"批"为单位进行材料性能检验。雾封层施工过程质量控制要求应符合《公路沥青路面养护技术规范》JTG 5142—2019 的相关规定。

(2)同步碎石封层

同步碎石封层技术是指采用专用设备即同步碎石封层机(图 3-2-3),将符合要求的沥青结合料和碎石铺洒/撒在路面上,通过自然行车碾压或轮胎压路机碾压形成单层沥青碎石磨耗层,主要作为路面表面层使用,也可用于低等级公路的面层施工,碾压形成"一膜一石"单层沥青碎石层。碎石封层中,碎石埋入沥青的深度一般为其最小尺寸的70%,结构示意图见图 3-2-4。

同步碎石封层技术将沥青结合料的喷洒与石料撒布两道工序集中在一台车上同时完成,可以使碎石颗粒立即与刚喷洒的沥青混合料相接触,此时,由于热沥青或乳化沥青流动性较好,能使碎石较容易地埋入沥青内,其施工工艺流程见图 3-2-5。

图 3-2-3　同步碎石封层机

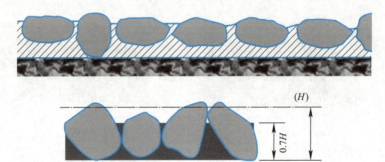

图 3-2-4　"一膜一石"单层沥青碎石层（上）和碎石封层"一石到顶"结构与埋入沥青深度示意图（下）

资源 3-4
纤维同步
碎石封层
施工

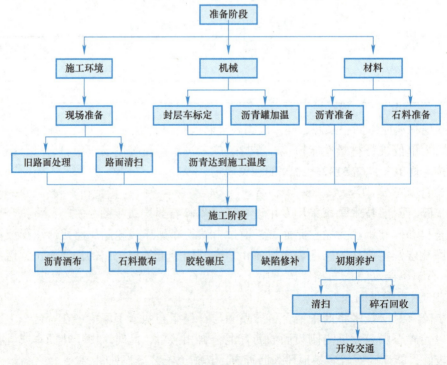

图 3-2-5　同步碎石封层养护施工工艺流程图

同步碎石封层技术缩短了沥青结合料喷洒与石料撒布的时间间隔，增加了结合料与石料的裹覆面积，更易保证它们之间稳定的比例关系，提高作业效率、减少设备配置，降低施工成本。其最大优点是同步铺洒/撒沥青和石料，落地时差不大于1s，实现喷洒到路面上的高温沥青，在不降温度的情况下立即与碎石结合的效果，从而确保沥青和碎石之间的牢固结合。

同步碎石封层在国省干线公路工程中得到了很好的运用，根据养护应用情况来看，同步碎石封层具有以下特点：

① 同步碎石封层实质是靠一定厚度沥青膜（1～2mm）粘结的超薄沥青碎石表面处治层，其整体力学特征是柔性的，能增加路面抗滑性能、治愈路面龟裂、减少路面反射裂缝、提高路面防渗水性能。

② 同步碎石封层粗糙表面大大提高了原路面的摩擦系数及防滑性能，并使路面平整度得到一定程度的恢复。

③ 通过采用局部多层摊铺不同粒径石料的施工方法，同步碎石封层能有效治愈深达10cm以上的车辙、沉陷等病害，这一点是其他养护方法无法比拟的。

④ 同步碎石封层作为低等级公路过渡型路面，以缓解公路建设资金严重不足的矛盾。

⑤ 同步碎石封层工序简单、施工速度快、可即时限速开放交通。

它适用于二级及二级以下公路需要改善抗滑等使用性能的沥青路面，其适用的各等级公路路况水平应符合表3-2-9的规定。

两种封层适用的各等级公路路况水平 表3-2-9

类型	路况指数	二级公路	三级、四级公路
碎石封层	PCI、RQI、RDI	≥80	≥75

同步碎石封层的施工过程质量控制和检验评定标准应符合《公路沥青路面养护技术规范》JTG 5142—2019。

（3）微表处

微表处是采用专用摊铺设备将聚合物改性乳化沥青、集料、矿粉、水和添加剂等按合理配合比拌合成稀浆混合料并迅速摊铺到原路面上，形成一层与原路面结合牢固的抗滑耐磨层。它作为路面的恢复层，主要目的是减缓路面老化、封闭细小的表面裂缝或孔隙，同时提高路面的抗滑性能，还可以提高路面平整度，填补15mm以内的车辙，对沥青路面起到密封作用。微表处一般适用于路面出现轻微松散、麻面、渗水、老化、抗滑能力不足，不适用于出现明显车辙、路面平整度差的道路。

资源3-5 微表处施工

微表处施工及使用过程中也存在一些问题：不能修复严重的路面龟裂、纵向横向裂缝、严重松散病害，适用范围有限；施工工艺及技术要求高，施工控制难度较大；路面行车噪声大，平整度相对不好；使用寿命相对短，期望周期2～4年。

在实施微表处前需要对原沥青路面出现的明显病害进行挖补、灌封处理，特别是桥面铺装层存在的连续点状坑槽需要提前修补好，最后统一采用微表处技术对路幅宽度范围内的超车道、行车道和硬路肩进行预防性养护。

微表处适用于二级及二级以上公路、需要改善抗滑等使用性能的沥青路面，其适用的各等级公路路况水平应符合表3-2-10的规定。微表处施工过程质量控制要求应符合《公路养护工程质量检验评定标准 第一册 土建工程》JTG 5220—2020 的相关规定。

微表处适用的各等级公路路况水平　　　　表 3-2-10

路况指数	高速公路	一级、二级公路
PCI、RQI	≥85	≥80

2. 罩面类

薄层罩面是厚度在 25～40mm 的沥青混合料罩面，超薄罩面是厚度小于 25mm 的沥青混合料罩面（图 3-2-6）。薄层罩面与超薄罩面是路面预防养护的重要措施。所谓的"薄""超薄"都是相对于传统罩面而言的，但到底厚度减薄到多少就是薄层／超薄罩面，国内外并无严格的界定。教材与《公路沥青路面养护技术规范》JTG 5142—2019 保持一致，以 25mm 作为"薄"和"超薄"的分界厚度。它们可用于需要预防或修复部分病害、改善抗滑等使用性能的沥青路面。其适用的各等级公路路况水平应符合表 3-2-11 的规定。

资源 3-6
冷拌超薄
罩面施工

图 3-2-6　铺筑成型后的超薄罩面

薄层罩面和超薄罩面适用的各等级公路路况水平　　　　表 3-2-11

路况指数	高速公路		一级及二级公路		三级及四级公路	
	薄层罩面	超薄罩面	薄层罩面	超薄罩面	薄层罩面	超薄罩面
PCI、RQI	≥85	≥88	≥80	≥83	≥80	≥80
RDI	≥80	≥85	≥80[a]	≥80[a]	—	—

注：a 适用于一级公路。

（1）加铺罩面

加铺罩面方案就是对现有路面存在的局部病害进行挖补后统一加铺一层沥青混凝土，加铺罩面前需要将原路面清扫干净，并喷洒一层 SBR 改性乳化沥青粘层油，增加新旧沥青面层之间的粘结性和防水性。加铺罩面一般适用于路面出现较大范围且数量众多的非结构性病害，如轻度的纵向、横向裂缝，且路面表面磨耗、松散、摩擦系数低、表面不平整、轻度泛油和车辙，其优缺点总结如表 3-2-12。

加铺罩面的优缺点　　　　　　　　　表 3-2-12

优点	① 能提高路面承载力，表面平整度好；可被铺成需要的厚度、纵坡度和横坡度； ② 具有良好的防水性，可以减少路面的水损害；可以明显改善路面外观，美化路容路貌； ③ 可延长路面的使用寿命，降低后期维修成本；施工技术成熟、快速
缺点	① 相对超薄罩面和微表处工程投入费用较高； ② 老路面病害严重时，容易出现反射裂缝和疲劳裂缝

（2）超薄罩面

超薄罩面是用特定摊铺设备摊铺并用压路机碾压成型的单层沥青混合料。施工工艺特点为喷洒乳化沥青与摊铺热沥青混合料一次成型。超薄罩面典型厚度是 15～25mm。使用范围：出现轻度纵向、横向裂缝、龟裂、脱皮、露骨、渗水或严重的脱粒、麻面和路面摩擦力降低的高等级路面；路基强度满足要求，路面变形不大的路面；粗糙度不足的路面。

超薄罩面具有延长路面寿命、改善行驶质量、校正表面缺陷、增加路面抗滑能力、提高道路安全性能、改善表面排水和减少路面轮胎噪声等功能。但施工工艺相对微表处复杂，需要采用专用施工设备和配备专业技术人员，对材料、设备的技术要求高；不能提高路面的高温抗变形能力和防止原路面的反射裂缝；由于面层较薄容易冷却又不宜使用振动压路机，因而不易达到较高的密实度。

在实施超薄罩面前需要对原沥青路面出现的明显病害进行挖补、灌缝处理，特别是桥面铺装层存在的连续点状坑槽需要提前修补好，最后统一对路幅宽度范围内的超车道、行车道和硬路肩摊铺超薄罩面。

薄层罩面施工和超薄罩面施工过程材料质量控制要求应符合《公路沥青路面养护技术规范》JTG 5142—2019 的相关规定。

3. 就地热再生

就地热再生类技术是指采用专用设备对沥青路面就地进行加热、翻松，掺入一定数量的新沥青、新沥青混合料、沥青再生剂等，经热态拌合、摊铺、碾压等工序，实现旧沥青路面面层再生的技术，包括复拌再生、加铺再生等。现场施工设备见图 3-2-7，它的优缺点对比见表 3-2-13，适用于需要预防或修复部分病害、恢复表面功能的沥青路面，其适用的各等级公路路况水平应符合表 3-2-14 的规定。就地热再生类技术的施工质量控制指标将在任务 3.3 有所涉及。

资源 3-7
沥青路面
就地热再
生施工

3.2.3 路面修复养护技术

在沥青路面出现病害或部分丧失服务功能的情况下，为恢复路面技术状况而进行的修复性养护工程，分为功能性修复及结构性修复两类。

功能性修复是针对路面结构的一般性损坏和功能衰减进行定期维修，以恢复至不低于路面原有技术状况的养护工程；结构性修复是针对沥青路面结构整体或部分发生严重破损或使用功能严重丧失的路段，实施恢复路面功能且不低于原路面结构承载能力为目的的养护。

图 3-2-7 沥青路面热再生试验段实施及施工设备

就地热再生类技术的优缺点　　　　表 3-2-13

优点	①旧路面混合料就地再生利用，不需要搬运废料过程及废弃物堆放场地； ②旧路面混合料100%再利用，可以节省新混合料的用量，经济效益显著； ③与以前的维修方法相比，影响交通及沿途居民的程度小，施工结束就可以开放交通； ④施工产生的振动、噪声比其他施工工法小，市区可以进行夜间作业
缺点	①由于使用专用机组进行连续机械化施工，此方法不适用于小型维修工程及难以确保连续机械化施工的工程； ②此维修方法是以路面面层为施工对象，损坏波及基层以下时，原则上不适用； ③此方法是在路上加热旧路面，较易受气温的影响，寒冷季节一般不宜施工； ④对于路面破损深度大于6cm的沥青混凝土路面无法有效维修

就地热再生适用的各等级公路路况水平　　　　表 3-2-14

路况指数或指标		高速公路	一级、二级公路
PCI、RQI		≥85	≥80
RDI		≥75	≥70
原路面沥青层厚度（mm）		≥（再生深度+30）	
再生深度范围内沥青混合料	沥青25℃针入度（0.1mm）	≥20	
	沥青含量（%）	≥3.8	
路面病害波及范围		主要集中在再生深度范围内	

沥青路面实施修复养护工程的目的：有效处治原路面或下承层的各类病害，并对病害处治进行动态设计；保证与原路面或下承层、新旧界面的粘结防水及其搭接平顺；工程实施后，路面技术状况各项指标接近或达到原路面设计标准。修复养护应根据养护设计单元，遵循分段设计、分类处理基本要求。其中，病害的分类处治流程见图 3-2-8。

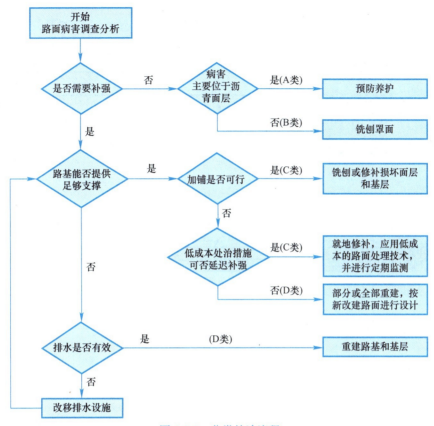

图 3-2-8　分类处治流程

由图 3-2-8 可知分类处治的结果分为 6 种，其中预防养护在 3.2.2 节已有详细描述，本节不再赘述，其他五种方案可归为铣刨重铺接下来对其重点阐述。

铣刨重铺方案就是对现有路面病害部位进行铣刨后统一铺筑沥青混凝土，是一种置换结构。路面病害部位铣刨后，喷洒一层 SBR 改性乳化沥青粘层油，增加新旧沥青面层之间的粘结性和防水性。铣刨重铺方案可以彻底消除病害，改善路面的平整度，恢复路面的功能，延长路面寿命。铣刨重铺适用于路面出现较大范围且数量众多的非结构性病害，如纵向、横向裂缝，严重车辙、龟裂等病害。该方案的缺点是工程投入费用较高。

图 3-2-9 为某公路管理中心养护工程路面维修工程沥青路面裂缝处理设计图，其中图Ⅰ-Ⅰ适用于铣刨重铺上面层的路段，当沥青上面层或中面层出现单一裂缝时（横向裂缝或纵向裂缝），且裂缝为轻微裂缝（缝宽小于 5mm），清除缝中杂物及尘土，用专用开槽机进行扩缝，宽度应大于裂缝本身宽度，不得少于 1cm，深度应控制在 1.5～2.0cm，采用密封胶灌封；如有严重裂缝（缝宽大于 5mm），应再向下处理至中面层底面，然后清缝、密封胶灌缝、贴抗裂贴处理。

图Ⅱ-Ⅱ适用于铣刨重铺上、中面层或全部面层的路段，当沥青上、中面层或基层顶面出现单一裂缝时（横向裂缝或纵向裂缝），按以上原则处治后，在沿裂缝两侧贴宽 50cm 的抗裂贴，然后铺筑路面结构层。沥青路面铣刨重铺施工现场见图 3-2-10。

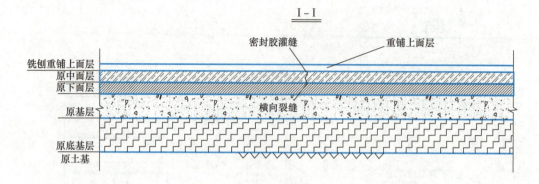

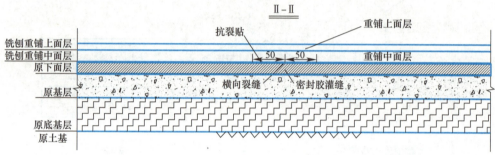

图 3-2-9　某公路管理中心养护工程路面维修工程沥青路面裂缝处理设计图施工现场

图 3-2-10　沥青路面铣刨和重铺施工现场

任务 3.3　沥青路面再生利用技术

【学习目标】

1. 了解沥青路面再生利用的意义。
2. 掌握不同沥青再生利用技术的施工工艺及区别。

【任务描述】

××路经过近 10 年的使用，该路段产生了比较严重的损坏，主要表现为龟裂、沉陷等病害，急需进行维修处理。弯沉测试结果表明大部分原路面结构层遭到比较严重的破坏，整个基层和面层都要进行彻底修复才能满足荷载要求。由于市政道路高程的限制,路面大修通常采用传统的挖补方案,这样不仅会产生约10万t废旧路面材料,而且造价高,维修时间长。试结合该工程项目的实际情况,提出采用再生利用技术进行大修的方案。

【相关知识】

截至2022年底,我国公路通车总里程突破535万km,每年产生的废旧沥青料超过2亿t,而再生利用率不足30%,造成很大资源浪费和环境污染。因此,利用再生利用技术对废弃旧料进行高效回收利用,制备成具有良好路用性能的再生沥青混合料继续用于道路建养,不仅能够节约大量的沥青和砂石原材料,而且能够有效地处理废料保护环境,具有显著的经济效益和社会效益,也是发展绿色交通、建设可持续交通体系的应有之义。沥青路面再生利用过程见图3-3-1。

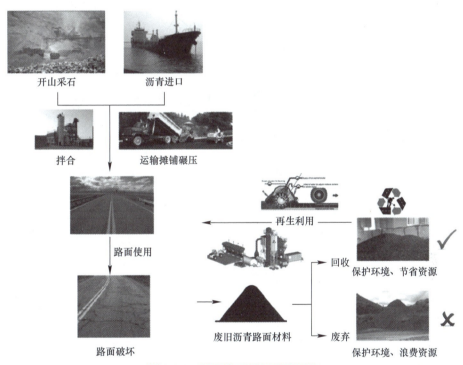

图3-3-1 沥青路面再生利用过程

3.3.1 厂拌热再生

1. 定义及适用范围

厂拌热再生是将旧沥青路面经过铣刨翻挖后运回拌合厂,再集中破碎,根据路面不同层次的质量要求进行配比设计,确定旧沥青混合料的添加比例,再生剂、新沥青材料、新集料等在厂拌拌和楼按一定比例重新拌制成新的混合料,从而铺筑成再生沥青路面。厂拌热再生适用范围见表3-3-1。

2. 施工工艺

再生沥青混合料的厂拌热再生施工工艺与普通热拌沥青混合料相比,增加了旧料回收、沥青混合料回收料（RAP）预处理和回收料的加热拌合三个步骤，其他与普通热拌沥青混合料工艺流程基本相同，见图 3-3-2。

厂拌热再生的适用范围　　　　　　　　　　　　　　　　　表 3-3-1

公路等级	再生层的结构层位				
	表面层	中面层	下面层	基层	底基层
高速、一级	可使用		宜使用		—
二级	可使用		宜使用		—
三级、四级	宜使用				—

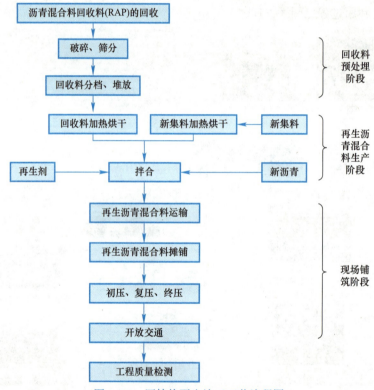

图 3-3-2　厂拌热再生施工工艺流程图

（1）沥青混合料回收料（RAP）的回收、预处理和堆放。在 RAP 回收阶段，应采取下列措施严格控制 RAP 变异性：在对旧路面状况充分调查、收集旧路面原始资料以及修补、养护记录的基础上，对不同路况路段分段铣刨；施工过程中铣刨速度、铣刨深度等工艺参数应保持稳定；记录不同的 RAP 信息。

RAP 在使用前应进行破碎、筛分等预处理。预处理后的 RAP，应根据不同料源、品种、规格分隔堆放，分别设立清晰的材料标识牌。预处理后的 RAP 在堆放时应将其沿水平方向摊开，逐层堆放。预处理后的 RAP 不宜长期存放，应避免离析、结团。

（2）拌合。再生混合料的拌合时间应根据具体情况经试拌确定，拌合的混合料应均匀、无花白料。干拌时间宜比普通热拌沥青混合料延长 5～10s，总拌合时间宜比普通热拌沥青混合料延长 10～30s。各阶段拌合时间宜在表 3-3-2 规定的范围内。拌合时应适当提高新集料的加热温度，但最高不宜超过 200℃；RAP 加热温度不宜低于 110℃，不宜超过 130℃；再生混合料出料温度应比相应类型的热拌沥青混合料高 5～10℃；拌合过程中应避免 RAP 过热或加热不足的情况。

厂拌热再生沥青混合料拌合时间　　　　　表 3-3-2

项目	RAP	再生剂	新集料	新沥青	矿粉
拌合时间（s）	10～15	10～15	10～15	15～20	20～25
总拌合时间（s）	55～75				

（3）运输。应选用载质量 15t 以上的自卸车运输厂拌热再生沥青混合料，自卸车数量应满足连续摊铺施工需要；运料车车厢宜做保温处理。运料车运输混合料时可采用苫布、棉被等覆盖保温，卸料过程中宜保持覆盖；运料车车厢板上不得使用柴油、废机油等作为防止沥青粘结的隔离剂或防粘剂。

（4）摊铺。再生混合料的摊铺温度宜比相应的热拌沥青混合料摊铺温度提高 5～10℃；再生混合料的松铺系数应由试验段确定；摊铺机熨平板预热温度应不低于 110℃。

（5）压实。再生混合料的压实温度宜在《公路沥青路面施工技术规范》JTG F40—2004）规定的对应的热拌沥青混合料压实温度基础上提高 5～10℃。

（6）养生及开放交通。再生路面的养生和开放交通，应符合现行《公路沥青路面施工技术规范》JTG F40—2004 对热拌沥青混合料路面的有关规定。

3. 施工质量控制

施工前按批次对预处理后的 RAP、沥青再生剂进行检验。施工过程中对预处理后的 RAP 的质量检验应符合《公路沥青路面再生技术规范》JTG/T 5521—2019 的相关规定。

4. 经济效益

某项目是在原有路面上进行修复，路线走向按原有路线布线，纵断高程按原有路面，纵坡不做调整，路基按原有路基宽度，路面设计参照原有路面，具体为路面结构为厚 4cm 中粒式沥青混合料（厂拌热再生）AC-16+ 厚 6cm 中粒式沥青再生混合料 AC-20（厂拌热再生），考虑到路段非封闭施工，铣刨后在基层面摊铺一层 0.6cmES-II 乳化沥青稀浆封层做为下封层。

以本项目为测算依据，分别对传统热拌加铺方式和厂拌热再生方式进行计算统计，对于一次性投资成本如拌合设备购置和必要工序如沥青混凝土的拌合、摊铺、压实等不列入比较项。对比结果见表 3-3-3，对比项所列单价根据养护工程定额和实际市场价确定，通过对比可发现：

沥青混合料两种生产方式成本对比　　　　　表 3-3-3

序号	比较项	数量单位	单价（元）	用量		合价（元）	
				传统加铺	厂拌热再生	传统加铺	厂拌热再生
1	旧路沥青面层铣刨	m²	6.2	—	16700	—	103540
2	旧料运输	m³	17.5	—	1896	—	33180

续表

序号	比较项	数量单位	单价（元）	用量		合价（元）	
				传统加铺	厂拌热再生	传统加铺	厂拌热再生
3	旧料破碎筛分	m²	17.2	—	1896	—	32611
4	9.5~16mm 集料	m²	83	485	428	40255	35524
5	9.5~19mm 集料	m²	83	582	521	48306	43243
6	4.75~9.5mm 集料	m³	83	592	422	49136	35026
7	0~4.75mm 集料	m³	83	765	502	63495	41666
8	矿粉	t	182	125	104	22750	18928
9	90 号沥青	t	4500	168	113	756000	508500
	合计费用					979942	852218

厂拌热再生方式需要对原路面进行铣刨，回收料需要运输、回收料应进行破碎筛分，较传统方式，三项共增加成本 169331 元。厂拌热再生方式由于旧料的加入，新填材料和沥青数量将会有不同程度的减少，较传统方式，六项共降低成本 297055 元。就本工程而言，共计减少成本 127724 元。

以上述每平方沥青混合料节约费用 7.65 元为测算标准，根据××市普通国省干线 2018 年至 2023 年的平均年罩面面积为 183191m²、年增加率 12% 计算，可得，在区域内推广厂拌热再生方式，每年将节约费用约 140 万元。对于一次性投入的新型整体式拌合设备按单台套 600 万元估值计算，约投资 4 年即可收回成本。随着回收料利用率的增高，成本将会进一步降低，经济效益十分可观。因此，通过对比分析厂拌热再生与普通热拌两种生产方式所产生的经济效益，厂拌热再生方式的经济效益较好。

3.3.2 就地热再生

1. 定义及适用范围

（1）定义

采用专用设备对沥青路面就地进行加热（图 3-3-3）、翻松，掺入一定数量的新沥青、新沥青混合料、沥青再生剂等，经热态拌合、摊铺、碾压等工序，实现旧沥青路面面层再生的技术。就地热再生技术分为加铺再生法和复拌再生法两种，技术流程图见图 3-3-4。

加铺再生法是直接将原沥青路面加热、耙松，添加适量的新料和再生剂，并在搅拌缸内进行热拌合，形成符合路用性能的再生混合料，通过摊铺形成路面的下面层，然后在其基础上加铺一层新沥青混合料作为磨耗层，两层一起碾压形成新的沥青路面。这一技术由于对原沥青路面混合料的级配不作修正与改变，通常适用于病害较轻的沥青路面整修或旧路面改造升级作业。

复拌再生法是将原沥青路面加热、翻松，现场添加适量的新沥青、再生剂，将其与新沥青混合料通过输送装置运输至搅拌杠进行热拌合，形成符合路用性能的再生混合料，通过摊铺压实形成符合路用性能的沥青路面。该再生方法对原沥青路面混合料的级配与油石比均作了修正与完善，适用于轻微或中等破损的沥青路面修复作业。

图 3-3-3　沥青混合料路面就地热再生施工现场及施工示意图

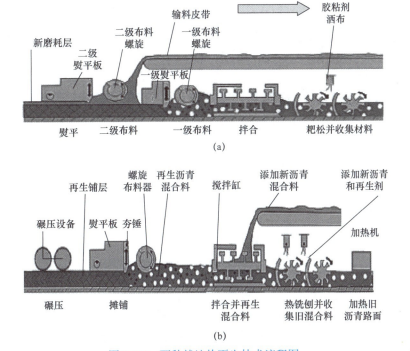

图 3-3-4　两种就地热再生技术流程图
（a）加铺再生法；（b）复拌再生法

（2）适用范围

就地热再生的适用范围见表 3-3-4。

2. 施工工艺

就地热再生技术工艺流程图见图 3-3-5，其中加热翻松与拌合、摊铺和厂拌热再生略有区别，有必要做出详细说明，现场关键环节施工见图 3-3-6。

就地热再生的适用范围　　　　　　　　　　表 3-3-4

公路等级	再生层的结构层位				
	表面层	中面层	下面层	基层	底基层
高速、一级	宜使用	可使用	—	—	—
二级	宜使用	—	—	—	—
三级、四级	不应使用	—	—	—	—

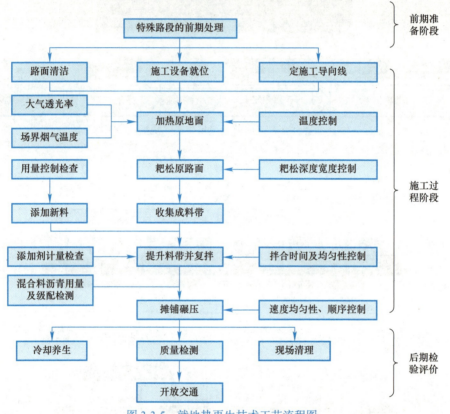

图 3-3-5　就地热再生技术工艺流程图

（1）加热、翻松与拌合

原路面应充分加热。不应因加热温度不足造成翻松时集料破损，也不应因加热温度过高造成沥青过度老化。再生机组各设备应保持合理间距，加热机和具备翻松功能的机具最大间距不宜超过 2m。原路面加热宽度比翻松宽度每侧应至少宽出 200mm。纵向裂缝搭接处，加热宽度应超过搭接边线 150～200mm。

翻松深度应均匀。翻松深度变化时应缓慢渐变。翻松面应有较好的粗糙度。翻松前路表温度，普通沥青路面应不高于 185℃，改性沥青路面应不高于 200℃。翻松后裸露面的温度，普通沥青路面应高于 85℃，改性沥青路面应高于 100℃。

（2）摊铺

摊铺速度应与加热设备行进速度保持协调一致，宜为 1.5～4m/min。摊铺混合料应均匀，无裂纹、离析等现象。根据再生混合料类型与再生层厚度，调整摊铺时振捣的频率

图 3-3-6 就地热再生技术现场关键环节施工
（a）、（b）现场路面加热及翻松状况；（c）、（d）复拌施工状况；（e）摊铺施工状况；（f）压实施工状况

与振幅，提高混合料的初始密实度。普通沥青再生混合料摊铺温度不宜低于120℃；改性沥青再生混合料摊铺温度不宜低于130℃；熨平板预热温度不宜低于110℃。

3. 施工质量控制

施工过程的材料质量检验应符合现行《公路沥青路面施工技术规范》JTG F40—2004的有关规定。就地热再生混合料施工过程中质量控制标准和施工过程中的工程质量控制应满足《公路沥青路面再生技术规范》JTG/T 5521—2019 的要求。

4. 厂拌热再生和就地热再生技术对比

沥青路面再生利用技术目前在我国发展比较迅速，特别是厂拌热再生和就地热再生两种热再生类型，在施工控制满足要求的前提下，施工后路面性能和混合料性能均能满足规范要求，本小节主要对厂拌热再生和就地热再生技术进行对比，分析两种再生方式各种的优点、缺点和适用范围，以便更好地促进两种再生技术的发展和应用。表3-3-5为两种热再生技术的区别对比。

厂拌热再生和就地热再生技术对比 表3-3-5

对比项	厂拌热再生	就地热再生
原路面材料的利用率	采用铣刨的方式收集原路面材料，由于收集过程中破坏了原路面混合料的级配和沥青膜，为保证施工后再生混合料性能，只能降低原路面材料的利用率，厂拌热再生原路面材料利用率不得大于30%	采用加热、翻松的方式对原路面进行处理，施工过程中不会破坏原路面混合料的级配和沥青膜，因此，就地热再生可实现原路面材料100%的就地循环再用
再生沥青混合料均匀性	在拌合楼，再生设备回收材料加热温度可以达到130~140℃，一定程度上避免了新旧沥青混合料的温度离析，原路面材料可分层铣刨，分层再生利用，再生沥青混合料相对均匀	通过再生设备实现再生混合料的拌合。施工过程中采用翻松方式对原路面材料进行收集，就地热再生施工后再生沥青混合料的均匀性受原路面沥青混合料影响很大
再生深度	路面材料铣刨后运输到拌合楼进行处理，因此其处理深度可根据路面情况进行调整，不仅可以实现上面层的再生，也可以实现中、下面层的再生，如沥青层的深层坑槽、龟裂等病害均可采用厂拌热再生进行处治	受施工工艺和施工设备限制，目前只能进行上面层的就地再生，即再生深度一般为4~5cm。如果面层坑槽、龟裂病害面积较小，可对病害进行处理后，再对上面层进行施工
施工环境	主要是对原路面材料进行回收时，采用铣刨方式进行收集，施工过程中噪声大、灰尘多，现场施工过程和传统的铣刨摊铺方式相同	对原路面采用翻松方式进行收集，施工过程中噪声小、无灰尘，且只需要封闭施工车道，其他车道可正常通行，尽可能减轻施工对交通的影响
设备要求	铣刨、摊铺、碾压等机械设备均采用传统施工设备即可，但是需要对拌合楼进行改造，即在原有沥青拌合楼的基础上增加一套厂拌热再生设备	拌合设备采用传统的沥青混合料拌合楼，但是施工设备除摊铺、碾压外均需要专业的热再生设备

就地热再生和厂拌热再生是两种发展迅速、应用前景广阔的再生方式，其中就地热再生在旧料利用、施工效率等方面有着良好的效果，而厂拌热再生在再生深度、再生沥青混合料均匀性控制等方面有着良好的效果。两种再生方式各有优缺点和适用性，在实际工程应用中，要根据工程具体情况具体分析，选择最适合的再生方式。

3.3.3 厂拌冷再生

冷再生技术施工简便、回收料掺量较大，是提高利用率最直接有效的措施，也是目前应用较为广泛的一项技术。该技术采用乳化沥青或泡沫沥青，辅以水泥，作为新的胶结料体系，将回收料粘结在一起，形成一定强度、稳定性的柔性材料。冷再生混合料组成见图3-3-7。

冷再生技术分为厂拌冷再生和就地冷再生。其中厂拌冷再生一般采用乳化沥青、辅以水泥的方式，在拌合场集中生产、输运到工地、摊铺碾压、养生后开放交通；就地

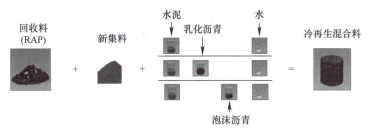

图 3-3-7　冷再生混合料组成

冷再生多采用泡沫沥青、辅以水泥的方式，就地冷再生技术对设备有较高的要求，需要配置一系列机具和设备，其中最关键的是沥青发泡设备。就地冷再生需要现场添加新集料及水泥，而且工地材料颗粒及性能变异性大，铺筑泡沫冷再生混合料施工质量控制难度较大。而厂拌冷再生混合料施工，回收料在拌合场分档检测后，集中拌合生产，可以充分控制质量，材料性能更加可靠。

1. **定义及适用范围**

厂拌冷再生是采用专用铣刨设备铣刨原沥青路面后，将铣刨料运至拌合站后进行破碎和筛分（必要时），并掺入适当比例的新集料、再生结合料、再生剂、活性填料（水泥、石灰等）及水等材料后经过常温拌合、摊铺、碾压等工序，实现旧沥青路面再利用的技术。适用于高速公路和一级、二级公路沥青路面的下面层及基层、底基层，三级、四级公路沥青路面的面层。当用于三级、四级公路的面层时，应采用稀浆封层、碎石封层、微表处等作为表面磨耗层。

厂拌冷再生的技术特点如下：

（1）铣刨的旧沥青混合料（同基层一起铣刨时，含基层材料）可以全部回收利用，降低了原材料成本，减少环境污染。

（2）用乳化沥青作为有机再生结合料以及水泥或石灰作为无机再生结合料，形成一种复合有机水硬性材料，提供足够的承载力。

（3）厂拌冷再生技术可以在常温下施工，无需加热设备，简化了施工流程，对环境有较好的适应性。

（4）与就地冷再生相比，对混合料配合比控制更为准确，提高路面平整度，保证路用性能。

2. **施工工艺**

（1）沥青路面回收料的回收、预处理和堆放

沥青路面回收料（RMAP）指采用铣刨、开挖等方式从沥青路面上获得的旧料，包括沥青混合料回收料（RAP）和无机回收料（RAI）。

不同料源、品种、规格的无机回收料（RAI）宜分开进行破碎、筛分等预处理。对于粒径超过 37.5mm 的 RAI，应使用破碎机进行破碎。根据再生混合料的最大公称粒径合理选择筛网尺寸，应将 RAI 筛分成两档或者三档。预处理后的 RAI 应分开堆放。

（2）拌合

生产泡沫沥青冷再生混合料时，沥青温度不应低于设计的沥青发泡温度。生产乳化沥青冷再生混合料时，乳化沥青应无结团、破乳现象，乳化沥青温度不应超过 60℃。拌

合时应随时检查各料仓出料口、沥青喷嘴、沥青泵、管道等是否受堵，发现堵塞时应及时清理。拌合后的冷再生混合料应均匀，无结团成块、流淌等现象。乳化沥青厂拌冷再生拌合工艺流程图见图 3-3-8。

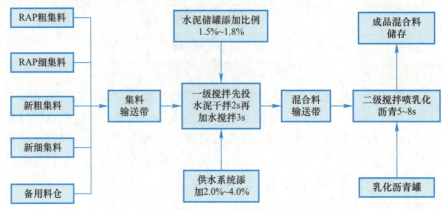

图 3-3-8 乳化沥青厂拌冷再生拌合工艺流程图

厂拌冷再生沥青混合料的运输、摊铺和压实工艺可对照第 3.3.1 节厂拌热再生的相关要求，本节不再赘述。

（3）养生及开放交通

冷再生层压实结束后应及时养生。乳化沥青或泡沫沥青冷再生层宜在封闭交通条件下自然养生，养生时间不宜少于 7d，不应少于 48h。养生时间达到 7d 的冷再生层，可进行下一步工序施工。当满足下列两个条件之一时，可提前结束养生：① 再生层使用 φ150mm 钻头的钻芯机可取出完整的芯样；② 再生层含水率低于 2%。

无机结合料再生混合料结构层宜选择洒水、薄膜覆盖、土工布覆盖、草帘覆盖、铺设湿沙、喷洒乳化沥青等方式进行养生，养生时间不宜少于 7d。在封闭交通养生 24h 后，可根据工程需要允许小型车辆通行，但应严格限制重型车辆。车辆行驶速度应控制在 40km/h 以内，并严禁车辆在再生层上调头和紧急制动。在养生完成后尚未加铺上层结构前，如需要车辆通行，宜采用封层进行表面处理。

3. 施工质量控制

无机结合料厂拌冷再生施工过程的材料质量控制和检验项目、频度、质量标准应符合现行《公路路面基层施工技术细则》JTG/T F20—2015 的有关规定。乳化沥青或泡沫沥青厂拌冷再生施工过程中的材料检验，乳化沥青或泡沫沥青厂拌冷再生混合料施工过程中的质量控制标准，乳化沥青或泡沫沥青厂拌冷再生施工过程中的质量控制标准均应满足《公路沥青路面再生技术规范》JTG T5521—2019 的相关要求。

4. 项目应用实例

【任务实施】

经过近 10 年的使用，该路段产生了比较严重的损坏，主要表现为龟裂、沉陷等病害，急需进行维修处理。以 1km 为评价路段，各路段的代表弯沉为 100～160（0.01mm）。弯沉测试结果表明大部分原路面结构层遭到比较严重的破坏，整个基层和面层都要进行彻底修复才能满足荷载要求。由于市政道路高程的限制，路面大修通常采用传统的挖补方案，这样不仅会产生约 10 万 t 废旧路面材料，而且造价高，维修时间长。

结合该工程项目的实际情况，经多方专家论证，认为采用冷再生技术进行大修的方案可行，且经济实用。最终决定采用就地冷再生和厂拌冷再生相结合的维修方案（图 3-3-9）。

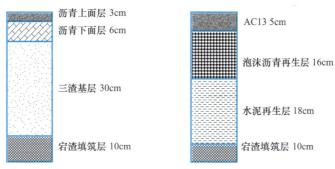

图 3-3-9　路面维修结构方案
（a）原路面结构；（b）再生方案

采用泡沫沥青厂拌再生柔性上基层和水泥就地再生半刚性底基层组合的复合式路面，不仅可以有效加固损坏的基层，还可以有效减少裂缝病害（图 3-3-8）。同时，原有废旧材料基本上可以再生利用，造价中等。综合技术经济指标，最终决定采用先铣刨 12cm 原路面结构层，再铣刨 11cm，然后对以下 16cm 三渣基层进行水泥就地再生。第 1 次沥青铣刨料添加部分新集料，进行泡沫沥青厂拌再生处理，泡沫沥青再生层压实后厚度为 16cm；水泥再生层压实厚度为 18cm；沥青层和泡沫沥青层间设置封层；最后加铺 5cm 普通沥青面层。

对原路面底基层采用水泥作为稳定剂进行就地再生处理，从而形成一个均匀的冷再生底基层，对现有病害的路面结构进行加固，增强结构层的强度，并为泡沫沥青再生基层提供坚固的支撑。将铣刨的沥青面层材料采用泡沫沥青厂拌再生，摊铺、压实后形成一个新的柔性再生基层，不仅增强了结构层的强度、抗疲劳和抗水损害的能力，而且可以有效地解决半刚性基层的反射裂缝问题。

任务 3.3 讲述了沥青路面再生利用技术，各种再生方式的主要区别汇总于表 3-3-6。

各种再生方式的主要区别　　　　　　　　　　　表 3-3-6

再生方式	拌合场所		拌合温度		再生涉及层位			结合料类型		
	路面现场	拌合厂	加热	常温	沥青层	非沥青层	沥青层+非沥青层	沥青、沥青再生剂	乳化沥青泡沫沥青	无机结合料
厂拌热再生		√	√		√			√		
就地热再生	√		√		√			√		
厂拌冷再生		√		√	√		√		√	√
就地冷再生	√			√	√				√	

注：使用乳化沥青或者泡沫沥青作为结合料时可同时添加水泥等无机结合料。

沥青路面再生利用技术的选用，要根据公路等级、路面状况、养护工程性质、交通量情况、施工环境、生产能力等因素，综合考虑。选用原则如下：

（1）沥青面层材料与基层材料——应分别回收并再生；

（2）路面大中修工程沥青面层材料——应优先考虑厂拌再生技术；

（3）用于路面中、下面层的再生沥青混合料——可优先选择厂拌冷再生技术；

（4）用于表面层的再生沥青混合料——选择厂拌热再生技术；

（5）路面表面功能的恢复工程——可选择就地热再生技术；

（6）基层材料再生利用——主要选择就地或厂拌冷再生技术。

任务 3.4　沥青路面养护工程实例

3.4.1　路面养护工作内容

1. 主要工作内容

通过调查情况，对病害原因进行初步分析，之后通过对不同病害路段的钻芯取样，确定病害原因，并提出修复治理方案。

本项目路面工程养护设计内容包括：沥青路面 PQI 提升工程和沥青路面破损（裂缝、连续坑槽及沉陷）修复工程。

2. 工程概况

××高速公路路线全长 217km，起止桩号为 K12+292～K229+705。其中Ⅰ线 K229+705～K157+650 为 72km，双向四车道，设计时速 60km，路基宽度 21.5m；Ⅱ线 K157+650～K12+292 为 145km，双向四车道，设计时速 80km，路基宽度 24.5m。××高速作为区域内的交通大动脉，自建成通车以来就一直承担着繁重的交通运输任务。为保持良好的路况、保证行车的安全舒适以及较高的道路服务水平，养护分公司在加强日常养护和维修保养的同时，多次对该路进行了预防养护、专项整治等养护工程。但是随着沿线交通量的不断增大及道路服务年限的不断增加，服务沿线的公路局部设施容易出现病害。

3.4.2　旧路现状

1. 原路面结构

各段落的路面结构型式见表 3-4-1。

××高速路面结构型式一览表　　　　表 3-4-1

段落范围	路面结构型式					备注
	上面层	中面层	下面层	基层	底基层	
K229+655～K193+401	4cm SMA-13（AC-13）改性沥青混凝土	6cm AC-20SBS 改性沥青混凝土	8cm ATB-25 沥青碎石	27cm 水稳碎石	18cm 水稳砂砾	
K193+401～K157+801	4cm SMA-13（AC-13）改性沥青混凝土	6cm AC-20SBS 改性沥青混凝土	10cm 乳化沥青冷再生下面层	29cm 水稳碎石	20cm 水稳砂砾	Ⅰ线
桥面铺装	4cm SMA-13（AC-13）改性沥青混凝土		5cm AC-20SBS 改性沥青混凝土			

续表

段落范围	路面结构型式					备注
	上面层	中面层	下面层	基层	底基层	
隧道	26cm 水泥混凝土板			20cm 水稳碎石	20cm 水稳砂砾	Ⅰ线
K157+801～K143+601	4cmAC-13SBS 改性沥青混凝土	6cmAC-20SBS 改性沥青混凝土	10cmATB-25 沥青碎石	32cm 水稳碎石	20cm 二灰土	Ⅱ线
K143+601～K12+242	4cmAC-13SBS 改性沥青混凝土	6cmAC-20SBS 改性沥青混凝土	10cmATB-25 沥青碎石	34cm 二灰土	20cm 二灰土	
桥面铺装	4cm SMA-13（AC-13）改性沥青混凝土		6cmAC-20SBS 改性沥青混凝土			
隧道	26cm 水泥混凝土板			20cm 水稳碎石	20cm 水稳砂碎石	

2. 历年养护维修状况

（1）2008～2009 年，养护公司对Ⅰ线上下行路面实施大修工程。

（2）2010 年，养护公司对Ⅱ线 K14+242～K155+801 等路段路面实施预防养护工程。

（3）2012 年，养护公司对 K16+242～K156+801 等 23 段实施中修工程。

（4）2013 年，养护公司对××高速公路上行方向 K122+245～K185+401、下行方向 K633+000～K692+000 等路段实施路面维修，并对部分桥面进行维修。

（5）2014 年，养护公司对××高速公路下行方向 K28+242～K42+242 等处实施了超薄罩面处理，对局部段落实施了铣刨重铺。

（6）2015 年，养护公司对××高速公路下行方向 K17+242～K19+242 等 98 段分别实施超薄罩面或铣刨重铺等养护处理。

（7）2017 年，养护公司对 K13+975～K68+890 等 141 段累计 55km 实施了铣刨重铺、换板、微铣刨以及微表处等养护措施。

（8）2018 年，养护公司对全线 138 处累计 75km 路段存在破损、抗滑指数不足等路面病害处实施了养护工程。

（9）2020 年，养护公司对全线 165 处单幅累计 40.998km 路段存在破损、抗滑指数不足等路面病害处实施了养护工程。

（10）2021 年，养护公司对全线 95 段累计 25.5km 路段存在破损、抗滑指数不足等路面病害处实施了养护工程。

（11）2022 年，养护公司对 PQI 连续 5km 小于 92 的路段进行了处治，主要为××隧道上下行水泥混凝土路面微铣刨，下行 K79+600～K80+200 等 4 段合计 2.67km 进行了铣刨重铺双层的处治。

3.4.3 路面技术状况检测与评价

1. 定期检测结果统计及分析

根据路面定期检查报告，对路面各检测指标进行统计分析，结果见表 3-4-2。

各单项指标评价结果统计表　　　　　　　　　　表3-4-2

评价指标	优		良		中		次		差		优等率(%)	优良率(%)	中及以下频率(%)
	长度(km)	占比(%)	长度(km)	占比(%)	长度(km)	占比(%)	长度(km)	占比(%)	长度(km)	占比(%)			
PCI	79	36.60	116	53.80	16	7.50	4	1.90	0.4	0.20	36.60	90.40	9.60
RQI	200	92.00	15	7.10	1	0.80	0.2	0.10	0	0.00	92.00	99.10	0.90
RDI	217	100.00	0	0.00	0	0.00	0	0.00	0	0.01	100.00	100.00	0.00
PBI	217	99.90	0	0.00	0.2	0.10	0	0.00	0	0.00	99.90	99.90	0.10
SRI	154	71.00	60	27.90	2.4	1.10	0	0.00	0	0.00	71.00	99.90	1.10
PSSI	205	94.70	11	5.30	0	0	0	0.00	0	0	94.70	100.00	0.00
PQI	186	86.00	23	11.00	6	3.00	0	0.00	0	0.00	86.00	97.00	3.00

依据《公路技术状况评定标准》JTG 5210—2018，××高速公里评价2022年度路面 RQI、RDI、PBI、SRI、$PSSI$ 优良率均在99%以上；PQI 优良率97%，PCI 优良率为90.4%；其中 PCI 评价为"中"的有16km，占比7.5%；评价为"次"的有4km，占比1.9%；评价为"差"有0.4km，占比0.2%。通过现场调查，评价为次、差路段大多为隧道水泥混凝土路面。

2. 养护类型划分

按照《公路沥青路面养护设计规范》JTG 5421—2018表5.2.1的规定，利用路面技术状况评价数据进行养护决策，可将养护段落划分为预防养护及修复养护。具体标准划分见表3-2-3和表3-2-4。

按照表3-2-3和表3-2-4对全线养护类型划分进行统计，统计结果见表3-4-3，全线部分路段 SRI 评价为中、RQI 指标为85~90，共计18段，累计长度18.2km，需要进行预防养护措施；需修复养护措施的共计20段，累计长度20.4km。

路面技术状况分类统计　　　　　　　　　　表3-4-3

路线编号	路线名称	路线检测总长度（上下行合计，km）	修复养护		占比(%)	预防养护		占比(%)
			段落	长度(km)		段落	长度(km)	
1	××高速	434.8	20	20.4	4.7%	18	18.2	4.2%

通过百米检测数据、实地探勘及交通量统筹分析，重点针对百米检测及实地踏勘对路面病害严重段落进行重点考虑，分析结果见表3-4-4，主要如下：修复养护段落中评定为中及中以下中公里数据中的小段落累计45段14.304km。

路面技术状况段落数据统计（百米）　　　　　　　　　　表3-4-4

路线编号	路线名称	修复养护段落总长度（中次差，km）	修复养护		占比(%)	预防养护		占比(%)
			段落	长度(km)		段落	长度(km)	
1	××高速	20.4	45	14.304	70.1%	13	4.66	25.6%

注：预防养护段落统计未包含隧道水泥混凝土路面微铣刨及"白改黑"段落。

3.4.4 现场调查情况及原因分析

本次调查发现，××高速受车辆荷载的作用，沿线部分沥青混凝土路面在运营一段时间后逐渐出现了轻微的车辙、较为严重的裂缝、桥面连片坑槽、路面抗滑指标衰减严重等病害，特别是裂缝现象突出。同时，通过检测报告发现部分隧道路段的路面抗滑不足、破损严重。这些病害降低了路面的服务水平，同时影响了沿线路容路貌。

通过路况调查可以看出，虽然部分轻微车辙和行车道轮迹带的疲劳裂缝正在发展中，但病害日趋严重，范围也在不断扩大，迫切需要尽早采取必要的养护维修措施处理，减缓病害的发展。

1. 调查段落确定

通过检测报告可知，本路段按公里评价的各项路况指标除 PQI 及 PCI 外，其余优良率均大于 99%，RDI 优良率 100%，整体路况较好。但通过现场调查可知，仍有部分小段落路段存在较为严重的路面病害。

在定期检测报告养护建议的基础上，通过外业调查采用逐段徒步调查方式，详细记录病害位置、发展程度，全面掌握沿线病害的具体分布情况。同时，以影响行车安全、病害轻重缓急及降本增效的主要原则确定拟实施段落。按本次路面养护项目，设计段落如表 3-4-5 所示。

养护项目、设计段落一览表（不含隧道水泥混凝土路面修复和换板工程） 表 3-4-5

项目名称	需养护部位/段落	位置	长度(m)	主要病害	备注
路面 PQI 提升工程	上行 K12+292-K12+400、K13+500-K14+000 等 16 段，下行 K16+320-K16+480、K20+900-K20+700 等 16 段，共 32 段	上下行	10798	连续 5km PQI 小于 92 的路段，主要病害为裂缝、抗滑衰减	沥青路面
路面破损（裂缝、连续坑槽及沉陷）修复工程	上行 K21+000-K21+200、K39+400-K39+500 等 16 段，下行 K17+350-K17+400、K31+300-K31+500 等 11 段，共 27 段	上下行	8246	纵向横向裂缝密集、龟裂及不规则裂缝发育，部分路段连片坑槽	沥青路面

2. 现场调查及分析

为了进一步掌握路面病害情况，合理确定病害处治范围，分析病害产生的原因。项目组于 2022 年 10 月组织专业技术人员通过人工调查、走访养管人员等途径，结合检测评定结果、分公司及管理所巡查发现病害段落以及现场巡查病害段落，逐段现场进行勘察。

本次××高速路面 PQI 提升工程主要针对连续 5km 及以上，且 PQI 低于 92 的路段，路面破损修复工程主要针对沥青混凝土路面各类病害处治。

（1）路面破损病害现状

依据检测报告可知，××高速 PCI 为中及以下路段占比 9.6%；通过现场调查，裂缝类为本路段的主导病害，全线均有分布。多数明显裂缝经过了日常养护灌缝处理，封水效果较好，但路容较差；还有部分裂缝未经灌缝处理（图 3-4-1）。

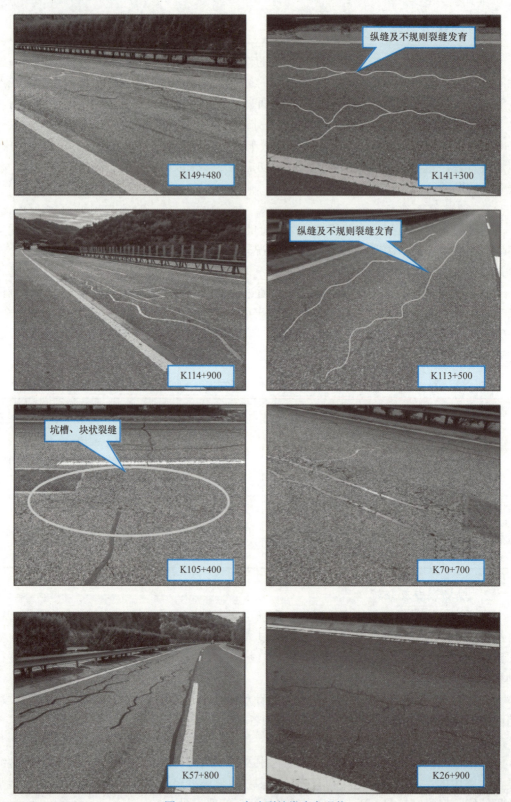

图 3-4-1 ××高速裂缝类病害现状

该路段裂缝类病害的主要表现形式有纵向、横向裂缝、龟裂、不规则裂缝，特别是轮迹带处的纵向裂缝分布较多、不规则裂缝发育，导致部分路段的沥青路面松散、脱落，逐渐形成坑槽。

（2）路面破损病害原因

① 沥青混凝土路面上的裂缝主要是低温收缩裂缝及半刚性基层收缩裂缝产生的横向裂缝两种类型，都属于非荷载型裂缝。

② 经现场调查可知，纵缝一般产生在轮迹带处，少数路段伴随龟裂。该类裂缝主要是行车道行车荷载反复作用的结果，属于疲劳裂缝。疲劳裂缝是由于沥青面层的弯曲引起的，而不是始于沥青混合料面层底部向上扩展，这时顶部的应变虽然低于底部，但沥青面层顶部材料比底部材料更容易变脆而形成裂缝。

③ 块状裂缝和龟裂多分布在行车道、超车道轮迹带上，面积较大，且部分已发展形成坑槽。此类裂缝产生的原因一般有两种：疲劳损坏和沥青原因。疲劳损坏是产生块状裂缝和龟裂的最主要原因，在行车荷载的反复作用下，沥青面层和其下的半刚性基层等整体性材料逐渐失去承载能力，疲劳破坏就会产生，这种破坏会逐渐在轮迹带上形成裂缝。沥青混合料低温脆硬、严重的沥青老化等，也可能在沥青路面表面形成块状裂缝和龟裂。

3. 钻芯取样

设计前对该路段路面横向、纵向裂缝较为密集的路段进行了钻芯取样，分别量取各层厚度，对芯样外观以及各面层、基层连接情况进行记录。全线共取芯 6 处，现场照片见图 3-4-2，取芯分析见表 3-4-6 所示。

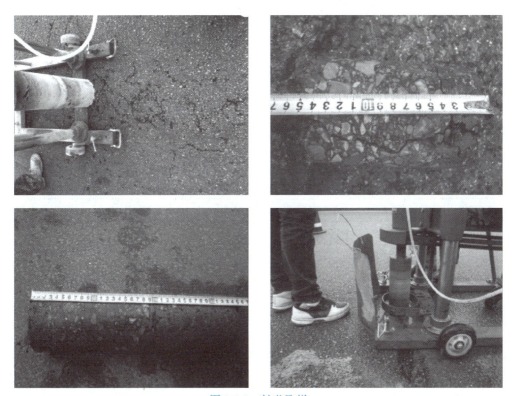

图 3-4-2　钻芯取样

钻芯取样分析表　　　　　　　表 3-4-6

行车方向	取芯桩号	取芯处病害类型	沥青面层总厚度（cm）	芯样完整性及表面状况	层间粘结情况	基层完整性判断
下行	K98+360	行车道纵向裂缝及不规则裂缝	19.7	芯样完好，裂缝贯穿面层，集料无明显孔隙，面层芯样完整	面层粘结较好，基层与面层粘结较差	基层完整
上行	K69+800	行车道纵向裂缝及不规则裂缝	19.9	芯样完好，裂缝贯穿面层，集料无明显孔隙，面层芯样完整	面层粘结较好，基层与面层粘结较差	基层完整
上行	K57+300	行车道纵向、横向裂缝及不规则裂缝	20.0	芯样面层和基层分开，裂缝贯穿上、中面层，上面层集料空隙较多，下面层结构密实良好	面层粘结较好，基层与面层粘结较差	基层完整
上行	K73+710	行车道纵向、横向裂缝及不规则裂缝	20.0	芯样面层和基层分开，裂缝贯穿上、中面层，上面层集料空隙较多，下面层结构密实良好	面层粘结较好，基层与面层粘结较差	基层完整
上行	K105+300	行车道纵向、横向裂缝及不规则裂缝	20.0	芯样面层和基层分开，裂缝贯穿上、中面层，上面层集料空隙较多，下面层结构密实良好	面层粘结较好，基层与面层粘结较差	基层完整
上行	K119+100	行车道纵向、横向裂缝及不规则裂缝	19.7	芯样面层和基层分开，裂缝贯穿上、中面层，上面层集料空隙较多，下面层结构密实良好	面层粘结较好，基层与面层粘结较差	基层完整

3.4.5 沥青路面处治方案对比

本次沥青路面养护维修方案根据本公路现有的路面状况、病害类型和严重程度、交通荷载、环境条件、养护经费、各方案的使用寿命、经济效益等因素综合确定。各类型路面处治方案对比表见表 3-4-7。

路面处治方案对比表　　　　　　　表 3-4-7

方案类型	微表处（0.6cm）	超薄罩面（2cm）	加铺罩面（4cm）	铣刨重铺（4cm）	就地热再生（4cm）
适用性	轻微病害	轻微病害	一般性病害	各类病害	轻微病害
施工要求	一般设备	专用设备	一般设备	一般设备	专用设备
施工速度	快	较快	较快	较快	快
使用寿命	2～3 年	3～5 年	4～8 年	4～8 年	4～6 年
地区应用情况	常用	较少	较少	常用	较少
造价（元/m²）	48	70	75	90	70

从本路段沥青路面目前病害类型及严重程度来看，全线沥青路面破损类型主要以路面开裂为主，而微表处、超薄罩面、就地热再生不能修复严重的块状裂缝、纵向、横向

裂缝级连片坑槽，适用范围有限。

加铺罩面方案虽然有施工快速、造价相对较低、使用寿命较长等优点，但在近年来高速公路的养护项目中已很少使用。一方面是加铺罩面路面标高抬高，会引起路侧护栏有效高度降低和分离式立交桥桥下净空不足；另一方面加铺罩面无法准确针对单车道进行病害处治，只能全幅加铺，浪费较大。

综上所述，针对目前的病害严重程度及病害特点，结合近几年××高速公路养护工程各病害路段的处治经验，可选用铣刨重铺作为本次路面养护设计的面层处治方案，预防养护方案采用微表处。

思考与练习 3

扫描二维码可做题自测。

思考与练习 3

公路养护技术与管理
GONGLU YANGHU JISHU YU GUANLI

项目 4

公路水泥混凝土路面养护

项目4　公路水泥混凝土路面养护

【项目导读】

《公路"十四五"发展规划》明确了"十四五"时期,是开启加快建设交通强国新征程,推动公路交通高质量发展的关键期。公路交通的需求质量,将由"保基本、兜底线"向"悦其行、畅其流"转变。因此新时期水泥混凝土路面养护面临着两大关键任务,一是提高养护效能,二是进行旧路面的提质改造。

本项目依据《公路技术状况评定标准》JTG 5210—2018、《公路养护技术标准》JTG 5110—2023、《公路水泥混凝土路面养护技术规范》JTJ 073.1—2001、《公路养护工程质量检验评定标准　第一册　土建工程》JTG 5220—2020,首先介绍了常见水泥混凝土路面病害识别及处治方法、水泥混凝土路面的养护类型、作业内容、养护对策和养护措施,并融入"四新"。其次,基于绿色环保理念介绍了水泥混凝土路面改造和水泥混凝土路面再生利用技术。最后,通过典型工程案例将全部知识点贯穿起来,达到融会贯通、活学活用的目标。

【知识目标】

1. 认识水泥混凝土路面病害类型、判别标准,掌握水泥混凝土路面常见病害的处治措施。
2. 认识水泥混凝土路面养护类型,掌握预防养护和修复养护的工作流程和作业方法。
3. 认识水泥混凝土路面再生利用技术。

【能力目标】

1. 能进行常见病害成因和严重程度的分析,并制定养护方案。
2. 能根据公路技术状况评定结果确定日常养护、预防养护和修复养护类型,并制定具体的养护方案。
3. 能编制水泥混凝土路面再生利用施工方案。

【素养目标】

1. 培养科学养护的意识和成为公路养护工作者的责任感、使命感。
2. 培养节约、环保的养护理念和创新意识。
3. 培养为人民提供满意交通的服务意识。

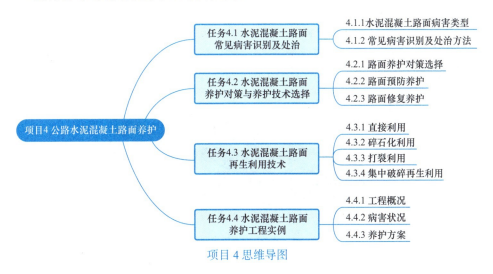

项目 4 思维导图

任务 4.1　水泥混凝土路面常见病害识别与处治

【学习目标】

1. 认识水泥混凝土路面病害类型和判别标准。
2. 掌握水泥混凝土路面常见病害的处治措施。
3. 培养科学养护的意识。

【任务描述】

S 省道 K0+000~K5+000 段为水泥混凝土路面，日常维护较好，尚未出现严重病害。某年 3 月中旬，连续多日天气晴朗，管养单位拟对路面局部病害进行修补，经过巡查发现 K1+010 和 K1+145 处各有一处病害，见图 4-1-1。请识别病害类型并进行局部修补。

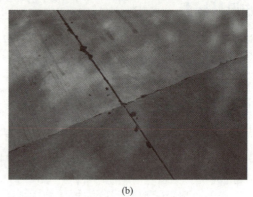

(a)　　　　　　　　　　　　　　　　(b)

图 4-1-1　S 省道局部病害图

（a）K1+010 处病害；（b）路面 K1+145 处病害

【相关知识】

水泥混凝土路面具有强度高、稳定性和耐久性好、成本低和使用寿命长等优点，在我国国道、省道及农村公路中得到了广泛应用。截至 2022 年末，全国公路里程 535.48 万 km，公路养护里程 535.03 万 km，其中水泥混凝土路面 326.19 万 km，占比约 60.92%。因此，水泥混凝土路面养护是公路养护的重要任务之一。

与沥青混凝土路面相比，水泥混凝土路面是刚性结构（图 4-1-2），由于接缝的存在

资源 4-1
水泥混凝土路面面层施工

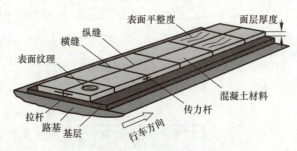

图 4-1-2　水泥混凝土路面构造图

以及水泥混凝土自身的低韧性,在行车荷载和自然环境的长期作用下,水泥混凝土路面常常会出现裂缝、断板、板底脱空、接缝损坏等病害,修补更困难。

公路三分建、七分养,必须在技术状况检测与评定的基础上进行科学养护,让路面保持良好状态,才能充分发挥水泥混凝土路面使用寿命长的特点。坚守养护岗位,护佑一段路,造福一方百姓,是公路养护人的职责与使命担当。

4.1.1 水泥混凝土路面病害类型

准确识别病害类型和严重程度,分析其成因,是科学选择处治方法的前提。根据病害位置、成因、破坏机理,以及对路面使用性能的影响,水泥混凝土路面病害可以分为断裂类、接缝类、板底支撑劣化类、表层损坏类和竖向位移类。主要病害类型和损坏形式见表4-1-1。

水泥混凝土路面病害类型和损坏形式　　　　表 4-1-1

序号	病害类型	主要表现形式
1	断裂类	裂缝、板角断裂、破碎板
2	接缝类	接缝料损坏、边角剥落
3	板底支撑劣化类	板底脱空、唧泥、错台
4	表层损坏类	坑洞、露骨
5	竖向位移类	沉陷、拱起

4.1.2 常见病害识别及处治方法

1. 断裂类病害

(1) 裂缝

裂缝是指水泥混凝土路面板块上开裂且只有一条裂缝的情况,按长度(m)计算。由于接缝会对其两侧路面使用性能产生较大影响,检测结果应用影响宽度(1.0m)换算成损坏面积。损坏表现形式见图4-1-3(a)和(b)。

① 产生原因

混凝土路面刚性大,在行车荷载和温度应力的作用下,结构薄弱部位容易产生裂缝。同时环境因素如气候、温度、湿度等也会对混凝土路面的裂缝产生影响,比如温差导致的温缩裂缝、湿度导致的干缩裂缝等。

② 损坏程度判别

裂缝损坏程度分为轻度、中度和重度。轻度为裂缝宽度小于3mm,一般为未贯通裂缝;中度为裂缝宽度3~10mm;重度为裂缝宽度大于10mm。

③ 处治方法

根据裂缝的缝宽、缝深和板块断裂程度,可采用直接灌浆法、扩缝灌浆法、条带罩面法和全深度补块法。四种方法的适用情况见表4-1-2。

裂缝修补宜在春秋季节天气干燥时进行,对于轻度裂缝,可以用环氧树脂胶液等浆

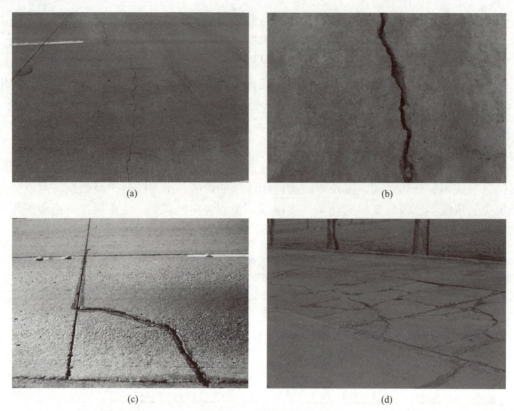

图 4-1-3　断裂类损坏
（a）轻度裂缝；（b）重度裂缝；（c）板角断裂；（d）破碎板

裂缝病害处治方法及适用情况　　　　　　　　　　表 4-1-2

裂缝处治方法	适用情况
直接灌浆法	适用于宽度小于 3mm 的轻微裂缝
扩缝灌浆法	适用于宽度 3~10mm 的中度裂缝
条带罩面法	适用于贯穿全厚的 3~15mm 的中等裂缝
全深度补块法	适用于宽度大于 15mm 的严重裂缝

体直接灌缝进行表面封闭；对于未贯穿的中度裂缝，可以用扩缝工具扩宽沟槽并清缝后填入石屑和灌缝浆液进行封闭；对于贯穿全厚的中等裂缝，可采用条带罩面法；对于严重裂缝，应采用全深度补块法修复。实际工作中根据裂缝的表现情况，可以将上述方法结合使用，灵活处理。

（2）板角断裂

板角断裂是指裂缝与纵横接缝相交，且交点距板角小于或等于板边长度一半的损坏类型，见图 4-1-3（c）。

①产生原因

板角断裂主要是由于接缝料损坏后，路表水进入板底，地基承载力降低，接缝处出现唧泥，板底形成脱空，接缝传荷能力进一步变差，再加上重载等因素综合作用所致。

② 损坏程度判别

板角断裂按损坏面积（m^2）计算，损坏程度判别标准：轻度为裂缝宽度小于3mm；中度为裂缝宽度为3~10mm；重度为裂缝宽度大于10mm。

③ 处治方法

轻度和中度板角断裂可以参照裂缝进行修补，严重板角断裂应该凿除破损部分后重新浇筑混凝土进行修复。按破裂面的大小确定切割范围（一般为与接缝平行的矩形），凿除破损部分，加设传力杆后浇筑混凝土修复。如果基层不良，还需要先处治基层。

（3）破碎板

裂缝纵横交错，将板块分为3块及以上的，称为破碎板，严重时会伴有松动、沉陷和唧泥等现象，见图4-1-3（d）。

① 产生原因

有裂缝的面板在基层和路基浸水软化及车辆荷载反复作用下继续损坏将导致破碎板的形成，尤其是大型载重车辆的重载反复作用是导致破碎板的主要原因。

② 损坏程度判别

破碎板按破碎的板块面积（m^2）计算，损坏程度判别标准：轻度为板块被裂缝分为3块及以上，破碎板未发生松动和沉陷；重度为板块被裂缝分为3块及以上，破碎板有松动、沉陷和唧泥等现象。

③ 处治方法

轻度破碎板可以参照裂缝进行修补后维持使用，但如果相邻板块也破碎，应一并进行整板更换。重度破碎板需要整板更换，一般用风镐将整块板凿除，处治好基层后，重新浇筑混凝土板，养生至强度达到通车要求后开放交通。

2. 接缝类病害

（1）接缝料损坏

接缝料损坏是指水泥混凝土路面接缝填料老化、脱空、渗水，甚至被砂、石、土等填塞的损坏，见图4-1-4（a）。

 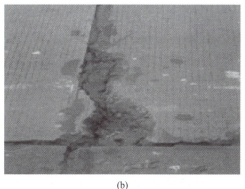

(a) (b)

图 4-1-4　接缝类病害
（a）接缝料损坏；（b）边角剥落

① 产生原因

水泥混凝土路面的接缝有缩缝、胀缝和施工缝三类。缩缝是在混凝土硬化过程中，每隔一定间距切割的横缝与纵缝，防止因混凝土降温收缩、干缩等形成无规则裂缝；胀缝是有障碍物限制混凝土路面热胀的地方设置的接缝；施工缝是在混凝土浇筑施工不连续，停顿部位设置的接缝，一般应尽可能与缩缝或胀缝重合。接缝是水泥混凝土路面的薄弱部位，为了确保路面质量，接缝都要进行填料封闭，然而在路面投入使用一段时间后，接缝料往往会出现老化现象，从而导致接缝类病害的产生。

② 损坏程度判别

接缝料损坏分为轻度和重度，轻度指填料老化，不密实，尚未剥落脱空，未被砂、石、土等填塞；重度指三分之一以上接缝出现空缝或被砂、石、土填塞。

③ 处治方法

日常应对接缝进行适时的保养，保持接缝完好，表面平顺。根据填缝料状态，可采取的措施见表 4-1-3。

填缝料日常保养措施　　　　表 4-1-3

填缝料状态	采取措施
填缝料凸出板面	高速公路、一级公路超出 3mm，其他等级公路超过 5mm 时应铲平
填缝料外溢	填缝料外溢流淌到接缝两侧面板，影响路面平整度和路容时应予清除
杂物嵌入接缝	杂物嵌入接缝时应予清除，若杂物系小石块及其他坚硬物时，应及时剔除

当发生轻度损坏时应进行补封处理，重度损坏应立即更换填缝料。更换时应用清缝机清除接缝中的旧填缝料和杂物，并用压缩空气将缝内残余灰尘吹净，然后用嵌缝机填灌填缝料。灌缝的时间应避开夏季缝最窄的时节，最适合在春秋季较干燥的时间进行。根据不同的接缝类型合理确定填缝料灌注厚度。灌缝不宜过满，应留出 1~2mm 的预挤压高度，防止夏季填缝料挤出被车轮带走。灌缝后，须保证必要的养护时间，不宜过早开放交通。

（2）边角剥落

边角剥落是指水泥混凝土路面沿接缝方向出现的碎裂和脱落，裂缝面与板面成一定角度，见图 4-1-4（b）。

① 产生原因

产生原因是接缝填料脱落，有石子等坚硬材料进入，阻碍了板的膨胀变形，或者接缝处混凝土强度不足，传荷设施（传力杆）设计或设置不当（未正确定位、锈蚀等）、接缝施工质量差、重载反复作用等。

② 损坏程度判别

按损坏程度分为轻度和重度，轻度为板边上的碎裂和脱落；中度为板边上的碎裂和脱落，接缝附近水泥混凝土有开裂。重度为板边上的碎裂和脱落，或接缝附近水泥混凝土多处开裂，开裂深度超过接缝槽底部。

③ 处治方法

轻度剥落，可以对接缝进行修补，然后将剥落的表面清理干净，用沥青混合料或接缝材料修补平整。当板边严重剥落时，可用条带罩面法进行修补。如果板边全深度破碎，可用全深度补块法进行修补。

3. 板底支撑劣化类病害

板底支撑劣化类病害包括唧泥、板底脱空和错台，这三种损坏形式相关性较大，须综合分析，选择处治措施。

（1）产生原因

水泥混凝土路面通车后，在交通荷载和环境的作用下，会逐渐在板块和基层之间出现空隙，即产生局部脱空，或称之为原始脱空区。如果路面产生断裂类或者接缝类病害，路面的雨水就会沿着这些缝隙进入原始脱空区，浸入的水在车辆荷载作用下在板下流动，冲刷基层表面。在反复的挤压和抽吸作用下，动水与基层材料中的细料形成泥浆，沿接缝缝隙喷溅而出，形成唧泥，见图4-1-5（a）。唧泥导致脱空面积进一步增大，导致更严重的板底脱空损坏，见图4-1-5（b）。此外，板底脱空会导致水泥混凝土路面不均匀沉降，使接缝或裂缝两侧板面出现高程差，即形成错台，见图4-1-5（c）。

图 4-1-5　板底支撑劣化类病害
（a）唧泥；（b）板底脱空；（c）错台；（d）灌浆稳板技术处治板底脱空

（2）损坏程度判别

唧泥和错台均按长度（m）计算，检测结果应用影响宽度（1.0m）换算成损坏面积，唧泥损坏不分级。错台按损坏程度分为轻度和重度，轻度为接缝两侧高差为5～10mm；重度为接缝两侧高差大于或等于10mm。

脱空无法目测，因此路面损坏调查时未列入，在日常巡查中，脱空可采用敲击方式、拖铁链或车辆通过时的颤动程度判断，如果要进一步确定准确的脱空位置，可以通过检测弯沉或用地质雷达进行判别。

（3）处治方法

发现唧泥病害后，需要先进行板底脱空处治，然后进行接缝维修。在施工前，必须先通过弯沉测定确定脱空位置，经检测路表弯沉超过 0.2mm 的，可以确定为存在板底脱空。脱空处一般可采用灌浆稳板技术进行板下封堵，见图 4-1-5（d）。

灌浆稳板技术的原理是通过注浆管，施加一定压力将浆液均匀注入板底脱空部位，以充填、渗透、挤密等方式，注入板底脱空、积水和基层裂隙中，通过凝结和硬化，浆液将原来的松散颗粒或裂隙胶结为整体，形成较高的强度，恢复板体与地基的连续性，改善板底受力状态。目前，灌浆技术已经比较成熟，关于灌浆新材料的研发较多，表 4-1-4 对比了传统灌浆材料和三种新材料，在实际工程中可根据具体情况选用。

水泥混凝土路面灌浆材料对比　　　　　　表 4-1-4

项目	材料类型	主要组分	材料特点及适用情况
1	水泥浆材料	水泥、粉煤灰、水、外加剂等	传统灌浆材料，造价低，适用于交通量较轻、重载比例较小或无重载交通公路的裂缝和较轻微的板底脱空。也可以将普通水泥替换为高性能水泥，改善浆体密实度、强度和耐久性
2	水泥砂浆材料	水泥、砂、水、外加剂等	传统灌浆材料，造价低，适用于交通量较轻、重载比例较小或无重载交通公路的裂缝和板底脱空处治，也可以添加粉煤灰等掺合料
3	地聚合物灌浆材料	钢渣、矿渣、高钙粉煤灰、高岭土、碱激发剂	新型材料，将工业废渣矿物活性成分等材料通过碱激发剂形成胶凝体结构的无机高性能高分子胶结材料，地聚合物材料具有自硬性好、粘结力强的性能。分为普通型地聚合物和快凝早强型地聚合物，普通型地聚合物适合交通量一般、重载比例不大的公路基层处治。快凝早强型地聚合物适合高速公路、交通量大或重载交通公路基层处治
4	乳化沥青灌浆材料	乳化沥青、水泥、粉煤灰、高分子表面活性剂等	新型材料，胶凝后会形成介于普通水泥混凝土和沥青混凝土之间的半刚性材料，温度敏感性低、抗裂性和防渗性良好，适用于高速公路翻浆、唧泥等病害的灌浆治理
5	环氧树脂灌浆材料	环氧树脂主剂、改性剂、活性稀释剂、固化剂等	新型材料，具有粘结性能强、固化收缩率低、强度高等优点，在各类混凝土裂缝修补和补强中广泛应用

错台的处治方法有磨平法和填补法两种，可按错台的轻重程度选定。对于高差小于或等于 10mm 的错台，可采用磨平机磨平，或人工凿平。对于高差大于 10mm 的严重错台，可采取沥青砂或水泥混凝土进行处治。

4. 表层损坏类病害

表层损坏类病害包括坑洞和露骨。坑洞是指水泥混凝土路面表层出现的直径大于 30mm、深度大于 10mm 的坑槽，见图 4-1-6（a）。露骨是指板块表面细集料散失、粗集料暴露或表层松散剥落，见图 4-1-6（b）。

（1）产生原因

坑洞形成的原因较多，例如设计、施工、养护处理不当、施工质量控制不到位，或者受气候、环境、地质、水文等自然因素影响,或车辆的运行和超载导致路面破损等。比如由于冻融或膨胀等原因,导致粗集料从混凝土中脱落,或某些车辆掉落硬物的撞击等。

露骨的原因包括施工不当、水灰比过大或水泥的耐磨性差等,表层的水泥在行车作用下很快磨损或剥落,导致集料外露。

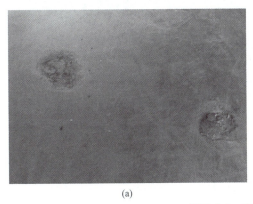 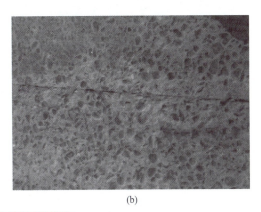

(a) (b)

图 4-1-6 表层损坏类病害
(a) 坑洞;(b) 露骨

(2)损坏程度判别

坑洞损坏应按坑洞或坑洞群的包络面积(m²)计算,不分级。露骨均按面积(m²)计算,不分级。

(3)处治方法

单独的个别坑洞,可以用风镐人工凿成矩形的直壁槽,用压缩空气吹净界面后用细石混凝土等材料填补,并达到平整密实。对较多坑洞连成一片的,用薄层修补法进行修补,即用切割机将破损区域切割为与路中线平行或垂直的矩形槽,深度6cm以上,清理界面后用混凝土补平。

对于轻微的表层磨损或细集料散失,应加强观察。较明显的露骨可以参照薄层修补法进行修补。

5. 竖向位移类病害

竖向位移类病害主要是指沉陷和拱起。沉陷是路面局部下沉,多为板底脱空或破碎板导致,可根据成因进行统计和处理。拱起是指横缝两侧板体高度大于10mm的抬高,见图4-1-7(a)。

(1)产生原因

水泥混凝土路面的缩缝,如果设计不合理或施工时质量管控不佳,导致缝过窄,当路表温度较高时,相邻面板受热膨胀挤压超过预留的伸缩余地,就会导致拱起;或缩缝正常,但长期高温,板块过大膨胀也会造成挤压拱起,这种情况在南方的夏季比较多见。

(2)损坏程度判别

拱起按涉及板块的面积(m²)计算,不分级。

图 4-1-7　竖向位移类病害
（a）拱起；（b）挖除拱起板块

（3）处治方法

板端轻微拱起但路面完好时，应根据拱起程度，计算要切除部分板块的长度。先将拱起板块两侧附近 1~2 条横缝切宽，待应力充分释放后切除拱起端，逐渐将板块恢复原位，然后清理接缝，并填灌接缝料。

如果拱起严重，板端发生断裂或破损，可以挖除部分板块，然后按裂缝维修中的全深度补块法处理，见图 4-1-7（b）。

如果是因硬物夹入发生的拱起，应将硬物清除干净，使板块恢复原位，并清理接缝内杂物和灰尘，灌填缝料。

【任务实施】

1. 病害分析

经调查和分析，K1+010 处病害为裂缝，裂缝宽度为 10~15mm，裂缝不深，判别为中度裂缝，裂缝未贯穿，但因局部缝边有破碎情况，因此选择采用条带罩面法进行处治。先沿裂缝两侧进行切割，切割后无需安装传力杆，直接用细粒径水泥混凝土修补。K1+045 处为接缝料损坏，约有 1/3 的接缝料脱落，由于近期天气晴朗，无雨水侵入，因此尚未出现唧泥和板底脱空病害，管养单位决定对整条接缝进行填缝料的更换。

2. 病害处治过程

（1）条带罩面法修补裂缝施工过程

条带罩面法修补裂缝的施工流程为：布置养护作业区→标识划线→切缝→凿除→清理→冲洗→搅拌→修补→刻纹→清理→开放交通。施工过程见图 4-1-8，工艺要求如下：

①标识划线。选定需要修补的区域，用白色石屑标记。标记时以裂缝中心为中轴线，在裂缝两侧画平行线，线要笔直、平行。

②切缝。沿裂缝两侧各约 3~5cm 处，锯出两条深 6~10cm 深的切缝，切缝宽度 10~15cm。

③凿除。用风镐凿除划线范围的混凝土，凿除深度一般为板厚的二分之一（8~10cm），凿除时应从划线内区域向外凿除，避免出现唧边现象。

④清理、冲洗、湿润。先用空气压缩机彻底吹干净被凿除的混凝土槽体底面及四周，

切缝四条直边用毛刷或铁抹再次清理干净,不得有浮灰,再用高压水枪充分冲刷并湿润清理好的修补区域底面及四周;修补前不得有明水,若有明水,用高压风枪或海绵、抹布将明水清理干净。

⑤搅拌。根据修补区域面积计算所需修补材料用量,尽量做到一次性铺装,等待所有施工工序充分准备完毕后方可进行搅拌。

图 4-1-8　扩缝灌浆法修补水泥混凝土裂缝
(a)标识划线;(b)切缝后凿除;(c)清理后冲洗;(d)搅拌修补料;
(e)修补;(f)刻纹

⑥修补。将搅拌均匀的修补料倒入冲刷干净的长方体槽里,立即用振动棒振捣密实,

振捣时先从边缘和角隅处按顺序振捣,然后再全面振捣。同一位置振捣时间不宜过长,直至混凝土不下沉、不冒气泡、并泛浆为准。

⑦刻纹。在修补材料初凝时,根据原有路面实际情况用刻纹滚筒进行刻纹处理。

⑧清理。施工完成后应及时清理施工现场,要及时清除混凝土拌合物凝固的结块,特别是搅拌材料的搅拌器械、施工工具及地面,避免因修补材料粘接造成不必要的损失。

⑨养护、开放交通。根据灌缝需要,灌缝封闭后立即进行洒水并覆盖塑料薄膜进行养护。待修补材料养生到规定时间后,解除隔离,开放交通。

(2)更换填缝料施工过程

更换填缝料的施工过程:布置养护作业区→清扫→清缝→压背衬条→灌缝→开放交通。关键工序的工艺要求如下:

①清缝。由于接缝无明显破损,用清缝机清除接缝中的旧填缝料和杂物,用铁钩将旧的背衬材料勾出,然后用压缩空气将缝内残余的灰尘吹净。

②压背衬条。嵌入遇水膨胀的泡沫条作为背衬材料,可以起到支撑和防水的作用。

③灌缝。此次修补采用常温施工的沥青胶泥,直接将填缝料灌入接缝,填灌饱满后刮平,见图4-1-9。

 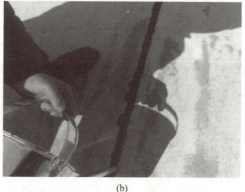

(a)　　　　　　　　　　　　　　(b)

图4-1-9　常温填缝料灌缝
(a)沥青胶泥填缝料;(b)填灌填缝料

3. 施工质量控制

(1)接缝料损坏修补后,填缝料填封应饱满、密实,均匀平整;填缝料与接缝内侧壁结合牢固,无漏灌之处;接缝料损坏修补后,不应出现空缝、渗水、被砂石土填塞的现象。

(2)裂缝修补后施工质量应符合:修补处与原板高差不超过2mm,构造深度0.5～0.9mm,修补后不出现渗水情况。

任务4.2　水泥混凝土路面养护对策与养护技术选择

【学习目标】

1.认识水泥混凝土路面养护作业类型和作业内容。

2. 掌握预防养护和修复养护的作业方法。
3. 能根据水泥混凝土路面技术状况检测与评定结果，选择合适的养护对策。

【任务描述】

水泥混凝土路面养护工作必须贯彻"预防为主、防治结合"的方针，通过日常的巡视观察，及早发现病害，查清原因，及时采取适当的措施，有计划地进行修理和改善，以保持路面状况的完好。S省道K10+000~K15+000路段为连接某景点的旅游道路，一级公路，路面形式为水泥混凝土路面，通车时间为2年。年初委托某检测公司进行了路面损坏技术状况调查与评定，其中K11+000~K12+000路段的 PCI=90、RQI=85、SRI=72，发现的主要问题是存在较大面积的磨光，见图4-2-1（a），路面抗滑性能急剧下降，交通事故增长率明显上升。此外，个别板块存在裂缝等局部病害，见图4-2-1（b）。

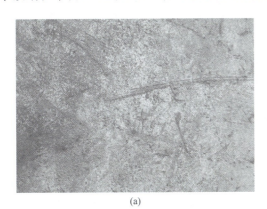 

(a)   (b)

图4-2-1   S省道K10+000~K15+000路段路况调查图
（a）路面抗滑性能下降；（b）局部裂缝病害

管养单位以"为人民群众出行创造更加安全的公路交通环境"为宗旨，拟开展路面抗滑性能处治，请根据调查结果制定养护对策和方案。

【相关知识】

根据《公路养护技术标准》JTG 5110—2023，水泥混凝土路面养护类型可以分为日常养护和养护工程两大类。养护工程可以分为预防养护、修复养护、专项养护和应急养护，各种养护类型对应的作业内容见表4-2-1。

水泥混凝土路面养护类型及内容　　　　　　　　表4-2-1

养护类型		作业主要内容
日常养护		1. 清除路面泥土、积沙、杂物、散落物、积水、积雪和积冰等； 2. 铺撒路面防冻和防滑料等； 3. 疏通路面排水设施； 4. 清缝、填缝料局部填补或更换，局部裂缝、坑洞、角隅断裂、错台和脱空等病害处治
养护工程	预防养护	水泥混凝土路面整路段防滑、防水、防剥落或提高平整度等表面处治，板底脱空处治和接缝材料集中清理更换等

续表

养护类型		作业主要内容
养护工程	修复养护	1. 水泥混凝土路面裂缝、断裂和破碎等的修复或换板； 2. 水泥混凝土路面整体结构破坏的结构形式改造或结构加铺； 3. 配套路面修复，标志、标线、护栏、路缘石及分隔带开口等的恢复和完善
	专项养护	1. 为提升服务功能的路段或路线交叉改建工程； 2. 为提升结构强度的路面大规模改建或重建工程； 3. 为提升承载能力或抗灾能力等的危旧桥梁改造专项行动； 4. 为提升交通安全保障水平的交通工程及沿线设施完善增设或升级改造等工程； 5. 为提升抗灾能力的地质灾害防治工程； 6. 为恢复公路服务功能的灾后恢复工程； 7. 其他如"畅安舒美"示范公路创建工程等
	应急养护	1. 清理自然灾害及其他突发事件造成的障碍物； 2. 公路突发损毁的抢通、保通和抢修； 3. 可能危及交通安全的重大安全隐患处治

4.2.1 路面养护对策选择

1. 养护路段筛选

在选择水泥混凝土路面养护对策之前，根据公路等级、交通需求、养护资金等因素先确定养护需求，然后确定养护目标和使用年限，再初步筛选养护路段。当养护单元的路面技术状况检测与评定结果，任一项目不符合表4-2-2中的极限值时，应进行养护。

水泥混凝土路面养护质量极限值　　　　　表 4-2-2

项目		技术状况极限值	检测方法
裂缝板率（%），≤		10	按《公路技术状况评定标准》JTG 5210—2018 规定的方法进行裂缝、破碎板、接缝料、跳车和错台的统计
破碎板率（%），≤		2	
接缝料损坏率（%），≤		3	
路面跳车10m长车道纵断面高差 Δh（cm），≤		8	
错台（mm），≤		10	
板底脱空率（%），≤		20	按《公路路基路面现场测试规程》JTG 3450—2019 检测弯沉，确定脱空位置
平整度	RQI，≥	70	按《公路路基路面现场测试规程》JTG 3450—2019 检测平整度
	3m 直尺合格率（%）	5mm 合格率≥60	
抗滑性能	BPN，≥	40	按《公路路基路面现场测试规程》JTG 3450—2019 检测抗滑性能
	SRI，≥	80	
板角弯沉（0.01mm）	FWD，≤	30	按《公路路基路面现场测试规程》JTG 3450—2019 检测弯沉

项目4 公路水泥混凝土路面养护

续表

项目		技术状况极限值	检测方法
板角弯沉（0.01mm）	贝克曼梁弯沉仪，≤	40	按《公路路基路面现场测试规程》JTG 3450—2019 检测弯沉
传荷能力（%），≥		60	

注释：
① 养护质量极限值是必须采取措施予以改善和提高的界限值，表中所列限值适用于高速公路、一级公路，二级、三级、四级公路可根据实际情况调整。
② 裂缝板率和破碎板率是检测路段中破裂严重、板块松动、需要整板更换的板块数占该路段板块数的百分率。
③ 接缝料损坏率为检测路段接缝料损坏总长度占检测路段接缝总长的百分率。
④ 板底脱空率是检测路段存在脱空的板块数占该路段板块数的百分率。
⑤ 3m 直尺用于局部路面平整度检测。
⑥ 摆式仪抗滑值 BPN 用于评价局部路面抗滑性能。
⑦ 传荷能力定义为 $w=y0/y1$，$y0$ 为非受荷端弯沉，$y1$ 是受荷端弯沉。

2. 养护对策选择

根据公路网级路面技术状况评定的 PCI、RQI 和 SRI，可以参考表 4-2-3 确定需要进一步开展的专项调查检测内容、养护类型和养护方案。

水泥混凝土路面养护对策选择矩阵　　　　　　　　　　　表 4-2-3

公路等级	PCI	RQI	SRI	专项调查检测	养护类型	作业重点
高速公路、一级公路	≥80	≥80	≥80	脱空率	预防养护	小修保养、板底灌浆
	≥80	≥80	≥60，<80	脱空率、横向力系数、交通事故情况、线形	预防养护	刻槽、薄层罩面
	≥80	<80	≥80	脱空率、错台	预防养护+修复养护	板底灌浆、错台处治
	≥80	≥60，<80	≥60，<80	脱空率、错台、横向力系数、交通事故情况、线形	预防养护+修复养护	板底灌浆、刻槽、错台处治、罩面
	≥60，<80	≥60，<80	≥80	破碎板率、裂缝板率	预防养护+修复养护	裂缝板封缝、破碎板更换
	≥60，<80	≥60，<80	≥80	破碎板率、裂缝板率、脱空率、错台	预防养护+修复养护	裂缝板封缝、破碎板更换、板底灌浆
	≥60，<80	≥60，<80	≥60，<80	破碎板率、裂缝板率、脱空率、错台、横向力系数、交通事故情况、线形	预防养护+修复养护+专项养护	裂缝板封缝、破碎板更换、板底灌浆、路面改造
二级公路	≥75，<90	≥70，<90	—	破碎板率、裂缝率、脱空率	预防养护	裂缝密封、更换填缝料、表面刻槽、错台磨平、薄层罩面
	≥75，<90	<70	—	破碎板率、裂缝率、接缝传荷能力、脱空率、接缝损坏	修复养护	全厚式现浇修复、换板、路面改造
	<75	—	—			

155

续表

公路等级	PCI	RQI	SRI	专项调查检测	养护类型	作业重点
三级、四级公路	≥70, <90	—	—	根据实际需要确定	预防养护	板底灌浆、裂缝密封
	<70	—	—	根据实际需要确定	修复养护	全厚式现浇修复、换板、路面改造

除上表所列情况以外，对于路面跳车纵断面高差 $\Delta h > 8cm$ 路段，应专项调查破碎板率、裂缝板率，分析跳车原因。属路基沉陷的，宜采取路床路基灌浆、板底灌浆、更换破碎板和裂缝密封等方法进行专项养护。

4.2.2 路面预防养护

水泥混凝土路面刚性大，一旦发生破坏，破坏很容易扩展，造成更严重的损坏。预防养护是在路面整体性能良好但有轻微病害时，为延缓性能过快衰减、延长使用寿命而预先采取的主动防护工程。

1. 预防养护工作流程

预防养护要对养护措施选择和养护时机选择进行费用效益分析，寻求最大效益费用比。采取的具体养护措施应满足环境、生态保护、安全施工、质量检测的要求，应减少对通行车辆的影响。预防养护的工作流程参考图 4-2-2。

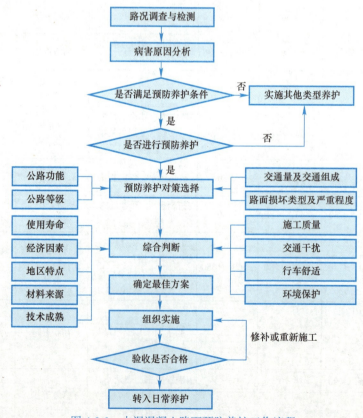

图 4-2-2 水泥混凝土路面预防养护工作流程

2. 预防养护时机

预防养护是在原水泥混凝土路面结构稳定的基础上，在恰当时机，采取合理的养护技术措施，恢复路面的使用性能，最终实现全生命周期的延长。为了确定恰当的预防养护时机，管养单位需要通过日常及周期性路况调查和检测建立路况数据库，及时掌握路面技术状况，当达到表 4-2-3 的预防养护控制指标时进入预防养护时间段。

进入预防养护时间段之后，应密切关注病害发展趋势，综合考虑经济因素、养护计划以及施工条件等因素，最终确定一个预防养护最佳时机。水泥混凝土路面常用的预防养护措施的时机可参考表 4-2-4，结合现场实际情况确定。

水泥混凝土路面常用预防养护措施的时机　　　　表 4-2-4

措施	实施最佳时机	寿命周期（年）
灌缝、补缝	即时实施	2～3
微表处	通车后 2～4 年	2～4
板底注浆	通车后 3～5 年	3～5
薄层罩面	通车后 3～5 年	3～5
全厚修补	通车后 3～5 年	3～5

3. 预防养护措施选择

实施水泥混凝土路面预防养护，对于局部病害应该早发现、早处治。根据水泥混凝土路面预防养护的主要内容，针对局部病害，可以采取的预防养护措施及适用范围见表 4-2-5。

水泥混凝土路面常用预防养护措施及适用范围　　　　表 4-2-5

预防养护内容	主导损坏类型	程度分级	养护对策									
			灌缝	补缝	板底注浆	快速修补	研磨	全厚修补	薄层罩面	微表处	刻槽	精铣刨
病害修复	裂缝	轻	▲	—	—	▲	—	—	▲	—	—	—
		中、重	△	▲	—	▲	—	▲	—	—	—	—
	边角剥落	轻	▲	—	—	▲	—	—	△	—	—	—
		中、重	△	▲	—	▲	—	▲	—	—	—	—
	接缝料损坏	—	▲	▲	—	▲	—	—	—	—	—	—
	露骨	—	—	—	—	▲	—	—	▲	▲	—	—
	拱起	—	—	▲	▲	—	—	▲	—	—	—	—
	错台	—	▲	—	▲	—	▲	—	—	—	—	—
	唧泥	—	▲	—	▲	—	—	—	—	—	—	—

续表

预防养护内容	主导损坏类型	程度分级	养护对策									
			灌缝	补缝	板底注浆	快速修补	研磨	全厚修补	薄层罩面	微表处	刻槽	精铣刨
表面处治	综合处治	—	—	—	—	—	—	—	▲	▲	—	—
	抗滑处治	—	—	—	—	—	—	—	—	▲	▲	▲

注：▲—推荐使用；△—慎重使用。

4. 水泥混凝土路面表面处治

针对大面积出现的路表轻微病害，或水泥混凝土路面容易出现的抗滑性能下降的问题，需要进行整段的表面处治，具体包括刻槽、精铣刨、水泥微表处、薄层罩面等处治措施。

（1）刻槽

刻槽法是一种常见的水泥混凝土路面抗滑处治方法，采用电动刻槽机，对磨光的路面，进行刻槽处理，可以恢复路面抗滑性能（图4-2-3）。

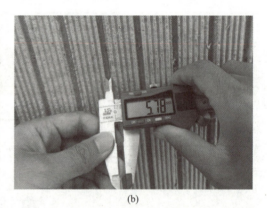

图 4-2-3 刻槽施工
（a）刻槽；（b）检测槽宽

刻槽的施工工艺要点包括：

① 确定槽走向。槽走向分横向和纵向，横向刻槽的走向和行车方向是垂直的，纵向刻槽和行车方向是平行的。横向刻槽摩擦系数更高，在普通路段应用较多。纵向刻槽，可以减少侧滑和因横向风力作用产生碰撞的情况，多在易发生侧滑的路段使用。

② 确定槽宽、槽深和槽间距。电动刻槽机刻出的槽宽一般宽3~5mm，深度6~10mm，间距20~25mm，施工中，工作人员通过综合考量后确定。

③ 施工质量控制。

水泥混凝土路面刻槽时，刻槽机具应满足设计刻槽宽度和槽间距的施工要求；刻槽走向应满足设计要求。刻槽施工后，外观质量方面，槽的走向应顺直，槽的深浅、疏密应一致，实测项目应符合《公路养护工程质量检验评定标准 第一册 土建工程》

JTG 5220—2020 的要求。

（2）精铣刨

精铣刨是标准铣刨工艺的变种，精铣刨的刀间距较标准铣刨更小，刀具更多，工艺要求更高。精铣刨设备见图 4-2-4，刀间距一般小于或等于 8mm，因此铣刨后的路面纹理间隔为 3～8mm，最大铣刨深度为 50mm。精铣刨主要用于改善路面抗滑性能、恢复路面平整度及横坡度、去除交通标线，或为路面加铺做下卧层表面处治。

 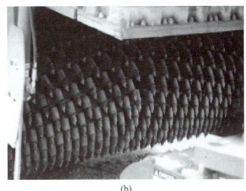

(a)　　　　　　　　　　　　　　　(b)

图 4-2-4　精铣刨设备

(a) 铣刨机；(b) 精铣刨转子

刻槽与精铣刨都是直接对原路面进行物理处理，通过机器的刀具制造构造深度，从而恢复路面的抗滑性能。这两种方法的优缺点对比见表 4-2-6。

刻槽与精铣刨对比　　　　　　　表 4-2-6

项目	刻槽	精铣刨
优点	①刻槽机体积小，操作方便，技术难度低； ②刻槽机价格低廉，刻槽成本小，易操作； ③适用于局部小范围的刻槽	①纹理更细，对原路面损伤小； ②铣刨料少，回收方便，环保经济； ③机械化程度高，一台铣刨机搭配一辆自卸汽车，施工速度快，适用于隧道路面、高速公路桥面等大面积施工
缺点	①刻槽产生的粉尘较大，需要用大量水冲洗，不环保； ②劳动效率低，需要较长时间封闭交通，横向胎噪大，抗滑力衰减严重，容易侧滑	①铣刨次数有限，不能无限循环使用该方法； ②铣刨施工时，面板接缝处容易扩大

（3）水泥微表处

水泥微表处是一种水泥混凝土路面预防养护的新技术，是在普通微表处的基础上引入高性能超细水泥与水、工程精砂和强度等级 42.5R 以上的普通水泥混合而成。

高性能超细水泥采用纳米技术，含有丙烯酸和乙酸乙烯酯有机合成的高分子聚合单体，有助于在路表面快速凝结成一层柔性膜，在膜内部又形成一种复杂的强有力的网状结构，紧紧包裹集料，与原路面联结在一体，施工效果见图 4-2-5。

水泥微表处可完成路面的裂缝、剥落、麻面等多种病害的修复，修复厚度 6～30mm，可用于超薄修补和路面重修。在路基路面稳定的前提下，使用寿命可长达 3 年以上。采用人工施工，机动灵活，占道少，减小了施工对交通的影响，可用于交通量大、重载车多的路面、桥面、防滑人行道等路面的养护及预防养护，目前主要在陕西周边地区应用，其优缺点见表4-2-7。

图 4-2-5 水泥微表处施工
（a）水泥微表处施工；（b）处治效果

水泥微表处的优缺点　　　　　　表 4-2-7

优点	① 能很好地解决路表剥落、集料外露、麻面、油浸等病害，且修复后与原水泥混凝土路面颜色接近，不影响原有路面路容； ② 具有良好的不透水性、防腐蚀性（抗盐、碱、酸、油污等）以及较高的抗磨耗与抗滑性能； ③ 固化速度快，养护时间短，施工后 10h 左右便可开放交通； ④ 比热沥青薄层罩面具有更好的封层效果； ⑤ 与普通微表处相比，防水密封效果更好
缺点	① 采用的超细水泥为非常规材料，造价高，影响其推广应用； ② 采用人工施工，大范围使用时效率低，影响推广使用

（4）薄层罩面

当水泥混凝土路面表面病害密集、平整度不佳、抗滑性能严重不足、表面抗磨耗性能差，噪声大等情况同时存在时，可以采取薄层罩面法，恢复路面的综合使用性能。薄层罩面技术起源于20世纪70年代后期的法国，之后在欧美各国广泛使用。应用初期以Nova chip® 系列产品为代表，经过不断地推广应用和技术革新，目前薄层罩面技术的产品已扩展至 SMA、OGFC RAP 等高性能路面材料，从沥青路面预防养护发展到水泥混凝土路面养护，表现出更加显著的应用价值和发展前景。

① 薄层罩面技术

薄层罩面技术种类的区分主要以级配类型与铺筑厚度为分类标准，级配类型的确定与其结构特点和使用功能直接相关。薄层罩面层厚较小，不同地区的厚度范围存在一定差异性，普遍为 15～35mm，面层厚度直接影响级配设计中最大公称粒径的确定，根据集料最大公称粒径，主要分为 4.75mm、9.5mm 和 13.2mm 三类。级配种类亦分为密级配、半开级配与开级配 3 种。不同级配类型的薄层罩面技术如表 4-2-8 所示。

除表 4-2-8 中所列之外，国内也出现了很多薄层罩面新材料，例如易密实高弹超薄罩面（EMC-10）、TOL 超韧极薄罩面、HVT 超黏韧罩面、橡胶沥青极薄磨耗层罩面、复合型环氧树脂薄层罩面等。综合来看，超薄罩面的铺筑厚度一般在 4cm 以下，采用的混合料中粗集料粒径多在 10mm 以内，沥青多采用高黏沥青，具有良好的抗磨耗、抗滑性能。与普通罩面相比，可以节省原材料，施工效率更高、环保性更强。

不同级配类型的薄层罩面技术　　　　表 4-2-8

级配类型	薄层罩面种类	应用情况
密级配	SMA-10 SAC-10 ACG-10 Sup-10	铺筑厚度一般为 25~35mm，实际应用中以 SMA-10 最为普遍。集料最大公称粒径为 9.5mm 的密级配薄层罩面可有效增加路面抗滑能力，兼顾了降噪的需求。在渗水方面，密实型混合料用作表面层主要表现为低透水性能，原路面的水稳定性可得到改善，但无法有效改善雨天行驶的可视性与安全性
半开级配	Nova Chip®	铺筑厚度一般在 25mm 左右，采用由壳牌公司生产的专用 Nova Binder 改性沥青作为超薄罩面胶结料，玄武岩作为粗集料，石灰岩研磨矿粉作为填料。半开级配的组成特点介于间断密级配与开级配之间，具有一定的排水性能，在中国一般用作超薄罩面。目前该技术在广东、福建、江苏、浙江、甘肃等地均有应用
开级配	OGFC-10 OGFC-13	骨架空隙结构赋予其良好的抗滑、降噪和排水特性，但为保障耐久性需提高沥青用量并引入纤维类材料，施工成本相对提高，在北京、江苏、广东等地有应用

② 水泥混凝土路面薄层罩面施工工艺

虽然薄层罩面种类很多，但施工工艺基本相同，薄层罩面的施工流程见图 4-2-6。

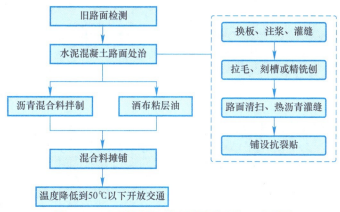

图 4-2-6　水泥混凝土路面薄层罩面施工流程图

③ 应用案例

三柳高速超薄罩面工程面积达 350 万 m²，是我国目前最大单体高速公路水泥路面超薄罩面养护工程。三柳高速全长 168.729km，于 2017 年 1 月建成通车，是广西最晚通车的水泥混凝土路面高速公路，为沿线数个贫困县脱贫攻坚发挥了重要作用。然而，水泥混凝土路面行驶舒适性欠佳、易扬尘，难以满足当地人民日益增长的安全舒适出行需求。

为提升三柳高速舒适性和安全性，针对广西北部夏季高温高湿、冬季冰冻的特点，开展广泛调研，对超薄罩面层间粘结、抗水损害、抗裂和耐久性等研究论证，最终选用旧路面铣刨 1.5~2cm+ 溶剂型胶粘剂（GS）防水粘结层 +1.8cm 易密实高弹超薄罩面（EMC-10）的加铺方案，项目实施过程见图 4-2-7。

该项目于 2021 年 7 月完成试验路施工，2021 年 8 月开始全线摊铺施工，2021 年

12月完成摊铺施工，施工效率是传统人工机械的10倍以上。交工检测数据显示，三柳高速国际平整度指数（IRI）由3.14提升至1.18，横向力系数（SFC）由69.1提升至80.0，抗滑性能显著提升。

图4-2-7　广西三柳高速超薄罩面工程
（a）洒布溶剂型胶粘剂；（b）铺抗裂贴；（c）EMC-10混合料摊铺；（d）碾压层厚；
（e）养护前路容；（f）养护后效果

4.2.3　路面修复养护

20世纪80年代，我国水泥混凝土路面开始迅速发展，2010年底，全国水泥混凝土路面总里程137万km，到2022年底达到326万km。但是，高速公路、一级公路水泥混凝土路面的设计年限一般为 30 年，低等级公路为 10~20 年。经过这些年的使用，相当一部分水泥混凝土路面破坏严重，正面临着修复、改造工作。为了满足我国公路交通高质量发展的新要求，现阶段，我国水泥混凝土路面修复养护的两项主要任务：一是对水泥混凝土路面裂缝、断裂和破碎等进行修复或换板，二是针对水泥混凝土路面整体结构破坏形式进行提质改造或结构加铺。

1. 水泥混凝土路面换板

当水泥路面破损较为严重，尤其是出现断板破碎时，需进行路面换板，换板方式分为全厚式现浇修补法和预制拼装修补法。

（1）全厚式现浇修补法

全厚式现浇修补法是一种传统的换板方法，施工时，先将破碎的面板挖除，然后浇筑新的水泥混凝土板块，由于技术难度小，施工方便，应用比较广泛。

① 施工工艺流程（图 4-2-8）

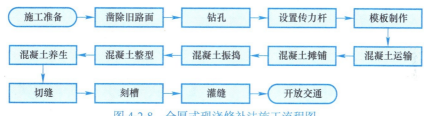

图 4-2-8 全厚式现浇修补法施工流程图

② 水泥混凝土路面换板质量控制标准

全厚式现浇修补法换板时，应采用厂拌水泥混凝土，水泥混凝土 28d 抗折强度必须达到 5.0MPa 以上，运到施工现场的坍落度应为 50~70mm。所有原材料均应符合现行相关规范要求。

施工中旧面板凿除施工不应对相邻板造成扰动和损伤，基层损坏和强度不足的应按设计要求进行修复。基层表面应平整、无浮土。接缝位置、规格、尺寸及传力杆、拉杆、钢筋网位置应符合设计要求。

水泥混凝土路面换板后，外观质量应符合下列要求：混凝土板表面脱皮、印痕、裂纹、石子外露和缺边掉角等缺陷，高速公路和一级公路不得超过受检面积的 0.3%，其他公路不得超过 0.4%。新板应表面平整，刻纹均匀、深度一致。实测项目应符合《公路养护工程质量检验评定标准 第一册 土建工程》JTG 5220—2020 的要求。

③ 修复效果

全厚式现浇修补法施工效果见图 4-2-9。

（2）预制拼装修复法

预制拼装修复法是将破碎面板全部挖除后，采用面积为 2.5m×2m 及以上的水泥混凝土预制块，对面板进行更换及部分修补的技术，该技术目前在广西、河北等地均有应用。相比于全厚式现浇法，预制拼装快速修复技术具有维修时间短、成本低、耐久性好、不受气候条件的影响等优点。

① 施工工艺

在板块拼装前，必须完成以下准备工作：混凝土板块的预制、需更换的旧混凝土板块

(a)　　　　　　　　　　　　　　(b)

图 4-2-9　全厚式现浇修补法施工效果图
（a）换板前；（b）换板后

破除、相邻的旧混凝土板开槽（为了保证预制拼装板块与相邻板块的传荷能力）以及基层的处治与找平。在预制板块吊装前所有准备工作完成后，需要进行板块的运输、吊装、板块调平、传力杆（拉杆）预留槽回填、预制板的底部灌浆及接缝处理等关键工序，见图 4-2-10。

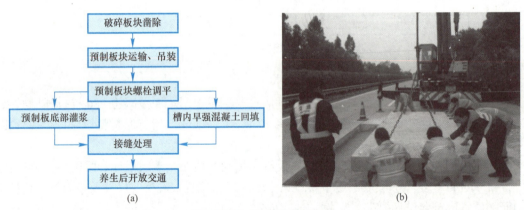

(a)　　　　　　　　　　　　　　(b)

图 4-2-10　预制拼装法施工
（a）施工流程图；（b）吊装过程

② 施工质量控制

水泥混凝土路面预制拼装换板后，应根据《公路养护工程质量检验评定标准　第一册　土建工程》JTG 5220—2020 进行质量检验与评定。

③ 全厚式现浇修补法与预制拼装修复法对比

两种换板方法对比见表 4-2-9，可以根据实际情况选用。

全厚式现浇修补法与预制拼装修复法对比　　　　表 4-2-9

项目	全厚式现浇修补法	预制拼装修复法
优点	①技术成熟，设备为常规设备，容易实施； ②造价低，接缝处联结效果好； ③适用于各种规格的板块	①施工速度快，工期短，对交通干扰小。适用于工期紧张的养护作业； ②在施工现场几乎不排弃任何废水、废渣，也没有噪声污染，对环境影响小，更节能环保

续表

项目	全厚式现浇修补法	预制拼装修复法
缺点	①混凝土养生时间长，工期长，需要封闭交通； ②养生质量容易受气候影响	①需要有专门的预制场； ②板块规格可能不同，难以实现批量生产，对预制块的尺寸要求较高

2. 加铺水泥混凝土面层

在旧水泥混凝土路面上加铺水泥混凝土面层，又被称为"白+白"修复方法。旧路面的处治、新旧路面层间处治是施工中的重点问题。

（1）旧路面处治

加铺前，必须对旧混凝土路面进行调查，分板块逐一编号，绘制病害平面图，然后按设计要求对病害面板进行处理。板底脱空可采用板下封堵的方法进行压浆处理；板块破碎、角隅断裂、沉陷、掉边、缺角等病害板，必须用破碎机（液压镐）凿除。清除混凝土碎屑后，整平基层，并夯压密实，然后铺筑与旧板块等强度的水泥混凝土，其高程控制与旧板面齐平。如果要利用旧路面的强度或材料，可采用任务4.3中水泥混凝土路面再生利用的方法进行处治。

（2）新旧路面层间处治

为了避免旧路面的裂缝反向扩展到旧路面，即产生反射裂缝，一般可以在旧混凝土表面铺筑一层隔离层。铺筑前应先清除旧面板表面杂物，冲刷尘污，使板面洁净无异物，然后用清缝机清除水泥混凝土路面接缝杂物，用灌缝机灌入接缝材料，再在旧混凝土表面洒布一层薄薄的粘层沥青，用以加强层间粘结，然后就可以进行隔离层铺筑了。隔层材料可以用沥青混凝土、土工布或沥青油毡，其隔离层类型及施工要求见表4-2-10。

新旧路面隔离层类型及施工要求　　　　表4-2-10

序号	隔离层类型	施工要求
1	沥青混凝土隔离层	①沥青混凝土厚度以1.5~2.5cm为宜； ②摊铺宽度应超过加铺板边缘25cm，严禁出现空白区； ③碾压机械宜采用轮胎压路机，自路边向中心碾压，边压边找平，至沥青混凝土隔离层平整无轮迹为止
2	土工布隔离层	①在水泥混凝土路面上满铺土工布； ②土工布纵横向搭接宽度为2cm； ③在土工布搭接部分涂刷热沥青
3	沥青油毡隔离层	①在水泥混凝土路面上满铺沥青油毡； ②沥青油毡纵横向搭接宽度为20cm； ③在沥青油毡搭接部分涂刷热沥青

（3）水泥混凝土加铺层质量控制

加铺后的水泥混凝土面层外观质量应符合下列要求：混凝土板的断裂块数，高速公路和一级公路不得超过评定路段混凝土板总块数的0.3%，其他公路不得超过0.5%。混凝土板表面脱皮、印痕、裂纹、石子外露和缺边掉角等缺陷，高速公路和一级公路不得超过受检面积的0.3%，其他公路不得超过0.4%。接缝填筑应饱满密实，不得污染路面。实测项目应符合《公路养护工程质量检验评定标准　第一册　土建工程》JTG 5220—2020

的要求。

3. 沥青混凝土加铺层

在旧水泥混凝土路面上加铺水泥混凝土面层,又被称为"白+黑"修复方法,可以利用旧路面强度,同时提升路面行车舒适性,是目前旧水泥混凝土路面提质改造最常用的方法。

(1)旧路面处治

加铺沥青混凝土时,要求旧混凝土路面稳定、清洁,对面板损坏部分必须维修,对旧水泥混凝土路面进行相应的处理。

(2)新旧路面层间处治

为防治反射裂缝,可采用土工格栅、土工布、聚酯改性沥青油毡隔离层、切缝填封橡胶沥青或做二灰碎石、水泥稳定粒料层。使用不同材料时,应符合表4-2-11的要求。

不同隔离层施工要求　　　　表 4-2-11

序号	隔离层类型	施工要求
1	土工格栅隔离层	先在混凝土面板上洒粘层沥青,沥青用量为 0.4~0.6kg/m^2,然后用 1~2cm 沥青砂调平旧混凝土路面,可以采用玻璃纤维格栅压入沥青调平层,然后采用膨胀螺栓加垫片固定格栅端部;格栅纵、横向的搭接部分不小于20cm;最后在格栅中部、混凝土面板纵、横缝位置及两外侧边缘用铁钉加垫片固定
2	土工布隔离层	在水泥混凝土路面上满铺土工布,土工布纵横向搭接宽度为2cm,然后在土工布搭接部分涂刷热沥青进行粘结
3	聚酯改性沥青油毡隔离层	将油毡切割成 50cm 宽的长条带,然后用压缩空气清除表面杂物,再将油毡铺放在接缝处,缝两侧各 25cm,汽油喷灯烘烤油毡,当油毡处于熔融状态后压实,最后用一层沥青砂覆盖油毡表面

(3)接缝处理

在沥青混凝土加铺层上对应水泥混凝土横向接缝处切缝,灌接缝材料。首先,按旧水泥混凝土路面平面图,确定水泥混凝土板的接缝位置;然后在沥青混凝土加铺层已定位的接缝上方,锯深1.5cm、宽0.5cm的缝;再用压缩空气将锯缝清理干净,并保持干燥;最后灌填橡胶沥青。

(4)施工质量控制

① 如果基层损坏,需要先处理基层,可以做 15cm 以上的二灰碎石、水泥稳定碎石上基层。

② 沥青混凝土加铺层结构厚度应满足沥青混凝土最小结构厚度要求,一般不小于7cm。

4. 水泥混凝土路面加宽

水泥混凝土路面加宽时,应遵循路基拓宽→路面基层拓宽→混凝土路面加宽的施工顺序。

(1)路基拓宽

路基拓宽时应先将原边坡坡脚或边沟清淤。铲除边坡杂草、树根和浮土后,分层填筑压实土基。在新旧路基交界处,路基与基层界面上铺设一层土工格栅,用以加强新旧路基的连接,同时做好路基排水系统。路基的宽度、厚度、材料、施工质量等应符合公路路基设计、施工规范的有关规定。

（2）路面基层拓宽

路面基层拓宽时，新加宽的基层强度不得低于原有水泥混凝土路面的基层强度，宜采用相错搭接法。

（3）混凝土路面加宽

可以进行双侧加宽或单侧加宽，两侧新加宽的水泥混凝土路面宽度差大于1m和单侧加宽时，应调整路拱。如条件许可，应尽可能采取双侧相等加宽方式。两种形式的具体要求见表4-2-12。

混凝土路面加宽要求　　　　表 4-2-12

混凝土路面加宽形式	具体要求
双侧加宽	如原路基较宽，路面加宽后路肩宽度大于75cm时，可以直接加宽；路基较窄不具备加宽路面条件的路段，应先加宽路基。如果施工机械和操作方法能保证路基加宽部分达到规定密实度，即可加宽路面，否则应待路基压实稳定后，再加宽路面
单侧加宽	受线形和地形限制，不能双侧加宽，可以单侧加宽时，应符合《公路水泥混凝土路面设计规范》JTG D40—2011 的要求

在平曲线处，均应按《公路工程技术标准》JTG B01—2014规定设置超高、加宽，原来漏设的，也应结合加宽补设。加宽的混凝土面板的强度、厚度、路拱、横缝均宜与原混凝土面板相同。板块长宽比应为1.2~1.3。

（4）新旧路面联结

为了加强新旧路面的横向连接，新旧路面结构之间应增设拉杆，具体应参照《公路水泥混凝土路面设计规范》JTG D40—2011进行设置。首先，在面板外侧每间隔60cm，在1/2板厚处打一深度为30cm、直径为18mm的水平孔。然后，清除孔内混凝土碎屑。再向孔内压入高强砂浆，插入直径为14mm、长度为60cm的螺纹钢筋，然后进行养生。

【任务实施】

1. 确定养护类型

根据路面技术状况检测调查评定的结果，该养护单元抗滑性能指数 $SRI=72$，已经小于表4-2-2规定的抗滑性能极限值，因此筛选为需要进行养护的路段。

2. 确定养护方案

养护方案参考表4-2-3，$PCI \geq 80$、$RQI \geq 80$、$60 \leq SRI < 80$，初步采取的养护类型为预防养护，同时需要进一步开展脱空率、横向力系数、交通事故情况、线形的专项调查。经调查发现没有板块存在脱空，线形正常，存在的主要问题还是原路面的刻槽纹理磨光严重，导致横向力系数下降，因此确定养护方案为先进行局部裂缝的密封修补，然后进行路面处治，恢复抗滑性能。参考以往养护经验，初定以下3个路面抗滑性能处治方案。

方案1：采用自行式刻槽机刻槽，槽的形状采用上宽6mm、下宽4mm、深6mm的梯形槽。

方案2：采用精铣刨施工，铣刨出的路面纹理间隔为3~5mm，纹理深度为0.8mm。

方案3：加铺2.5cm厚Nova chip®超薄罩面。

对上述三种方案的优劣进行技术论证：刻槽施工简单易行，造价低廉但容易磨损，继续发生病害，需频繁进行维修，不适应旅游旺季公路保证道路畅通的要求。精铣刨铣刨料少，效率高，相对于刻槽对路面的损伤小，精铣刨后表面纹理好，也能有效降低噪声水平。加铺 2.5cm 厚 Nova chip® 超薄罩面具备了热拌混合料平整的特点，且加铺厚度小，耐久性强，且对路容有明显改善。

由于该路段通车年限短，病害不深，加铺费用较高，因此综合考虑工期、成本、交通影响等因素，管养单位拟采用局部裂缝修补 + 精铣刨，迅速恢复路面抗滑性能。

3. 养护施工

采用半封闭交通养护作业的方式，采用 1 台铣刨机和自卸汽车搭配，铣刨机以 6～8m/min 的速度行驶，一下午就完成了该路段的精铣刨作业，见图 4-2-11（a）。

 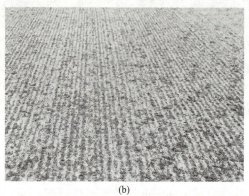

(a)　　　　　　　　　　　　　　(b)

图 4-2-11　S 省道 K10+000～K12+000 路段精铣刨施工
(a) 精铣刨施工；(b) 处治效果

施工后，该路段水泥混凝土路面的抗滑性能、构造深度迅速恢复，路面的平整度和行车的安全性得到了极大的改善，处理效果见图 4-2-11（b）通车半年后，使用情况良好。

任务 4.3　水泥混凝土路面再生利用技术

【学习目标】

1. 认识水泥混凝土路面再生利用技术。
2. 掌握水泥混凝土路面直接利用、碎石化利用、打裂利用和集中破碎利用四种再生利用技术。
3. 培养节约、环保的养护理念和创新意识。

【任务描述】

S 省道 K26+000～K34+000，全段 8km，二级公路，路面宽 9m，路基宽 12m，于 2012 年建成通车。其旧路结构层为 22cmC30 水泥混凝土 +20cm 水泥稳定碎石 + 灰土。区段为双向两车道，横断面全为两块板形式，近几年重载车辆增多，破坏较为严重。经调查，该路段主要病害类型为破碎板、裂缝及板角断裂。部分板块破碎板连续出现，沉陷、错台严重，见图 4-3-1。

管养单位委托某公路养护公司进行旧路面"白 + 黑"改造技术，如何设计实施？

项目4　公路水泥混凝土路面养护

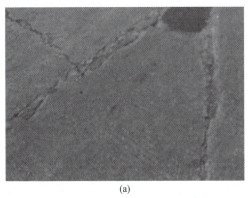 

图 4-3-1　S 省道 K26+000～K34+000 严重病害
（a）破碎板；（b）错台

【相关知识】

在进行水泥混凝土路面加铺和升级改造时，如何处理旧路面是一个关键问题。如果对旧路面进行挖除，产生的建筑垃圾对环境的危害极大，新的筑路材料对集料的需求也很大，从而引发一系列环境破坏、能耗、碳排放等问题。如果对旧路面采取简单的补强措施，后期又存在反射裂缝等问题。基于绿色养护理念，更多的旧路面养护项目和改造项目选择进行水泥混凝土路面再生利用。

水泥混凝土路面再生利用技术就是采用就地破碎、打裂或集中破碎等方式，利用旧水泥混凝土路面强度或材料的技术，具体有四种方式，见表 4-3-1。

水泥混凝土路面再生利用方式　　表 4-3-1

序号	类型	再生利用方式
1	直接利用	旧水泥混凝土路面通过压浆、换板，经检测合格后，直接加铺沥青面层或水泥混凝土面层
2	碎石化利用	采用专业设备对旧水泥混凝土路面进行破碎、碾压稳定后，作为路面基层或底基层
3	打裂利用	采用专业设备对旧水泥混凝土路面进行打裂（或压裂）、稳压等工艺处置后，作为路面底基层，或微裂均质化处置后作为路面基层
4	集中破碎利用	将旧水泥混凝土路面板挖除、回收，集中堆放，在加工厂采用专业设备破碎、分级，形成再生集料

在实际工作中，可以根据水泥混凝土路面调查、检测和评价结果，参考表 4-3-2 选择合适的再生利用方式。

水泥混凝土路面再生利用方式选择　　表 4-3-2

再生利用方式	直接利用	碎石化利用	打裂利用	集中破碎利用
路面技术状况指数	≥70	54～40	69～55	<40
断板率（%）	≤5	10～20	<10	>20

续表

再生利用方式	直接利用	碎石化利用	打裂利用	集中破碎利用
脱空率（%）	≤10	——	≤10	——
其他	——	——	——	现场施工条件受限

4.3.1 直接利用

1. 直接利用方案

直接利用是在旧路面结构强度基本完好的前提下，对旧路面表面病害进行处治，然后进行铣刨处治后，直接加铺水泥混凝土面层或沥青混凝土面层。根据公路等级和加铺层类型，直接利用的参考方案见表 4-3-3。

直接利用的参考方案　　　　　　表 4-3-3

加铺层类型	公路等级	推荐的加铺方案（自下而上）
加铺沥青混凝土路面	高速公路、一级公路	旧路综合处治 + 粘结层 + 防裂层 +10～12cm 沥青混凝土
	二级公路	旧路综合处治 + 粘结层 +8～12cm 沥青混凝土
	三级及以下公路	旧路综合处治 + 粘结层 +3～5cm 沥青混凝土
加铺水泥混凝土路面	高速公路、一级公路	旧路综合处治 +4cm 沥青混合料隔离层 + 水泥混凝土面层
	二级公路	旧路综合处治 +3cm 沥青混合料隔离层 + 水泥混凝土面层
	三级及以下公路	旧路综合处治 + 土工布或油毡等隔离层 + 水泥混凝土面层

2. 施工工艺

直接利用旧路面加铺的施工流程见图 4-3-2。

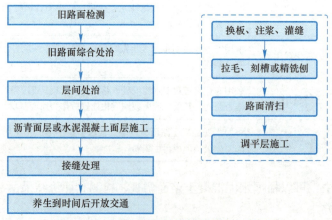

图 4-3-2　直接利用旧路面加铺的施工流程图

3. 应用案例

某公路工程为省内主要交通运输干线连接段，路线全长 3.24km。其建成通车的时间相对较长，经过长期的车辆碾压以及外界因素的作用，原有水泥混凝土路面的技术标准逐渐无法满足通行的需求，出现了较为严重的错台现象，在局部地区也存在路面破碎、裂缝等问题，影响了公路工程的使用性能。根据道路工程的特点和具体的要求，研究决定采用加铺沥青面层的方式对旧有的水泥混凝土路面进行修复。

针对路面破碎程度较轻的，可先铣刨拉毛旧混凝土路面，再将错台磨平，随后清理接缝沥青脱落老化位置，做好再次灌缝作业。如部分位置存在断缝、断裂情况，可选用水泥混凝土进行修复，并将沥青碎石调平层、沥青混凝土层加铺其上，施工过程见图4-3-3。

图 4-3-3　S 省道 K26+000～K34+000 严重病害处治
（a）旧路注浆；（b）旧路面调平；（c）层间处治；（d）沥青混合料摊铺

4.3.2　碎石化利用

碎石化是指针对旧水泥混凝土路面大面积破坏已丧失了整体承载能力，并且通过局部挖除、压浆等处治方式已不能恢复其使用功能或达到结构强度要求的情况，为了解决直接加铺可能产生的反射裂缝等问题，而对旧水泥混凝土板块采用的一种最终处理方法。

碎石化可以完全消除原路面存在的病害，释放面板下空洞的隐患。破碎后的材料粒径自上而下逐渐增大，上部下部颗粒之间形成嵌挤结构，有效强化路基，经洒布乳化沥青稳定后，在结构上从刚性板块转化为类似沥青碎石基层的柔性基层，能有效防止反射裂缝的产生，延长路面的使用寿命。

1. 就地碎石化方案

根据公路等级和加铺层类型，就地碎石化利用的参考方案见表4-3-4。

就地碎石化利用参考方案　　　　　　表 4-3-4

加铺层类型	公路等级	加铺层典型结构（自下而上）
加铺沥青混凝土路面	高速公路、一级公路	乳化沥青透层 + 沥青封层 +18～22cm 沥青混合料
	二级公路	乳化沥青透层 + 沥青封层 +12～16cm 沥青混合料
	三级及以下公路	4～8cm 沥青混合料
加铺水泥混凝土路面	高速公路、一级公路	4cm 沥青混合料隔离层 + 水泥混凝土面层
	二级公路	3～4cm 沥青混合料隔离层 + 水泥混凝土面层
	三级及以下公路	水泥混凝土面层

2. 就地碎石化施工

（1）多锤头碎石化技术

多锤头碎石化技术的工作原理是利用多个锤头的自重交叉起落均匀冲击路面，在牵引车的缓慢行进中，使混凝土板破成碎块，破碎时的能量会传播到较大的深度范围。由于水泥混凝土板块吸收能量遵守从近到远递减的规律，多锤头破碎机破碎后其颗粒粒径在不同深度处是不同的。破碎后的水泥混凝土不需清除，可直接作为新路面的基层，见图 4-3-4。

图 4-3-4　多锤头碎石化
（a）多锤头碎石化设备；（b）破碎效果

多锤头碎石化技术的施工流程见图 4-3-5。

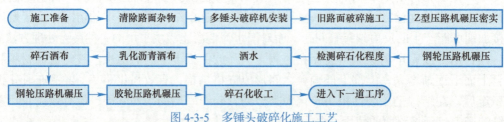

图 4-3-5　多锤头破碎化施工工艺

就地碎石化路面结构设计的关键指标为碎石化层顶面回弹模量，一般情况下，当破碎层顶面回弹模量大于等于 150MPa 时，可只加铺沥青面层。当破碎层顶面回弹模量低于

150MPa 时，宜将水泥混凝土破碎层作为加铺层的底基层，在其上加铺半刚性基层或柔性基层后再加铺沥青面层。

（2）共振碎石化技术

共振碎石化技术是一种新型水泥路面破碎技术，改变了原来液压破碎锤头、多锤头破碎机、风镐等依靠"蛮力"且噪声大、效率低的水泥板块破碎手段。该技术采用共振方式，通过共振体调幅、调频后，将振动能量传递给破碎锤头，使得锤头的振动频率达到水泥面板的固有频率，从而使水泥板块因共振效应迅速开裂。

经共振碎石化技术处理后的水泥路面碎石层，粒径主要为 3～15cm，上层粒径较小，一般在 5cm 以下，相对松散，类似于级配碎石，起到应力释放作用，下层粒径集中在 5～15cm，块状，且处于斜向咬合状态，破裂角度为 30°～45°，相互嵌锁，裂而不散，具有良好的结构强度、扩散荷载能力、水稳性和抗冻性，可直接作为高等级公路路面的基层使用。施工效果见图 4-3-6。

图 4-3-6　共振碎石化施工效果
（a）共振碎石化施工；（b）破碎效果

共振碎石施工工艺见图 4-3-7。

3. 两种碎石化利用方式对比

多锤头碎石化和共振碎石化都是目前常用的碎石化方式，两种方法的优缺点对比见表 4-3-5，在养护工程中可以根据实际情况进行选择。

4. 应用案例

某国道水泥混凝土路面质量提升专项工程，对原路面采用共振碎石化利用，共振碎石化的主要施工方案为旧路水泥混凝土面板共振碎石化 + 乳化沥青透层 + 沥青混凝土面层。旧路共振碎石化后直接就地再生为沥青路面基层，减少原有的翻挖、搬运、清理、铺设路基等多道工序，快捷、高效且经济地实现了水泥路面"白改黑"技术，施工过程见图 4-3-8。

4.3.3　打裂利用

打裂利用是采用板式破碎机或冲击破碎机将旧水泥混凝土路面就地破碎成不规则的块状嵌挤体，碾压后作为底基层使用的技术。根据打裂程度和打裂后的处理方式，可分为打裂压稳和微裂均质化两类技术。

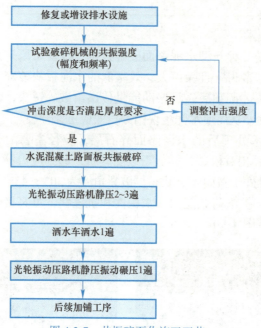

图 4-3-7 共振碎石化施工工艺

两种就地碎石化利用方式对比 表 4-3-5

项目	多锤头碎石化技术	共振碎石化技术
优点	①可直接作为新路面结构的基层或底基层，寿命可至10年； ②施工简便不必全封闭交通，改造周期短，综合造价低； ③可就地再生，环保无污染	①对旧路面各层扰动和破坏小，能够保持原有公路的承载力，可作为上基层使用，寿命可达20年； ②破碎更加彻底，结构更加合理，能防止反射裂缝； ③施工工期短，无废方，有利环保； ④反射裂缝控制合理，使用寿命长
缺点	基层同时被破坏，承载力大幅降低只能作为垫层或底基层	需要控制波的频率，操作要求高

(a)

(b)

图 4-3-8 某国道水泥混凝土路面共振碎石化改造
（a）施工准备；（b）破碎过程

1. 打裂压稳技术

（1）打裂压稳利用方案

根据公路等级和加铺层类型，打裂压稳再生利用的参考方案见表4-3-6。

打裂压稳利用参考方案　　　　　　　　　　表4-3-6

加铺层类型	公路等级	加铺层典型结构（自下而上）
加铺沥青混凝土路面	二级公路	粘结层+10～12cm沥青混合料
加铺沥青混凝土路面	三级及以下公路	粘结层+4～6cm沥青混合料
加铺水泥混凝土路面	二级公路	3～4cm沥青混合料隔离层+水泥混凝土面层
加铺水泥混凝土路面	三级及以下公路	水泥混凝土面层

（2）施工工艺

采用板式破碎机或冲击破碎机打裂旧水泥混凝土路面的施工流程基本一致，见图4-3-9。

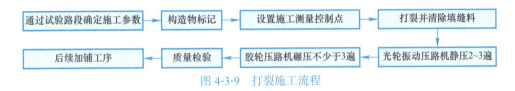

图4-3-9　打裂施工流程

（3）应用案例

某公路路线全长6.254km，技术等级为二级公路、三级公路。公路依山而建，道路线形复杂，周边景观资源丰富，是以"景观路、生态路"为特色的农村公路改造升级项目，因此"旅游+生态"公路专题设计是其鲜明的特色。为提高"旅游+生态"道路的行车舒适性与驾乘愉悦性，管养单位实施路面大修，过程中坚持环保理念，最大限度地保护生态环境。

此次大中修工程重点对原路面实施冲击打裂压稳，再铺设水泥稳定碎石基层以及沥青路面，全线安装路缘石。施工过程见图4-3-10。

(a)

(b)

图4-3-10　就地打裂加铺施工过程

（a）板式打裂；（b）加铺沥青路面

2. 微裂均质化技术

微裂均质化技术是在打裂技术的基础上进一步优化发展的新技术。微裂均质化技术是使用专用设备打击旧水泥混凝土面板，在面板表面形成以受力点为中心呈发散式的微小裂缝，然后经注浆、挖除等修复辅助措施处治，使承载能力不足部位得到恢复再生，再生后旧水泥混凝土路面结构整体承载能力达到新基层设计要求，且处于均匀状态，作为直接加铺沥青路面基层使用，在水泥混凝土路面"白改黑"工程中有很好的应用前景。

与碎石化技术和打裂压稳技术的区别如下：一是微裂后要求裂缝宽度为 0.5～1.0mm。因为裂缝宽度小于 0.5mm，开裂板块间的荷载传荷能力高，裂缝宽度大于 1.0mm 时，板块间的荷载传荷能力会迅速降低。二是微裂压稳之后，必须逐板检测，对旧水泥混凝土路面板块和基层进行均质化处理，使承载能力得到大幅度提高且处于均衡状态。这项技术采用了"以裂攻裂"理念，将旧水泥混凝土路面变成带有柔性特性，又具有刚性承载力的特殊基层。

（1）微裂均质化利用方案

旧水泥混凝土路面微裂均质化再生利用前，要进行预估设计和优化设计。预估设计是根据水泥混凝土路面状况调查资料，设计路基路面注浆、换板等处理措施，并进行调平层设计，然后进行加铺层结构设计，多采用沥青混凝土加铺层结构，可参考表 4-3-7 确定结构类型。

微裂均质化利用参考方案　　　　表 4-3-7

加铺层类型	公路等级	加铺层典型结构（自下而上）
加铺沥青混凝土路面	高速、一级公路	粘封层（改性沥青 0.5～1.0kg/m²）+2～3cm 应力吸收层 +10～18cm 沥青混合料
	二级、三级公路	粘封层（改性沥青 0.5～1.0kg/m²）+2～3cm 应力吸收层 +6～16cm 沥青混合料
	四级公路	粘封层（改性沥青 0.5～1.0kg/m²）+2～3cm 应力吸收层 +4～8cm 沥青混合料

旧水泥混凝土路面微裂均质化后，应对所有板块进行弯沉检测，根据检测结果确定需注浆或换板处理的板块。每块板检测 4 个点，即四个板角各一点。旧水泥混凝土路面微裂均质化后实测弯沉值（$L_{实测}$）与旧水泥混凝土路面均质化处治后的设计弯沉值（$L_{设计}$）进行比对。

当 $0 < L_{实测} - L_{设计} \leq 30$（0.01mm）时，对板块进行注浆；当 $L_{实测} - L_{设计} > 30$（0.01mm）时，原则上应挖除换板，但同时要结合板块是否错台、沉陷等因素综合确定换板还是注浆处治。

此外，旧水泥混凝土路面均质化处治后，还应检测路段平整度情况，根据检测情况，确定相应的调平层厚度。

（2）施工工艺

为了实现微裂均质化效果，应采用微裂均质化专业设备，根据试验路段，确定冲击能量、打击次数、水平安全距离等参数，然后按照图 4-3-11 的流程进行施工。

项目4　公路水泥混凝土路面养护

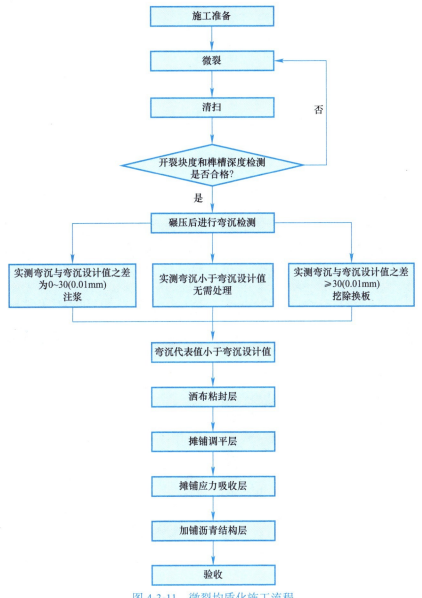

图 4-3-11　微裂均质化施工流程

（3）应用案例

某一级公路，水泥混凝土路面，养护路段长度 5.6km，设计速度 80km/h；始建于 1997 年，于 2009 年进行维持原设计标准的大修改造，2015 年又进行中修养护，2018 年进行改造，处理基层病害后铺筑钢筋混凝土面板，处理后路面结构自下而上为 16cm 厚水泥稳定土 +30cm 厚水泥稳定碎石底基层 +6cm 砂粒式沥青混凝土基层 +28cm 厚 C40 钢筋混凝土面层。

2022 年，经检测，该路段水泥混凝土面板发生较大面积损坏，断板率 DBL 为 55%，路面弯沉代表值为 23.1，路面结构强度评定为"中"，MQI 平均值为 67.77，等级为"次"，PQI 平均值 57.16，等级为"差"。根据路口调查情况，养管单位拟采用微裂均质化技术进行改造。

改造方案如下：首先，采用地聚合物注浆技术对基层进行加固处理，然后对全路段进行微裂均质化处理，全幅洒布乳化沥青透层，自下而上铺筑 4cm 砂粒式改性沥青应力吸收层（AC-4）+8cm 中粒式改性沥青混凝土（AC-15C）+5cm 细粒式改性沥青混凝土（AC-13C）。

施工过程见图 4-3-12，与碎石化、打裂压稳等传统"白改黑"技术相比，微裂均质化技术具有节省成本、缩短工期、生态环保等优势，在旧路改造工程领域内有着广阔的应用前景。

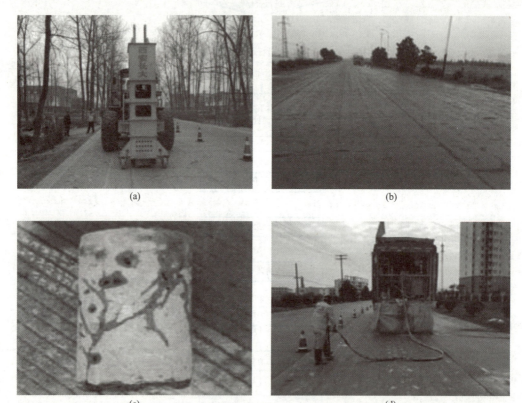

图 4-3-12　微裂均质化施工
（a）微裂；（b）微裂后面板状况；（c）微裂后芯样状况；（d）注浆

资源 4-2 旧水泥混凝土路面微裂均质化处治

4.3.4　集中破碎利用

1. 施工工艺

旧水泥混凝土板再生集料的加工设备和工艺与天然集料基本相同，采用的设备主要包括移动式破碎设备和固定式破碎设备。两种破碎设备一般采用颚式破碎机、振动给料器、振动筛及相应传输设备，具体设备型号根据每天生产量的大小及经济性等要求进行选定。集料加工过程见图 4-3-13。

2. 设备要求

（1）旧水泥混凝土路面挖除应采用对基层强度和结构影响较小的设备。

（2）集中破碎机械应具备两级破碎功能，并配备除尘和钢筋剔除装置，钢筋剔除率不应小于95%，初级破碎后的混凝土碎块粒径宜为70～150mm。颚式破碎机是目前常用的集料生产设备，利用两块颚板对物料的挤压和弯曲作用，粗碎或中碎各种硬度的物料，它的破碎动作是间歇进行的。其破碎机构由固定颚板和可动颚板组成，当两块颚板靠近时物料即被破碎，当两颚板离开时小于排料口的料块由底部排出。

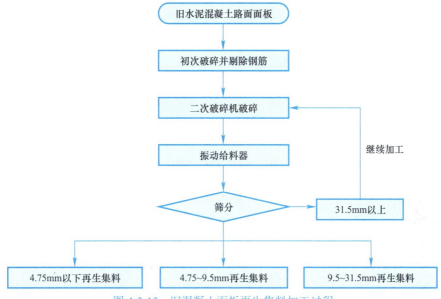

图 4-3-13　旧混凝土面板再生集料加工过程

（3）筛分设备应配备除尘装置。

3. 再生集料用途和质量要求

再生集料可用于水泥混凝土面层、水泥稳定碎石基层、级配碎石基层和贫混凝土基层，但是应满足《公路水泥混凝土路面施工技术细则》JTG/T F30—2014、《公路路面基层施工技术细则》JTG/T F20—2015、《混凝土用再生粗集料》GB/T 25177—2010 等标准规范的要求。

【任务实施】

通过对旧路技术状况进行分析，该路段最主要病害为破碎板、裂缝及板角断裂，局部水泥破碎板病害相当严重，特别是水泥破碎板连续出现，长度大于280m，且局部板块沉陷达15cm，错台达20cm。由于其他路段有大量回收的旧沥青混合料，本着绿色环保、节约资源的原则，设计采用了"水泥混凝土板共振碎石化＋泡沫沥青厂拌冷再生下面层＋AC-13 沥青混凝土上面层"的改造方案。

1. 施工准备

（1）对脱空和松散区域换填 C20 水泥混凝土。

（2）根据现场调查，对暗涵、地下管线等构造物进行现场标记。

（3）对碎石化设备进行调试。

（4）仔细检查、疏通或修复排水系统。

2. 共振碎石施工

（1）试振。

在对水泥混凝土路面大规模碎石化施工之前，选择1个试振区，并开挖2个检查坑，1.2m（长）×1.2m（宽）×0.25m（水泥板厚），通过试振确定碎石化机械的基本施工参数。经试振，最终确定本项目施工中GZL600共振破碎设备采用的主要技术参数：工作频率为45Hz、振幅为15mm、行走速度为8km/h。

路面碎石化施工顺序宜从外车道开始，相邻两次碎石化应有20~50mm的重叠区，破碎宽度应超出车道宽度至少150mm，局部路段含钢筋的混凝土路面的碎石化，需纵向切割，并根据实际调整碎石化机械设备参数。

碎石化层破碎后粒径基本符合从上往下0~3cm部分呈石屑状，3~8cm部分呈碎石状，8cm以上部分为石块的要求。

（2）碾压。

破碎完毕后，采用高频低幅振动压路机碾压。碾压之前先洒水，使其渗透深度为3cm左右。碎石化结构层碾压分初压、复压和终压三个阶段，依次采用单钢轮振动压路机弱振4遍、双钢轮压路机弱振2遍和轮胎压路机碾压1遍。

（3）回弹模量和弯沉检测。

经检测，原水泥板碎石化后顶面回弹模量和弯沉检测结果均符合设计要求。

（4）土工格栅铺设。

为了防止反射裂缝以及确保碎石化与非碎石化部分的整体性，施工中在主车道与路肩接缝处以及碎石化与构造物连接处铺设土工格栅。

（5）乳化沥青透层洒布。

透层采用普通乳化沥青，设计要求洒布量为1.2~1.5kg/m^2，施工中按1.3kg/m^2控制。在加铺层与碎石化层之间，提前1~2d洒布透层。

3. 乳化沥青碎石封层撒铺

乳化沥青采用普通乳化沥青，设计为0.8~1.2kg/m^2，按1.0kg/m^2洒布；碎石采用坚硬、清洁、干燥、无风化、无杂质，公称粒径为3~5mm的碎石，撒铺量设计要求为5~8m^3/1000m^2，施工中按5.5m^3/1000m^2控制。

4. 泡沫沥青厂拌冷再生混合料施工

泡沫沥青是将一定量的常温水注入热沥青，使其膨胀并激发大量的沥青泡沫，当泡沫沥青与集料接触时，沥青泡沫散布于细集料的表面，经拌合与压实，附有大量沥青的细集料将填充粗集料之间的空隙，通过胶结使混合料达到稳定状态。

此次施工采用了其他路段旧沥青混合料回收料，在拌合站加入适当比例的新集料、少量水泥、泡沫沥青和水，制成泡沫沥青冷再生混合料。然后运送至现场，参照常温沥青混凝土的施工工艺重新铺筑，形成路面下面层。

5. AC-13热拌沥青混凝土施工

待下面层养生到规定时间后，参照热拌沥青混凝土施工工艺，完成路面上面层施工。

6. 实施效果

施工过程和实施效果见图4-3-14。

项目4　公路水泥混凝土路面养护

图 4-3-14　就地打裂加铺
（a）旧水泥混凝土路面；（b）共振碎石化施工效果；（c）碎石化后碾压施工；（d）泡沫沥青混合料摊铺碾压

任务4.4　水泥混凝土路面养护工程实例

4.4.1　工程概况

××城市快速路，是连接某市主城区和城郊工业园区的主干道，全长18.140km，主线为双向六车道，设计速度80km/h，K0+000～K5+240段路面类型为水泥混凝土路面，路面结构自上而下分别是26cm水泥混凝土面层+20cm水泥稳定碎石基层+15cm级配碎石底基层。通车近十年，受沿线自然气候条件和车辆荷载等综合因素影响，出现了不同程度的路面损坏。为了科学制定养护措施，管养公司委托某检测公司对该路段进行路况检测与评定，检测内容包括水泥混凝土路面破损、错台、路面结构强度、路面基层顶面当量回弹模量、弯沉、接缝传荷能力、板底脱空等参数。

4.4.2　病害状况

1. 路面病害类型调查及分析

经调查，该路段主要存在的病害类型为破碎板、板角断裂、裂缝、麻面，个别水泥混凝土板块出现断裂、麻面；个别板块严重裂缝、下沉并伴有唧泥；存在整段抗滑性能下降的问题。主要病害表现形式见图4-4-1。

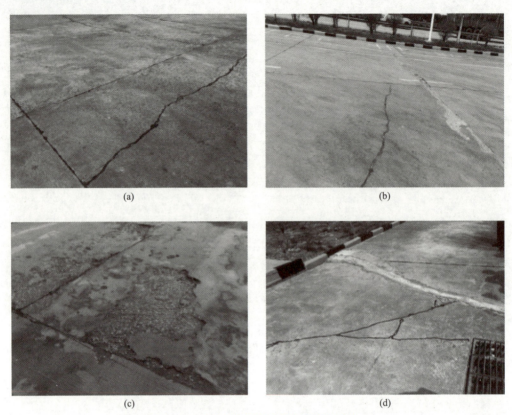

图4-4-1 ××城市快速路主要病害图片
(a)、(b)裂缝；(c)露骨；(d)断板、下沉、唧泥

该路段病害产生原因分析如下：多年的行车加速了路面的破坏，造成混凝土板块疲劳，形成水泥板断裂、破碎。且原路面接缝的填缝料老化剥落破损，同时产生不同程度的纵横向裂缝，路面雨水通过裂缝接缝渗入基层，造成基层软化。在车辆荷载的重复作用下，使路面结构承载力不足。同时产生的唧泥将基层细料冲走导致路面板块松动，最后出现断板破碎，反射至路面。

2. 路面技术状况评定结果

路面损坏状况调查数据见表4-4-1。

K0+000～K5+240段路面损坏状况调查数据　　　　表4-4-1

起点桩号	终点桩号	评价长度(m)	路幅	DR(%)	PCI	RQI	SRI
K0+000	K1+000	1000	右幅	4.29	80.58	85.63	82.48
K1+000	K2+000	1000	右幅	15.42	67.10	70.33	66.69
K2+000	K3+000	1000	右幅	7.01	76.22	78.16	81.23
K3+000	K4+000	1000	右幅	13.20	69.14	76.91	78.72
K4+000	K5+000	1000	右幅	6.73	76.62	75.14	79.30
K5+000	K5+240	240	右幅	2.88	83.52	85.97	74.17
K0+000	K1+000	1000	左幅	4.21	80.73	86.06	73.74

续表

起点桩号	终点桩号	评价长度（m）	路幅	DR（%）	PCI	RQI	SRI
K1+000	K2+000	1000	左幅	6.39	77.11	72.35	74.70
K2+000	K3+000	1000	左幅	8.17	74.67	76.03	64.62
K3+000	K4+000	1000	左幅	7.52	75.52	72.09	73.35
K4+000	K5+000	1000	左幅	3.03	83.17	87.14	78.97
K5+000	K5+240	240	左幅	2.18	85.30	85.97	73.29
合计（上行）：		5240	—	—	74.34	78.69	77.10
合计（下行）：		5240	—	—	78.56	79.94	73.11
合计（上下行）：		10480	—	—	76.45	79.31	75.11

3. 养护对策和专项调查

参考表 4-2-3 初步拟定各养护单元的养护类型、作业重点和进一步需要进行的专项调查，见表 4-4-2。

K0+000～K5+240 段初步养护对策　　　　表 4-4-2

养护路段	专项调查检测	养护类型	作业重点
K0+000～K1+000 右幅	脱空率	预防养护	小修保养、板底灌浆
K5+000～K5+240 右幅、K0+000～K1+000 左幅、K4+000～K5+000 左幅、K5+000～K5+240 左幅	脱空率、横向力系数、交通事故情况、线形	预防养护	刻槽、薄层罩面
K1+000～K2+000 右幅、K2+000～K3+000 右幅、K3+000～K4+000 右幅、K4+000～K5+000 右幅、K1+000～K2+000 左幅、K2+000～K3+000 左幅、K3+000～K4+000 左幅	破碎板率、裂缝板率、脱空率、错台、横向力系数、交通事故情况、线形	预防养护+修复养护+专项养护	裂缝板封缝、破碎板更换、板底灌浆、路面改造

通过进一步进行专项调查，该路段平均脱空率为 6.78%，破碎板率为 15.6%，整体抗滑性能降低较多。

4.4.3 养护方案

1. 方案比选

根据 K0+000～K5+240 段检测报告，初步制定下列三种方案进行比选，从中选出维修后期综合性能最优方案，三种养护方案和对比分析见表 4-4-3。

三种养护方案对比　　　　表 4-4-3

序号	方案内容	技术性和经济性分析
1	对该路段路面进行灌缝、破损局部区域进行修补。需花费 83 万元，施工工期 22d	对该路段路面进行灌缝、破损局部区域进行修补；短期内能满足行车需求且维修费用较低，施工期较短，但从长远看，没有从根本上解决路面病害，随着车辆碾压，病害很快又会反射，又得重新进行检测维修，维修效果不佳，且反复施工易对市民出行造成干扰

续表

序号	方案内容	技术性和经济性分析
2	对该路段所有的破碎板整体更换，其他板块进行局部修补，然后修补平整度下降较多的板块，进行整段水泥微表处。维修费用269万元，施工工期40d	对破碎板整体更换；能从根本上解决路面病害，能满足长期行车需求，但维修费用中等，施工工期较长，后期维修时间较长。考虑到该路段是为工业园区服务，重型车辆较多，对路面抗压要求高，维修效果良好且满足现场实际需求。通过局部修补后水泥微表处，可以恢复路面平整度，同时与旧路面颜色基本一致，路容良好
3	对水泥路面整体病害修复后整体加铺沥青，提高路面舒适性。维修费用约490万元，施工工期50d	对路面整体修复后加铺沥青；能从根本上解决路面病害，同时沥青路面行车舒适、噪声低、维修方便，但施工工期最长，同时维修成本太大，且不满足重型车辆荷载需求

经过经济分析和施工工期比较，方案2综合效益最好，作为推荐方案。

2. 破碎板更换

（1）换板结构设计

对需要换板的板块进行标记，挖除水泥路面破损面板，重新铺筑26cmC40水泥混凝土面板。并检查原基层破损情况，若基层松散、破碎，则挖除基层，然后浇筑20cmC15贫混凝土。换板前后路面结构对比见图4-4-2。

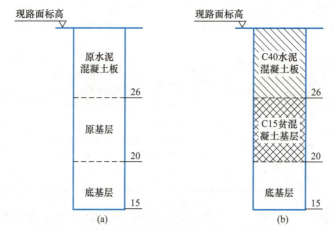

图4-4-2 换板前后路面结构对比（尺寸单位：cm）
（a）原路面结构；（b）新路面结构

（2）拉杆和传力杆设置

局部挖除换板时，应保留并保护原水泥路面纵向拉杆钢筋及横向传力杆钢筋，连续换板时，应新建ϕ16mm螺纹拉杆钢筋、ϕ32mm光圆传力杆钢筋，对于新换板路面与原旧混凝土路面衔接部位采用钢筋植筋，以增强新旧混凝土板块间的整体承载力。对重车、大车停车位处水泥面板及异形水泥面板锐角处加设ϕ16mm的角隅钢筋。

破碎、清除旧混凝土，若基层有损坏，应先采用C15贫混凝土进行基层补强。处理基层后，修复、安设传力杆或拉杆，将传力杆或拉杆用锚固用胶粘剂牢牢固定在规定位置，再浇筑C40混凝土板。拉杆设置在板厚1/2处，且垂直于纵缝，采用ϕ16螺纹钢筋，长80cm，间距40cm。传力杆设置在板厚1/2处，且垂直于横缝，采用ϕ32光圆钢筋，长60cm，间距30cm。凿除混凝土时要尽量保留原有钢筋，对损坏的钢筋要进行修复，布置拉杆及传力杆钢筋时先在旧混凝土板钻孔植筋,用改性环氧胶粘剂将拉杆钢筋固定在其中,再进行新混凝土面层施工。

3. 超级水泥微表处施工

因超级水泥微表处在历年养护中已有相关成熟技术和经验,使用效果良好。对于混凝土面板麻面部位,将出现麻面的混凝土板表面用钢丝刷或冲毛机凿毛冲洗,而后用超级水泥微表处材料进行修复,厚度约1cm。原材料技术要求见表4-4-4。

超级水泥微表处材料原材料技术要求　　　　表 4-4-4

序号	材料	技术要求
1	水泥	采用高性能超细水泥和42.5R以上普通水泥混合而成
2	细集料	采用工程精砂
3	水	符合水泥混凝土用水要求

施工时,应注意以下几点:

(1)施工开工前,施工单位应在全面熟悉设计文件和设计交底的基础上,进行现场核对和施工调查。

(2)各种原材料及其混合料必须经检验合格后方可使用。

(3)施工期间应备有防雨设施,避免雨水对施工的影响。

(4)阴雨天气或者室外温度低于5℃的情况下不能施工。

(5)施工时路面不能有明水。如有明水应用海绵或毛巾擦干,并晾干。

(6)建议施工时从高处向低处方向施工,避免污染路面。

思考与练习 4

扫描二维码可做题自测。

思考与练习 4

公路养护技术与管理
GONGLU YANGHU JISHU YU GUANLI

项目 5

公路桥梁养护

项目5　公路桥梁养护

【项目导读】

当公路桥梁工程建设完成正式投入运营后，随着时间的推移，公路桥梁在自然力、重力等作用下难免会出现桥面破损、松动等问题。此时公路桥梁养护与维修一方面可以排查其中的质量隐患，保障人们的行车安全，另一方面则可以使其更加安全稳固，科学延长公路桥梁工程的使用周期，提升公路桥梁的稳定性，降低公路桥梁工程运行中安全事故的发生概率，全面提升公路桥梁工程的综合效益，切实维护人们的通行安全，为区域经济发展赋能。

本项目依据《公路桥涵养护规范》JTG 5120—2021、《公路桥梁技术状况评定标准》JTG/T H21—2011、《公路养护技术标准》JTG 5110—2023、《公路技术状况评定标准》JTG 5210—2018 及《公路养护安全作业规程》JTG H30—2015，从公路桥梁养护的基本概念入手，介绍了桥梁检查与评定方法、桥梁养护与维修技术、桥梁养护工程质量检验与评定标准和方法，明确了公路桥梁检查等级、工作内容、技术状况评定、养护和维修方法，最终能够进行桥梁缺陷的维修加固并且对养护施工进行质量检验与评定。

【知识目标】

1. 掌握桥梁常规病害与缺陷的形成原因；
2. 掌握桥梁检查的内容和方法；
3. 掌握桥梁技术状况评定方法；
4. 掌握常规缺陷病害修补方法和施工工艺；
5. 掌握桥梁结构裂缝的修补方法和工艺；
6. 掌握桥梁加固方法的原理和施工工艺。

【能力目标】

1. 能够识别桥梁常规病害与缺陷，并分析病害形成成因；
2. 能根据不同桥梁结构状况，实施桥梁经常检查、定期检查、特殊检查；
3. 能运用现行《公路桥梁技术状况评定标准》JTGT H21—2011，对常规桥梁实施技术状况评定；
4. 能够根据病害与缺陷情况，对桥梁进行维修加固。

【素养目标】

1. 通过分析桥梁病害和缺陷，培养独立思考，求实创新意识；
2. 通过对桥梁检查并且评定等级，培养客观公正、事无巨细、精益求精、实事求是的职业精神；
3. 通过对裂缝缺陷等病害的处理，培养工程质量、服务交通意识；
4. 通过典型危桥加固、改造案例分析，培养遵章守纪、一丝不苟的职业精神，以及作为桥梁卫士的职业责任感。

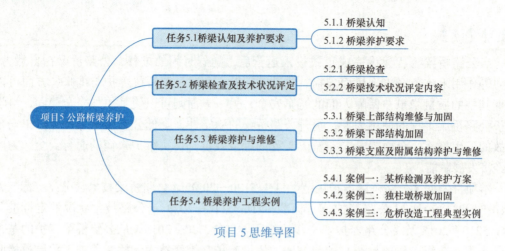

项目 5 思维导图

任务 5.1　桥梁认知及养护要求

【学习目标】

1. 知道公路桥梁组成及常见病害的名称、性状、成因及发生部位,能够判断桥梁病害位置和类别;
2. 熟悉桥梁养护内容和养护要求。

【任务描述】

某支线桥位于××高速,桥梁中心桩号为 K139+792,全长 123.2m。上部结构采用 3×40m 装配式预应力箱梁,下部结构为双柱式墩,柱式桥台,钻孔灌注桩基础。该桥于 2001 年 5 月竣工通车,建成后经过 23 年的运营,多处构件已经产生了功能性病害,对桥梁的安全性能和承载能力造成严重的影响。××公司对该桥病害进行了详细的现场勘查,照片见图 5-1-1。请同学们查看病害图片,判断各属于什么病害类型?

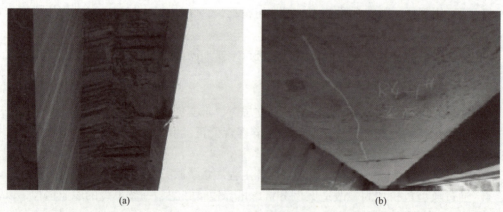

(a)　　　　　　　　　　　　　(b)

图 5-1-1　某支线桥桥梁病害（一）

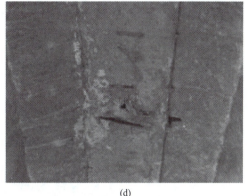

(c)　　　　　　　　　　　　　　　(d)

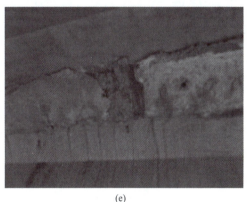

(e)

图 5-1-1　某支线桥桥梁病害（二）

【相关知识】

5.1.1　桥梁认知

1. 桥梁的组成

桥梁是架设在江河湖海上或其他障碍物上，使车辆行人等能顺利通行的构筑物。桥梁通常由上部结构［主梁（桥面板）或主拱圈］、下部结构［桥墩、桥台和桩（基础）］、支座及附属设施（栏杆、灯柱、护岸、导流结构等）组成。图 5-1-2 为桥梁各组成部分示意图。

上部结构。也称桥跨结构，是桥梁的主要承重部分，负责跨越障碍物，如河流、山谷等。

下部结构。包括桥墩、桥台和桩（基础），桥墩支撑桥跨结构并传递荷载到地基，桥台支撑桥跨结构的端部并连接路堤，桩（基础）则是确保桥梁墩台安全并将荷载传至地基的结构。

支座系统。设置在桥跨结构与桥墩或桥台之间的传力装置，负责传递荷载并保证桥跨结构能按设计要求产生一定的变位（图 5-1-3）。

附属设施。包括桥面铺装、排水防水系统、栏杆、伸缩缝、灯光照明等，这些设施对于保证桥梁的正常使用和行车安全至关重要。

此外，桥梁的组成还包括防护设备及调节河流建筑物，如护锥、护岸、护基、护底、

资源 5-1
桥梁组成
介绍

资源 5-2
桥梁建设
发展趋势

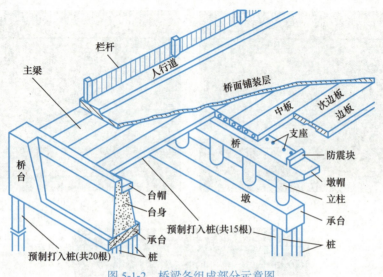

图 5-1-2 桥梁各组成部分示意图

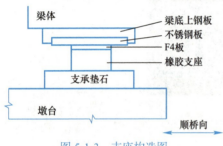

图 5-1-3 支座构造图

导流堤等。

2. 桥梁的病害认知

混凝土梁桥在营运一段时间后,会表现出很多质量问题,导致桥梁承载力不足和桥梁耐久性降低。常见的桥梁病害表现为:混凝土裂缝,混凝土掉块或空洞,支座变形或开裂,钢筋露筋或锈蚀等。

(1)混凝土梁桥上部结构常见缺陷的名称、性状、成因及发生部位见表 5-1-1。

混凝土桥梁上部结构缺陷汇总表　　　　表 5-1-1

名称	性状	成因	常见发生部位	相关图片
麻面	混凝土表面局部缺浆、粗糙,或有许多小凹坑,但无钢筋外露	施工模板表面不光滑,湿润不够,致使构件表面混凝土内水分被吸去	桥梁结构各部位均可能发生	
蜂窝	混凝土局部酥松,砂多石子少,石子间出现空隙,形成蜂窝状孔洞	施工不当——混凝土浇筑时缺乏应有的振捣;分层浇筑时违反操作规程;运输时混凝土产生离析;模板缝隙不严,水泥砂浆流失等;设计不当——配筋太密;混凝土粗集料粒径太大,坍落度过小	桥梁结构各部位均可能发生	
空洞	混凝土内部有空隙,局部没有混凝土,或蜂窝特别大	钢筋布置过密,施工时混凝土被卡住且未充分振捣就继续浇筑了上层混凝土;严重漏浆也可能产生空洞	钢筋密集处或预留孔洞和预埋件处	

续表

名称	性状	成因	常见发生部位	相关图片
层隙	沿施工缝、温度缝、收缩缝或外来杂物的夹层	混凝土中的不良施工缝、温度缝、收缩缝或因外来杂物造成偶然性夹层	桥梁结构各部位均可能发生	
裂缝	在中间存留缝隙或不存留缝隙的两处以上不完全分离的现象	荷载作用，温度变化，混凝土收缩，地基基础变形，钢筋锈蚀，施工质量不佳	桥梁结构各部位均可能发生	
剥落	混凝土表面的砂、水泥浆脱落，粗集料外露（严重时会形成集料及包着集料的砂浆一起脱落，或混凝土表面灰浆成片状的脱落）	保护层太薄；结构出现裂缝，雨水侵入；钢筋锈蚀膨胀引起剥落；严寒地区冻融及干湿交替	桥面、栏杆、墩桩、主梁面	
露筋	钢筋混凝土内的主筋、箍筋等未被混凝土包裹住而外露	施工不当——浇筑时钢筋保护层垫块移位，钢筋紧贴模板；保护层处混凝土漏振或振捣不实	桥梁结构各部位均可能发生	
游离石灰	有附着物由内部渗出并附在结构表面（通常为呈白色的石灰类附着物）	混凝土配合比和集料级配不良，原材料中可溶性盐和碱含量过高	桥梁结构各部位均可能发生	
坑穴	因内部压力导致混凝土表面发生破碎而产生浅凹陷	—	桥梁结构各部位均可能发生	
磨损	在外界的作用下，集料和砂浆磨损、脱落	混凝土强度不足，表层细集料太多，桥面受到车轮磨耗；墩、桩受到高速水流冲刷，水流中又有大量砂石或冰凌等	受到车轮磨耗的桥面部分或受到水流冲刷的墩、桩	
老化	在混凝土表面或整体上出现机械、物理、化学性质损坏的变化	保护层太薄；因结构裂缝导致雨水浸入；钢筋锈蚀膨胀引起剥落；严寒地区冰冻及干湿交替循环作用；有侵蚀性水的化学侵蚀作用	桥梁结构各部位均可能发生	

（2）混凝土梁桥基础结构常见病害见表5-1-2。

桥梁基础结构常见病害　　　　　　　　　表 5-1-2

基础类型		常见缺陷
浅基础	天然地基的浅基础	①埋置深度浅，易受冲刷而淘空； ②埋置深度不足，受冻害影响； ③地基不稳定，易发生滑移或倾斜
	岩石基础	①基础置于风化石层上，风化部分未处理好，经水流冲刷而淘空或悬空； ②受地震的剪切作用，易产生裂缝
	人工地基基础	因处于软弱地基上，在竖向荷载作用下压实沉陷、基础下沉
桩基础	打入桩	木桩	地下水位下降时，桩身常腐蚀
		钢筋混凝土预制桩	①打桩时，桩身损坏； ②受水冲刷、浸蚀产生空洞、剥落等； ③受船只或其他漂浮物的撞击而损伤
	钻（挖）孔桩	①施工时桩底淤泥处理不彻底，引起桩基下沉； ②施工质量不好或受水冲刷、浸蚀而产生空洞、剥落、钢筋外露腐蚀等； ③浇筑混凝土过程中发生塌孔而未作处理，桩身部分脱空； ④受外力撞击而损伤
	管桩基础	承载力不足基础下沉
沉井基础		①地基下沉时，基础也常发生一些下沉； ②地基不均匀下沉或桥台台背高填土影响基础产生滑移、倾斜； ③中间层为弱黏土层时，由于附近施工挖基坑和填土等因素影响，常使基础变位

（3）混凝土梁桥附属设施常见缺陷。

①桥面铺装的常见缺陷的名称、性状及形成原因见表5-1-3所列

桥面铺装层常见缺陷的名称、性状及形成原因　　　　表 5-1-3

名称		性状	形成原因
沥青类铺装层	泛油	在铺装表面有沥青渗出	沥青用量过多；沥青材料软化点太低；集料级配不良
	裂缝	铺装上出现纵（横）向线状裂缝或相互连结的网（格）状裂缝	沥青老化；沥青材料性能不良；桥面板出现损坏破裂
	松散露骨	铺装表面的细集料慢慢地脱离，表面呈现锯齿式的粗糙状态	车辆荷载过大；沥青混合料压实不足；用油量太少
	车辙	沿横断面方向的波（即横断面方向的凸凹）	车辆荷载过大（一般在车轮通过频率较高处出现）
	凸凹	沿纵断面方向周期性的波状起伏，或表面的鼓包	铺装层局部超填；车辆荷载过大
	高低差	在与结构物连接部位产生了高低之差	桥跨结构连接处的不均匀沉陷；伸缩缝不良
水泥混凝土铺装层	磨光	铺装被行驶的车轮磨耗，形成平滑的状态	铺装层集料抗磨性能较差；交通量过大
	裂缝	铺装上出现纵（横）向线状裂缝或相互连结的网（格）状裂缝	温度变化；桥面板（梁）结构产生过大的挠曲应力

续表

名称		性状	形成原因
水泥混凝土铺装层	脱皮露骨	表层产生脱皮或局部的破损露骨	施工时未一次成型；开裂部位受到车辆的冲击作用
	坑槽	铺装层局部脱落产生的洞穴或长槽	施工不良；车辆荷载过大
	高低差	在与结构物连接部位产生了高低之差	跨结构连接处的不均匀沉陷；伸缩缝不良

② 伸缩缝的常见缺陷及成因（表 5-1-4、表 5-1-5、图 5-1-4）

伸缩缝的常见缺陷　　　　表 5-1-4

名称	常见的缺陷
镀锌薄钢板伸缩缝	①软性防水材料如沥青砂或聚氯乙烯胶泥等老化、脱落；②伸缩缝凹槽填入其他硬物，不能自由变形；③镀锌薄钢板上压填的铺装层如水泥混凝土或沥青混凝土等断裂、剥离；④伸缩缝缝上后铺压填部分发生沉陷，高低不平；⑤墩台下沉，出现异常的伸缩，车辆行驶时出现冲击及噪声
钢板伸缩缝	①角钢与钢筋混凝土梁锚固不牢，使钢板松动；②缝内塞进石块或铁夹物，使伸缩缝接头活动异常；③排水管发生破坏损伤或被土砂堵塞；④表面钢板焊接部位破坏损伤
橡胶伸缩缝	①橡胶条破坏损伤；②橡胶条剥离；③在橡胶嵌合连接部位漏水；④锚固构件破损、锚固螺栓松脱；⑤伸缩缝构造部位下陷或凸出；⑥车辆行驶时不适，发生噪声

伸缩缝常见缺陷的成因　　　　表 5-1-5

名称	常见的缺陷
设计原因	①桥面板端部刚度不足；②伸缩缝构造刚度不足；③伸缩缝构造锚固构件强度不足；④伸缩缝构造产生过大的伸缩间距；⑤后浇压填材料选择不当；⑥变形量设计不当
施工原因	①桥面板间伸缩缝间施工有误；②后浇压填材料养护管理不善；③伸缩缝构造安置不善；④桥面铺装层浇筑不好；⑤墩、台施工不良
外在原因	①车辆荷载不断增大、交通量亦逐渐增大；②桥面铺装层老化；③接缝处桥面凹凸不平；④气候条件的影响；⑤地震等意外灾害

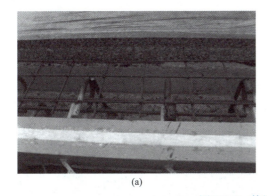 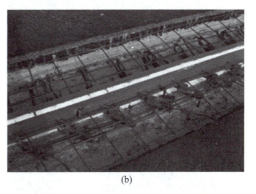

(a)　　　　　　　　　　　　　　　　　(b)

图 5-1-4　伸缩缝常见缺陷
（a）预留槽未凿毛处理；（b）预留筋缺失后未处理

③ 支座的常见缺陷及成因（表 5-1-6、表 5-1-7、图 5-1-5）

桥梁支座的常见缺陷 表 5-1-6

位置	缺陷形式内容
支座本身	支座构件开裂；（如轴承出现裂纹、切口等病害）；支座老化；（如橡胶支座出现橡胶老化、变质等病害）；支座脱空、脱落；支座偏移，受力不均；支座滑动面不平整；支座螺母松动或螺栓脱落；支座止滑装置的损坏；支座限制移动装置的损坏；支座滚轴的偏移和下降；支座滚轴和下降销子的损坏；油毛毡支座的破裂、脱落、酥烂等病害；弧形支座滑动面、滚动面生锈，从而不能自由转动；摆柱式支座的混凝土摆柱出现脱皮、露筋等病害；钢辊轴式支座辊轴（摇轴）纵向位移偏大或发生横向位移
支座座板	锚栓切断；支座座板翘起、扭曲、断裂；座板贴角焊缝开裂；填允砂浆裂缝；支座座板混凝土压坏、剥离、掉角

桥梁支座常见缺陷的成因 表 5-1-7

	缺陷可能的成因
设计	形式选定与布置的错误；材料选择的错误；锚栓支数与埋入长度不足；支座边缘距离不足；支座底板补强钢筋不足；底面突起和对支座底板面的形式尺寸研究不够；负反力的支座固定装置不完备；对螺栓、螺母等的脱落研究不够
制作	铸件等材料质量管理不够，制作困难；金属支座的油漆、防腐防锈处理不良；砂浆填充质量不良；固定数量出错
施工	滑动面、滚动面夹杂尘埃、异物；因防水、排水装置的缺陷引起向支座漏水、溢水、漏油；螺母、螺栓的松动、脱落；施工不当、梁与支座脱离、支座脱落
其他	桥台、桥墩不均匀沉降、倾斜、水平变位；上部结构位移

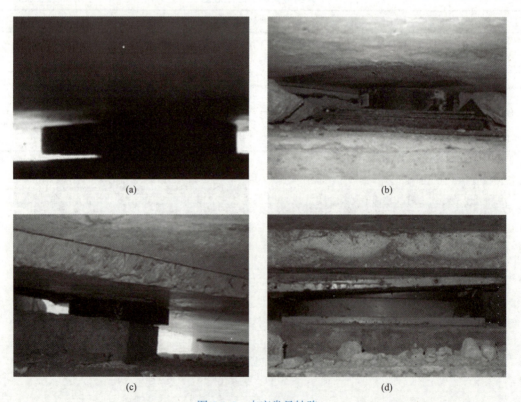

图 5-1-5 支座常见缺陷
（a）支座脱空；（b）锈蚀；（c）支座偏移；（d）支座顶板安装倾斜

5.1.2 桥梁养护要求

为了确保桥梁始终处于正常工作状态,我们需要定期对桥梁进行养护。具体养护内容和要求如下:

1. 桥梁养护主要工作内容

(1)对桥梁进行技术状况检查和评定制度。对桥梁构造物进行周期性检查,系统地掌握其技术状况,及时发现缺损和相关环境变化。按桥梁检查结果,对桥梁技术状况进行分类评定,制定相应的养护对策。

(2)对桥梁构造物进行安全防护。桥梁构造如遇缺损,应立即进行更换和恢复。在非常时期,如在洪水期间应采取防护措施。

(3)对桥梁构造物进行经常保养、维修与加固。采用正确、先进的技术措施,依据有关技术法规,对桥梁及其附属设施进行经常性保养,保持设计荷载等级的承载要求及设计交通量的通行要求。根据交通发展需要,也可通过改造和改建来提高承载能力和通行能力。

2. 桥梁养护基本要求

(1)桥梁养护应做到桥梁外观整洁,桥面铺装坚实平整、横坡适度,桥头连接顺适,排水畅通,结构完好无损,标志、标线等附属设施齐整完好。

(2)养护工作和工程实施应注意保障车辆、行人的安全通行和环境保护。

(3)新建或改建桥梁交工接养,应有完备的交接手续并提供成套的技术资料。特大桥、大桥应配置养护设施、机具,设置养护工作通道、扶梯、吊杆、平台,设计单位应提供养护技术要点及要求。未配置或配置不能完全满足养护工作需要的,可根据实际需要予以增添。

(4)桥涵构造物的检查及技术状况评定、养护对策,维修、加固、改建的竣工验收等技术文件,均应按统一格式完整地归入桥梁养护技术档案及数据库。

【任务实施】

上部承重构件共发现 3 处病害,上部一般构件有 2 处病害,具体如表 5-1-8。

上部结构检查结果表　　　　　表 5-1-8

序号	病害类型	照片编号
1	锈胀	图 5-1-1(a)
2	裂缝	图 5-1-1(b)
3	泛碱	图 5-1-1(c)
4	露筋	图 5-1-1(d)
5	破损	图 5-1-1(e)

任务 5.2　桥梁检查及技术状况评定

【学习目标】

1. 知道公路桥梁检查分类,掌握桥梁结构养护检查等级划分标准;

2. 知道桥梁养护检查工作内容，能够按照初始检查、日常巡查、经常检查、定期检查等进行公路桥梁养护检查；

3. 掌握公路桥梁技术状况评定标准，能够综合评定所检桥梁及各部件当前的技术状况。

【学习目标】

1. 知道公路桥梁技术状况评定流程；
2. 掌握公路桥梁技术状况评定方法；
3. 能够运用公路桥梁技术状况评定方法综合评定所检桥梁及各部件当前的技术状况。

【任务描述】

根据任务 5.1 的工程概况，结合现场缺陷图片及资料对该桥进行技术状况评定。

【相关知识】

桥梁检查是桥梁养护工作中的一个重要环节，也是桥梁养护的基础性工作。通过对桥梁缺陷和损伤的检查，并根据其性质、部位、严重程度及发展趋势，找出产生缺陷和损伤的主要原因，分析和评价其对桥梁技术状况和承载能力的影响，从而了解桥梁在役期间技术状况，较早地发现桥梁的缺陷和异常，进而合理地提出养护措施。公路桥梁按检查的范围、深度、方式和检查目的，分为初始检查、日常巡查、经常检查、定期检查和特殊检查五种检查方式。公路桥梁技术状况评价是对桥梁结构状态等级的综合评价，其中包含了桥梁的使用功能、使用价值、承载能力等多方面。通过桥梁技术状况评价，可鉴定其是否仍具有原设计的工作性能及承载能力，进而为桥涵的维修、改造、加固提供决策性的意见。

5.2.1 桥梁检查

1. 初始检查

针对新建成或者改建后的桥梁应及时进行初始检查，宜与桥梁的交工验收质量检测同时进行，且在工程交付后 1 年内完成。初始检查是由专业检测机构实施，检查及测量内容主要包括：

（1）桥梁上、下部结构及桥面系的病害调查及记录，并按《公路桥涵养护规范》JTG 5120—2021 设置永久观测点；

（2）测量复核桥长、桥宽、截面尺寸等基础数据；

（3）检测桥梁混凝土构件的钢筋保护层厚度以及强度等指标；

（4）针对单孔跨径大于 150m 的特大桥或特别重要桥梁需进行静动载荷试验，掌握桥梁控制断面的结构强度、刚度等质量状况，以及桥梁整体的动力响应状态；

（5）针对特大桥、大桥，以及高速公路或一级、二级公路上的中桥、小桥，若有水中基础，还应开展水下检测；

（6）定期检查需测定的所有项目。

2. 日常巡查

日常巡查工作应由管养单位的桥梁工程师来完成，通常以乘车目测为主，日常巡查以桥面系外观查看为主，包括桥路连接处是否异常；桥面铺装、伸缩缝、栏杆或护栏是否有缺损；桥梁的线形是否明显不顺适等检查内容（图 5-2-1）。

养护检查等级为Ⅰ、Ⅱ级的桥梁，日常巡查每天不应少于 1 次；对有特殊照明需求（功能性及装饰性照明、航空航道指示灯等）的桥梁，应适当开展夜间巡查。养护检查等级为Ⅲ级的桥梁，日常巡查每周不应少于 1 次。遇地震、地质灾害或极端气象时应增加检查频率。

图 5-2-1　护栏常见缺陷养护人员日常巡查

3. 经常检查

经常检查是桥梁例行检查，公路桥梁的经常性检查针对公路桥梁的各部件的外观质检、承载能力等技术状况，根据养护规范要求：养护检查等级为Ⅰ级的桥梁，经常检查每月不应少于 1 次。养护检查等级为Ⅱ级的桥梁，经常检查每两个月不应少于 1 次。养护检查等级为Ⅲ级的桥梁，经常检查每季度不应少于 1 次，并均应客观真实填写桥梁经常性检查记录表。

4. 定期检查

定期检查是在桥梁的运行中，需要根据桥梁的运行情况在固定的时间对桥梁主体结构及其附属构造物的技术状况进行定期跟踪的全面检查。定期检查主要是检查各部件的功能是否完善有效，构造是否合理耐用，发现需要大修、中修、改善或限制交通的桥梁缺损状况；同时检查小修保养状况。根据《公路桥涵养护规范》JTG 5120—2021 规定：养护检查等级为Ⅰ级的桥梁，定期检查周期不得超过 1 年；养护检查等级为Ⅱ级、Ⅲ级的桥梁，定期检查周期不得超过 3 年。定期检查必须接近或进入各部件仔细检查其功能及材料的缺损状况，并在现场完成下列工作：

① 现场校核桥梁基本数据，填写或补充完善"桥梁基本状况卡片"；
② 当场填写"桥梁定期检查记录表"，记录各部件缺损状况并绘制主要病害分布图；
③ 对桥梁永久观测点进行复核，对桥面高程及线形、变位等检测指标进行量测；
④ 判断病害原因及影响范围；
⑤ 进行技术状况评定，提出养护建议。

公路桥梁定期检查一般工作流程见图 5-2-2。

5. 特殊检查

特殊检查系指根据检测目的、病害情况和性质，采用仪器设备进行现场测试和其他辅助试验，针对桥梁现状进行检算分析，形成评定结论，提出建议措施。

5.2.2　桥梁技术状况评定内容

公路桥梁技术状况评定包括桥梁构件、部件、桥面系、上部结构、下部结构和全桥评定。采用分层综合评定与 5 类桥梁单项控制指标相结合的方法，先对桥梁各构件进行评定，然后对桥梁各部件进行评定，再对上部结构、下部结构、桥面系分别进行评定，最后进行桥梁总体技术状况评定。桥梁技术状况评定指标见图 5-2-3。

当单个桥梁存在不同结构形式时可根据结构形式的分布情况划分评定单元，分别对

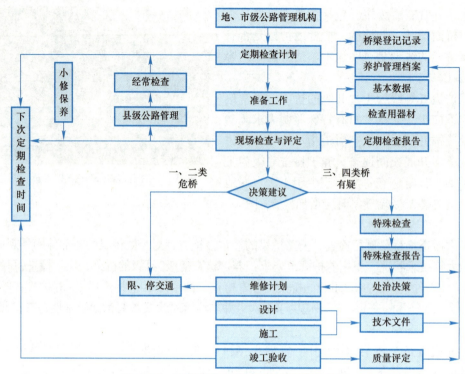

图 5-2-2　公路桥梁定期检查一般工作流程图

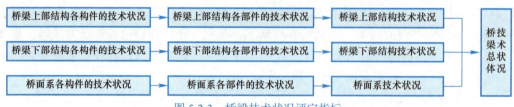

图 5-2-3　桥梁技术状况评定指标

各评定单元进行桥梁技术状况的等级评定然后以技术状况等级评定结果最差的一个评定单元作为全桥的评定结果。

1. 桥梁技术状况等级分类

由于不同的桥梁构件对桥梁技术状况影响程度不同，将桥梁结构分成两大部分分别为主要部件（表 5-2-1）和次要部件。

各结构类型桥梁主要部件　　表 5-2-1

序号	结构类型	主要部件
1	梁式桥、板式桥	上部承重构件、桥墩、桥台、基础、支座
2	板式桥、（圬工、混凝土）肋拱桥、箱形拱桥、双曲拱桥	主拱圈、拱上结构、桥面板、桥墩、桥台、基础
3	刚架拱桥、桁架拱桥	刚架（桁架）、横向联结系、桥面板、桥墩、桥台、基础
4	钢-混凝土组合拱桥	拱肋、横向联结系、立柱、吊杆、系杆、行车道板（梁）、支座
5	悬索桥	主缆、吊索、加劲梁、索塔、锚碇、桥墩、桥台、基础、支座
6	斜拉桥	斜拉索（斜拉索、锚具）、主梁、索塔、桥墩、桥台、基础、支座

桥梁总体技术状况评定等级分为一类、二类、三类、四类、五类（表5-2-2）。

桥梁总体技术状况评定等级　　　　　　　表 5-2-2

技术状况评定标度	桥梁技术状况概述
一类	全新状态、功能完好
二类	有轻微缺损，对桥梁使用功能无影响
三类	有中等缺损，尚能维持正常使用功能
四类	主要构件有大的缺损，严重影响桥梁使用功能；或影响承载能力，不能保证正常使用
五类	主要构件存在严重缺损，主要构件不能正常使用，危及桥梁安全，桥梁处于危险状态

桥梁主要部件技术状况评定标度分为一类、二类、三类、四类、五类（表5-2-3）。

桥梁主要部件技术状况评定标度　　　　　　　表 5-2-3

技术状况评定标度	桥梁技术状况概述
一类	全新状态、功能完好
二类	功能良好，材料有局部轻度缺损或污染
三类	材料有中等缺损；或出现轻度功能性病害，但发展缓慢，尚能维持正常使用功能
四类	材料有严重缺损；或出现中等功能性病害，但发展较快；结构变形小于或等于规范值，功能明显减弱
五类	材料严重缺损，出现严重的功能性病害，且有继续扩展现象；关键部位的部分材料强度达到极限，变形大于规范值，结构的强度、刚度、稳定性不能达到安全通行的要求

桥梁次要部件技术状况评定标度分为一类、二类、三类、四类（表5-2-4）。

桥梁次要部件技术状况评定标度　　　　　　　表 5-2-4

技术状况评定标度	桥梁技术状况描述
一类	全新状态、功能完好；或功能良好，材料有轻度缺损、污染等
二类	有中等缺损或污染
三类	材料有严重缺损，出现功能降低，进一步恶化将不利于主要部件，影响正常交通
四类	材料有严重缺损，失去应有功能，严重影响正常交通；或原无设置，而调查需要补设

2. 桥梁技术状况评定工作流程

桥梁技术状况评定工作流程见图 5-2-4。

3. 桥梁技术状况评定计算

（1）构件技术状况评分

以混凝土梁式桥为例，规范将桥梁分为蜂窝、麻面、剥落、掉角、空洞、孔洞、混凝土保护层厚度、钢筋锈蚀、混凝土碳化、混凝土强度、跨中挠度、结构变位、预应力构件损伤、简支梁（板）桥、刚架桥裂缝、连续梁桥、连续刚构桥、悬臂梁桥和T型刚构裂缝等 12 个构件评定指标。按照规范中构件评分公式对构件进行技术状况评分：

$$PMCI_l(BMCI_l 或 DMCI_l) = 100 - \sum_{x=1}^{k} U_x \quad (5\text{-}2\text{-}1)$$

当 $x = 1$ 时

$$U_1 = DP_{i1} \quad (5\text{-}2\text{-}2)$$

当 $x \geqslant 2$ 时

$$U_x = \frac{DP_{ij}}{100 \times \sqrt{x}} \times (100 - \sum_{y=1}^{x-1} U_y) \quad (5\text{-}2\text{-}3)$$

（其中 $j = x$，x 取 2，3，4，…，k）

当 $k \geqslant 2$ 时，U_1、U_x 计算公式中的扣分值 DP_{ij} 按照从大到小的顺序排列

当 $DP_{ij} = 100$ 时

$$PMCI_l(BMCI_l 或 DMCI_l) = 0 \quad (5\text{-}2\text{-}4)$$

式中：$PMCI_l$——上部结构第 i 类部件的 l 构件的得分，值域为 0～100 分；

$BMCI_l$——下部结构第 i 类部件的 l 构件的得分，值域为 0～100 分；

$DMCI_l$——桥面系第 i 类部件的 l 构件的得分，值域为 0～100 分；

k——第 i 类部件 l 构件出现扣分的指标的种类数；

U、x、y——引入的变量；

i——部件类别，例如 i 表示上部承重构件、支座、桥墩等；

j——第 i 类部件 l 构件的第 j 类检测指标；

DP_{ij}——第 i 类部件 l 构件的第 j 类检测指标的扣分值；根据构件各种检测指标扣分值进行计算，扣分值按表 5-2-5 规定取值。

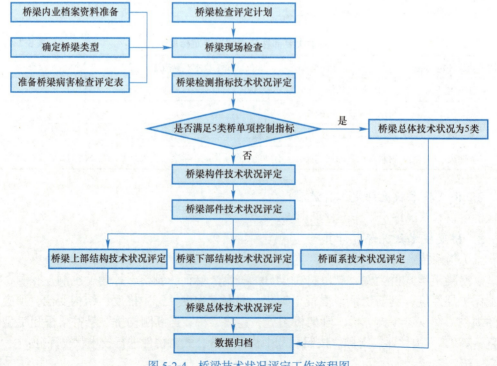

图 5-2-4　桥梁技术状况评定工作流程图

构件各检测指标扣分值　　　　表 5-2-5

检测指标所能达到的最高等级类别	指标类别				
	1类	2类	3类	4类	5类
3类	0	20	35	—	—
4类	0	25	40	50	—
5类	0	35	45	60	100

采用构件技术状况评分方法常使构件病害增多，构件分数降低。无论构件病害程度与病害数量如何增加，构件得分数始终≥0分。

评定计算的构件、部件、桥面系、上部结构、下部结构、全桥技术状况评分均四舍五入保留一位小数。构件只有技术状况评分，无技术状况等级；部件、桥面系、上部结构、下部结构、全桥技术状况等级应根据评分结果以及《公路桥梁技术状况评定标准》JTG/TH 21—2011 中的桥梁技术状况分类界限表来确定。

（2）部件技术状况评分

根据《公路桥梁技术状况评定标准》JTG/TH 21—2011 规定，对桥梁部件技术状况评分，按照式（5-2-5）计算。

$$PCCI_i = \overline{PMCI} - (100 - PMCI_{\min})/t \quad （5-2-5）$$

$$或 \ BCCI_i = \overline{BMCI} - (100 - BMCI_{\min})/t$$

$$或 \ DCCI_i = \overline{DMCI} - (100 - DMCI_{\min})/t$$

式中：$PCCI_i$——上部结构第 i 类部件的得分，值域为0~100分；当上部结构中的重要部件某一构件评分值 $PMCI_i$ 在 [0，40) 区间时，其相应的部件评分值 $PCCI_i = PMCI_i$；

$\overline{PMCI}$——上部结构第 i 类部件各构件的得分平均值，值域为0~100分；

$BCCI_i$——下部结构第 i 类部件的得分，值域为0~100分；当下部结构中的重要部件某一构件评分值 $BMCI_i$ 在 [0，40) 区间时，其相应的部件评分值 $BCCI_i = BMCI_i$；

$\overline{BMCI}$——下部结构第 i 类部件各构件的得分平均值，值域为0~100分；

$DCCI_i$——桥面系第 i 类部件的得分，值域为0~100分；

$\overline{DMCI}$——桥面系第 i 类部件各构件的得分平均值，值域为0~100分；

$PMCI_{\min}$——上部结构第 i 类部件中分值最低的构件得分值；

$BMCI_{\min}$——下部结构第 i 类部件中分值最低的构件得分值；

$DMCI_{\min}$——桥面系第 i 类部件中分值最低的构件得分值；

t——随构件的数量而变化的系数，可查《公路桥梁技术状况评定标准》JTG/TH 21—2011。

部件技术状况评分方法特点是组成部件的单个构件分数越低，部件分数降低。考虑最差构件对桥梁整体安全性、实用性的影响，通过最差构件得分对构件得分平均值进行修正。主要部件中缺损状况严重的构件对桥梁安全影响非常大，当主要部件中的构件评分值在 [0，40) 时，主要部件的评分值不再按标准中的公式进行计算，部件直接取此构件的评分值，若多个构件均低于 40 分，则选取最低构件得分值作为部件得分值。

（3）上部结构、下部结构、桥面系技术状况评分

$$SPCI(SBCI 或 BDCI) = \sum_{i=1}^{m} PCCI_i(BCCI_i 或 DCCI_i) \times W_i \quad (5\text{-}2\text{-}6)$$

式中：$SPCI$——桥梁上部结构技术状况评分，值域为 0～100 分；

$SBCI$——桥梁下部结构技术状况评分，值域为 0～100 分；

$BDCI$——桥梁桥面系技术状况评分，值域为 0～100 分；

m——上部结构（下部结构或桥面系）的部件种类数；

W_i——第 i 类部件的权重，按《公路桥梁技术状况评定标准》JTG/TH 21—2011 中的规定取值；对于桥梁中未设置的部件，应根据此部件的隶属关系，将其权重值分配给各既有部件，分配原则按照各既有部件权重在全部既有部件权重中所占比例进行分配。

该公式与全桥的技术状况评分计算方法类似，都是采用加权求和法进行。在采用该方法进行计算时，应注意实际工作中当存在某座桥梁没有设置部件，如单跨桥梁无桥墩、部分桥梁无人行道等类似情况，需要根据此构件隶属于上部构件、下部构件或桥面系关系，将此缺失构件的权重值分配给其他部件。分配方法采用将缺失部件权重值按照既有部件权重在全部既有部件权重中所占比例进行分配的方法，保证既有部件参与评价，使评价更符合实际情况。

（4）桥梁总体技术状况评分

对桥梁总体的技术状况评分，按照式 5-7 计算。

$$D_r = BDCI \times W_D + SPCI \times W_{SP} + SBCI \times W_{SB} \quad (5\text{-}2\text{-}7)$$

式中：D_r——桥梁总体技术状况评分，值域为 0～100；

W_D——桥面系在全桥中的权重，按表 5-2-6 的规定取值；

W_{SP}——上部结构在全桥中的权重，按表 5-2-6 的规定取值；

W_{SB}——下部结构在全桥中的权重，按表 5-2-6 的规定取值。

桥梁结构组成权重表 表 5-2-6

桥梁部位	权重
上部结构	0.40
下部结构	0.40
桥面系	0.20

在进行上部结构、下部结构、桥面系的综合评定时，依据不同桥型各部件重要程度的不同，给予各类型桥梁部件不同的权重。在进行全桥的综合评定时依据上部结构、下部结构、桥面系重要程度的不同，分别给予上部结构、下部结构、桥面系的不同权重。由于各地环境条件不同，除了采用《公路桥梁技术状况评定标准》JTG/TH 21—2011 的推荐值外，还允许依据实际情况进行调整。调整权重可采用专家评估法，调整值应经过批准认可，主要构件的权重不宜减少。

（5）桥梁技术状况分类界限（表 5-2-7）

桥梁技术状况分类界限表　　　　表 5-2-7

技术状况评分	技术状况等级 D_j				
	1 类	2 类	3 类	4 类	5 类
D_r（SPCI、SBCI、BDCI）	[95, 100]	[80, 95)	[60, 80)	[40, 60)	[0, 40)

（6）特殊情况评定

当上部结构和下部结构技术状况等级为 3 类、桥面系技术状况等级为 4 类，且桥梁总体技术状况评分为 $40 \leq D_r < 60$ 时，桥梁总体技术状况等级可评定为 3 类。

（7）最差部件评定法

全桥总体技术状况等级评定时，当主要部件评分达到 4 类或 5 类且影响桥梁安全时，可按照桥梁主要部件最差的缺损状况评定。

（8）五类桥单项控制指标

在桥梁技术状况评价中，整座桥应评为 5 类桥的情况扫二维码 5-3 可见。

资源 5-3
5 类桥单项控制指标

【任务实施】

根据任务 5.1 中桥检查梁结果报告，桥梁技术状况评定依据《公路桥梁技术状况评定标准》JTG/TH 21—2011 中有关规定进行，评定分值见下表 5-2-8。

桥梁技术状况评定表　　　　表 5-2-8

序号	部位	桥梁部件及评级				构件评定					
		部件名称	权重	技术状况等级	技术状况评分	构件名称	构件总数量	有病害构件数	t 值	最低得分	平均得分
1	上部结构 91.19 分 2 类	上部承重构件	0.70	2	91.4	装配箱梁	24	3	6.12	65.0	97.1
2		上部一般构件	0.18	2	84.6	湿接缝	21	2	5.10	100.0	90.0
4		支座	0.12	1	100.0	支座	48	0	4.50	100.0	100.0
5	下部结构 100 分 1 类	翼墙、耳墙	0.02	1	100.0	耳墙	4	0	9.50	100.0	100.0
6		锥坡、护坡	0.01	1	100.0	锥坡	4	0	9.50	100.0	100.0
7		桥墩	0.30	1	100.0	盖梁	2	0	10.00	100.0	100.0
8		桥台	0.30	1	100.0	台帽	2	0	10.00	100.0	100.0
9		墩台基础	0.28	1	100.0	墩台基础	4	0	9.50	100.0	100.0
10		河床	0.07	1	100.0	河床	1	0	∞	100.0	100.0
11		调治构造物	0.02	1	100.0	调治构造物	1	0	∞	100.0	100.0
12	桥面系 100 分 2 类	桥面铺装	0.40	1	100.0	桥面铺装	3	0	9.70	100.0	100.0

续表

序号	部位	桥梁部件及评级				构件评定					
		部件名称	权重	技术状况等级	技术状况评分	构件名称	构件总数量	有病害构件数	t 值	最低得分	平均得分
13	桥面系 100分 2类	伸缩缝装置	0.25	1	100.0	伸缩缝装置	2	0	10.00	100.0	100.0
14		人行道	0.10	1	100.0	人行道	1	0	∞	100.0	100.0
15		栏杆、护栏	0.10	1	100.0	护栏	2	0	10.00	100.0	100.0
16		排水系统	0.10	1	100.0	泄水孔	1	0	10.00	100.0	100.0
17		照明、标志	0.05	1	100.0	标志牌	1	0	10.00	1000	100.0

第一步：上部结构构件得分。

24 片梁中，有 3 片梁得分分别为 80 分、85 分、65 分，其余为满分；

21 个上部一般构件中，有 2 个构件得分分别为 75 分、65 分，其余为满分；

支座均良好。

第二步：上部结构部件得分。

$PCCI_{梁} = \overline{PMCI} - (100 - PMCI_{min})/t = 97.1 - (100 - 65)/6.12 = 91.38$ 分

$PCCI_{上部一般构件} = \overline{PMCI} - (100 - PMCI_{min})/t = 90.0 - (100 - 65)/6.48 = 84.60$ 分

$PCCI_{支座} = 100$ 分

第三步：

上部结构 $SPCI = 91.38 \times 0.7 + 84.60 \times 0.18 + 100 \times 0.12 = 91.19$

下部结构 $SBCI = 100$ 分

桥面系 $BDCI = 100$ 分

第四步：全桥得分。

$D_r = D_r = BDCI \times W_D + SPCI \times W_{SP} + SBCI \times W_{SB} = 100 \times 0.2 + 91.19 \times 0.4 + 100 \times 0.4 = 96.48$ 分

按照《公路桥梁技术状况评定标准》JTG/TH 21—2011，该桥技术状况评分为 96.48 分，技术状况等级评定为 1 类。

经评分计算，上部结构 91.19 分，技术状况为 2 类；下部结构 100 分，技术状况为 1 类；桥面系 100 分，技术状况为 1 类；总体 96.48 分。因此该桥桥梁技术状况评定为 1 类。

任务 5.3　桥梁养护与维修

【学习目标】

1. 知道混凝土梁桥常见缺陷的名称、性状、成因及发生部位，能够判断桥梁的缺陷位置和类别；

2. 掌握桥梁上部结构、下部结构和附属结构养护维修方法，能够根据不同桥梁缺陷运用不同方法进行维修和加固。

【任务描述】

根据任务 5.1 的工程概况，结合现场缺陷图片及任务 5.2【任务实施】中桥梁技术状况评定，判断桥梁缺陷并编制维修方案。

【相关知识】

5.3.1 桥梁上部结构维修与加固

上部结构又称桥跨结构（图 5-3-1），是跨越障碍的主要结构。桥跨结构的养护、维修与加固应在桥梁检测及评定的基础上，针对病害的成因充分发挥原结构的承载能力，并选择投资少、工效快、尽量不中断交通、技术上可行且有较好耐久性等的方法进行。

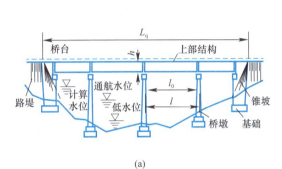

(a)　　　　　　　　　　　　　　　(b)

图 5-3-1　桥梁结构图

（a）桥梁结构分布图；（b）桥梁结构实物图

1. 桥梁上部结构维修

（1）维修的前期工作

不管采用何种材料和方法对缺陷进行修补，都必须做好前期工作，即必须除掉已损坏的混凝土，并对混凝土修补部位进行凿毛处理，直到露出完好混凝土并扩展到钢筋除锈所需范围，同时使老混凝土表面保持湿润、清洁、不沾尘土。具体清除方法（图 5-3-2～图 5-3-4）有：

① 人工凿除法。对于浅层或小面积的损坏，可用榔头、凿子等手工工具直接凿除；

② 气动凿除法。对于损坏面积较大且有一

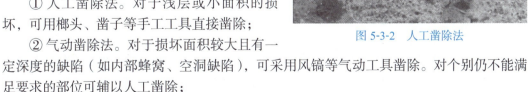

图 5-3-2　人工凿除法

定深度的缺陷（如内部蜂窝、空洞缺陷），可采用风镐等气动工具凿除。对个别仍不能满足要求的部位可辅以人工凿除；

③ 高速射水法。对于浅层且大面积的缺陷，可用高速水流除去混凝土损坏部分，也

可使用高压泵冲水清除混凝土破损处和钢筋上的铁锈。在经过清除的钢筋上很快会形成一层极薄的氧化铁薄膜（有助于保护钢筋）。该法可以全部或几乎全部地冲去有缺陷的混凝土与钢筋上的锈蚀及表面上微量的侵蚀性化学物。

图 5-3-3　气动凿除法

图 5-3-4　高速射水法

（2）桥梁结构表层缺陷维修常用方法

混凝土结构常见的表层缺陷有麻面、蜂窝、空洞、剥落、磨损、露筋等。对于混凝土构件的表层病害一般进行正常的养护管理或针对性的修补。具体方法如表 5-3-1 所列。

桥梁结构表层缺陷维修常用方法　　　　表 5-3-1

方法	适用范围	选用材料	维修做法
混凝土修补法	混凝土桥梁结构中出现的蜂窝、空洞及较大范围破损等缺陷	级配良好的新鲜混凝土	在新旧混凝土接缝表面范围内用钢丝刷出去所有软弱的浮浆，刷净尘土，涂抹两层封闭浆液，如环氧树脂浆液。第二层的涂抹方法应与第一层垂直。在浆液涂抹后尚未凝固时，可立即浇筑上新的混凝土并对修补部分进行养护
水泥砂浆人工涂抹法	小面积的缺陷，特别是损坏深度较浅时的修补	水泥浆液	修补前对缺陷部分进行处理，其后在钢筋和其周围的混凝土上涂抹一层水泥浆液或其他胶粘剂，最后在浆液涂抹后尚未凝固时，将拌合好的砂浆用铁抹抹到修补部位，反复加强压实（必须用抹子施加较大的压力，才能使砂浆经过养护硬化和干燥后不致出现凹陷），最后按普通混凝土要求进行养护（图 5-3-5a）
喷浆修补法	混凝土表面大面积缺损的修补及重要混凝土结构物的修补	水泥、砂和水的混合料	修补前对缺陷部分进行处理，其后法将水泥、沙和水的混合料经高压通过喷嘴喷射到修补部位。当修补要求挂网时，在施工前还应进行钢筋网的制作、安装、固定（图 5-3-5b）
混凝土胶粘剂修补法	混凝土桥梁结构表面的风化、剥落、露筋等小面积的破损	混凝土胶粘剂	封涂时，应按由低向高，由外向内的方向进行，应使封涂缺陷的周围有2cm的粘附面。封涂层厚度应大于2.5cm（图 5-3-6、图 5-3-7）

（3）桥梁结构裂缝修补方法

在施工和营运使用过程中桥梁结构常常会出现各种不同形式的裂缝。其中，由砖、石和混凝土构筑而成的桥梁结构物，由于砖石砌体及材料的抗拉能力较弱，稍微受拉就会产生裂缝。因此，对于砖、石和混凝土结构物来说，产生裂缝几乎是不可避免的。这就需要我们对桥梁结构裂缝进行分析并及时进行加固技术处理。裂缝修补的主要方法见表 5-3-2，工艺流程见图 5-3-8。

图 5-3-5 水泥砂浆修补法

(a) 人工涂抹法；(b) 喷浆修补法

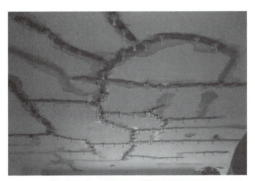

图 5-3-6 混凝土胶粘剂修补法

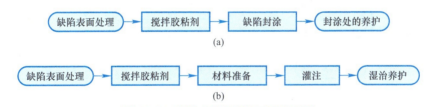

图 5-3-7 混凝土胶粘剂施工工艺流程

(a) 混凝土胶粘剂表面封涂法工艺流程；(b) 混凝土胶粘剂浇筑图层法工艺流程

桥梁结构裂缝修补方法　　　　　　表 5-3-2

裂缝修补方法	适用范围	选用材料	维修原理	示意图
表面喷涂法	宽度小于0.3mm的表层裂缝修补	环氧树脂类、聚酯树脂类、聚氨酯类、改性沥青类等涂料	在经凿毛处理的裂缝表面，喷射一层密实、均匀的水泥砂浆保护层封闭裂缝	

207

续表

裂缝修补方法	适用范围	选用材料	维修原理	示意图
表面处理法	微裂缝（一般宽度小于0.2mm）	防水材料	在微裂缝表面涂抹填料及防水材料，以提高其防水性和耐久性为目的的方法	
注浆法	宽度大于等于0.2mm的桥梁裂缝	环氧树脂	在裂缝中注入树脂或水泥类材料，使裂缝处混凝土能够重新粘接，恢复梁体的整体性，从而提高桥梁耐久性	
充填法	较宽裂（0.5mm以上）	水泥砂浆、环氧砂浆、膨胀水泥砂浆、环氧树脂混凝土、沥青	通过将封闭膏开槽填充到裂缝中，使裂缝得到填充和修补	—

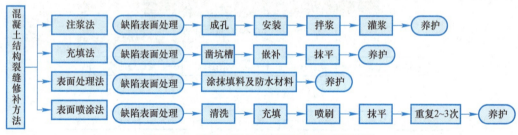

图 5-3-8　混凝土结构裂缝修补方法工艺流程

（4）桥梁结构裂缝修补质量控制

① 裂缝封闭

桥梁结构裂缝封闭的基本要求是裂缝封闭的材料、性能应符合设计要求；裂缝封闭前对混凝土表面进行打磨、开槽，并进行清洗；开槽的宽度、深度符合有关规范要求。实测项目应符合《公路桥梁加固施工技术规范》JTG/T J23—2008。

② 裂缝灌胶

桥梁裂缝灌胶基本要求是裂缝灌封材料的质量、安全技术性能应符合设计和有关技术规范的要求；灌胶工艺应符合设计和有关技术规范的要求；表面封缝材料固化后应均匀、平整、不出现裂缝，无脱落；裂缝灌胶的质量，可采用目测法、无损检测法和取芯法逐步进行裂缝灌胶质量的检查。检测方法有目测法、超声波法或雷达法、取芯法。实测项目应符合《公路桥梁加固施工技术规范》JTG/T J23—2008。

2. 桥梁上部结构加固

（1）增大截面加固法

增大截面加固法又称为"外包混凝土"加固法，通过增大混凝土构件的截面和增多配筋，提高构件的强度、刚度、稳定性和抗裂性等。该方法可加固梁式桥，也可加固拱式桥。

加固原理：利用钢筋混凝土的高强度和良好的延性，将钢筋混凝土覆盖层作为混凝土结构的一部分，从而增加结构的截面面积和受力面积，提高结构的承载能力和抗震性能。

适用范围：较小跨径的T梁桥或板桥的加固。

优点：工艺简单、适应性强，具有成熟的设计和施工经验，加固后桥梁刚度明显提高，承载能力也能取得较好的效果。

缺点：现场施工的湿作业时间较长，加固后的建筑物净空有一定减小。

工艺流程（图5-3-9）：

① 凿槽、配设补强钢筋。先沿着原构件底部主筋部位下面凿槽。槽不宜过宽过深，以不影响补强钢筋的放置及焊接为度，并尽量减少原主筋周围混凝土的握裹力损失。凿好槽后，剪断原有钢筋后设置补强钢筋。

② 将补强钢筋与原主筋焊接。焊接时一般可采用焊一段空一段的间断焊接方式（焊缝长约60~80mm），以免温度过高影响混凝土质量。剪断的箍筋可焊在补强钢筋上，使其形成较为牢固的钢筋骨架。

③ 将板梁底部混凝土表面凿毛、洗净。为保证新旧混凝土的结合，减少因变形而产生的结合裂缝，在喷涂砂浆或浇筑混凝土前，应用高压水冲除结合部位的余灰，并使其湿润。

④ 喷涂或浇筑砂浆或混凝土覆盖层，以形成新旧钢筋混凝土结合良好的断面。混凝土或砂浆覆盖层不宜太薄，厚度应符合钢筋混凝土截面保护层的要求。

⑤ 加强新浇水泥砂浆层或混凝土层的养生工作，避免因过早行车而影响工程质量。

⑥ 为避免影响桥下通航通车，可采用悬挂式脚手架的形式进行施工。示意图及实例见图5-3-10、图5-3-11所示。

资源5-4
增大截面
加固法
施工

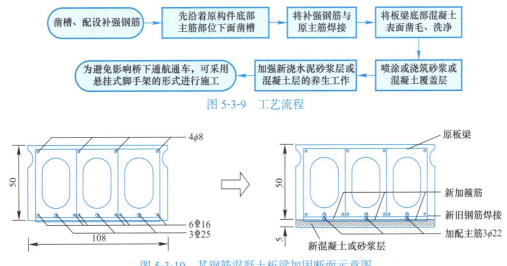

图5-3-9 工艺流程

图5-3-10 某钢筋混凝土板梁加固断面示意图

加固检测：增大截面加固法要求增大截面积的混凝土所用的水泥、砂、石、水、外掺剂及混合材料的质量和规格必须符合有关规范的要求，按规定的配合比施工；必须采取措施控制水化热引起的混凝土内最高温度及内外温差在允许范围内，防止出现温度裂缝；不得出现露筋和空洞现象。实测项目应符合《公路桥梁加固施工技术规范》JTG/T J23—2008。

（2）粘贴钢板加固法

粘贴钢板加固法是通过胶粘剂将钢板粘贴在梁体结构的受拉面或薄弱部位，使钢板与原结构共同受力，从而提高结构的承载力、耐久性、抗剪、抗振和稳定性，减少裂缝的发展，改善受力状态，并增强结构的抗震性能（图5-3-12）。

图5-3-11　某T梁腹板增大截面实例图

图5-3-12　粘贴钢板加固施工

加固原理：钢板使用高性能的胶粘剂粘贴于混凝土构件的表面，使钢板与混凝土形成统一的整体，利用钢板的抗拉强度来增强构件的承载能力及刚度。

适用范围：受拉面或梁体其他薄弱部位。

优点：不改变原结构尺寸、施工简单、技术可靠、短期加固效果好且工艺成熟。

缺点：施工要求较高，外露钢件应进行防火、防腐处理。

工艺流程：粘贴钢板加固法施工流程见图5-3-13。

资源5-5　粘贴钢板加固法施工

图5-3-13　粘贴钢板加固法施工流程

加固检测：实测项目应符合《公路桥梁加固施工技术规范》JTG/T J23—2008。

（3）粘贴碳纤维加固法

粘贴碳纤维加固法是采用环氧树脂或建筑结构胶，将碳纤维布直接粘贴在被加固的钢筋混凝土结构物的受拉或抗剪薄弱部位，使之与结构物形成整体共同受力，以提高结构的承载力或刚度，改善受力状态，限制裂的开展。

加固原理：利用胶粘剂将碳纤维增强复合材料粘贴在混凝土构件表面，当结构荷载增加时，碳纤维布因与混凝土协调变形而共同受力，从而提高了混凝土构件的承载能力与刚度，对桥梁起到了加固作用，如图5-3-14所示。

适用范围：构件抗裂加固，具体粘贴碳纤维布的适用部位如图5-3-15所示。

优点：不增加结构自重和截面尺寸，不改变净空高度，施工方便，对原结构几乎不会造成新的损伤，具有良好的耐腐蚀性和抗疲劳性能，根据受力分析可进行多层粘贴进

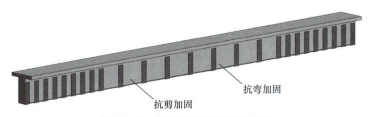

图 5-3-14　粘贴碳纤维加固法示意

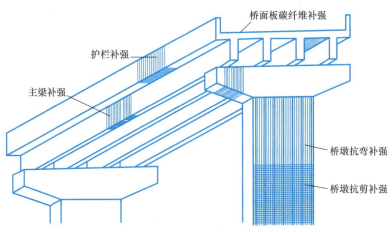

图 5-3-15　碳纤维加固混凝土的部位示意

行补强，其方向性也可以灵活掌握。

缺点：环氧树脂在温度高于 30℃ 时会呈现软化现象，而桥梁一般受到阳光直射，桥面温度高于 60℃ 的可能性很大，不利于采用树脂胶作胶粘剂。

工艺流程：粘贴碳纤维加固法施工流程如图 5-3-16 所示，施工图如图 5-3-17 所示。

图 5-3-16　粘贴碳纤维加固施工流程

加固检测：混凝土表面的粘结强度和粘贴工艺应符合设计和有关技术规范的要求，实测项目应符合《公路桥梁加固施工技术规范》JTG/T J23—2008。

（4）体外预应力加固法

体外预应力加固即在梁体外部（梁底与梁两侧）设置钢筋或钢丝束，并施加预应力，以改善桥梁的受力状况，达到提高桥梁承载能力的目的（图 5-3-18、图 5-3-19）。

图 5-3-17　粘贴碳纤维加固施工图

加固原理：通过预先施加应力的方法强迫后加拉杆或撑杆承担部分内力，改变原结构内力分布并降低原结构应力水平。可使新加构件应力滞后现象缓解或完全消除，后加

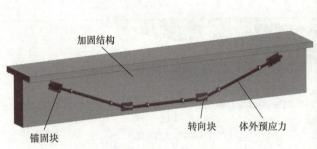

图 5-3-18　体外预应力加固法

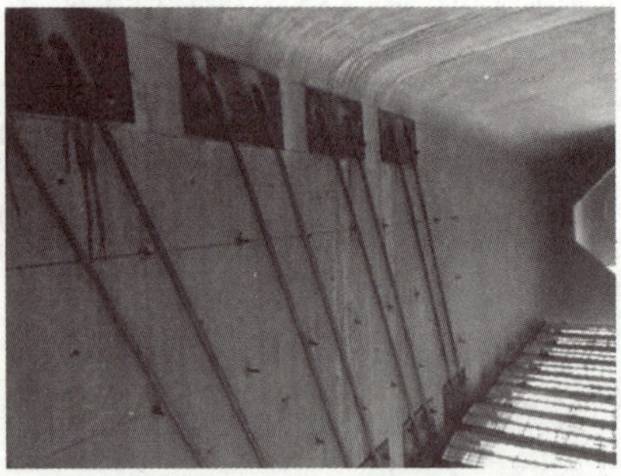

图 5-3-19　体外预应力加固法施工图

部分与原结构能较好地共同工作，从而显著提高结构承载能力，减小结构变形。

适用范围：原梁体截面偏小或需要增加其使用荷载；原梁体需要改善其使用性能；原梁体处于高应力、应变状态，且难以直接卸除其结构上的荷载。此方法尤其适合大跨度结构加固。

优点：施工方便、经济可靠，预应力筋（束）可以单独防腐甚至可以更换。

缺点：增加恒载重量，需现浇混凝土。

工艺流程（图 5-3-20）：

资源 5-7
体外预应力加固法施工

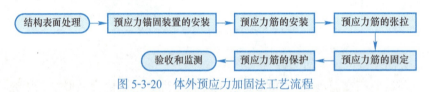

图 5-3-20　体外预应力加固法工艺流程

加固检测：实测项目应符合《公路桥梁加固施工技术规范》JTG/T J23—2008。

5.3.2　桥梁下部结构加固

桥梁下部结构是桥梁主体结构的重要组成部分，其质量的好坏直接影响着桥梁的安全性和耐久性。要保证桥梁下部结构质量，及时发现和处理病害问题，并提出合理有效的维修加固措施，以提高桥梁整体质量和承载能力。

1. 墩台加固

墩台是连接上部结构，并将荷载传递给地基的结构物。墩台加固方法：外包钢套箍加固法、独柱墩加固法等。

（1）外包钢套箍加固法

对于裂缝发展较为密集的桥墩可采用外包钢套箍加固法（图 5-3-21）。外包钢套箍加固通常采用钢套箍外包在原构件表面，并在混凝土构件表面与外包钢缝隙间灌注高强水泥砂浆或环氧树脂浆料，同时利用横向缀板或套箍作为连接件，以提高加固后构件的整体受力性能。该方法可以大幅度提高桥墩的抗压和抗弯性能，较广泛地应用于不允许增大截面尺寸，而又需要较大幅度提高

图 5-3-21　外包钢套箍加固法

资源 5-8
外包钢套箍加固法施工

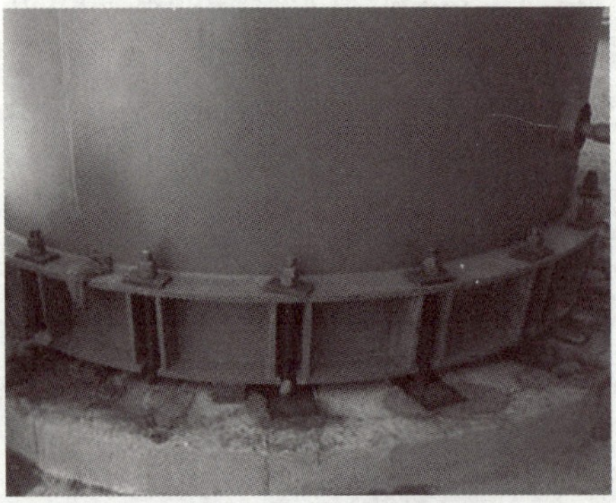

承载力的轴心受压和小偏心受压构件,也可以用于受弯构件或大偏心受压构件的加固。

加固原理:在施工中可略大于加固构件的截面尺寸定制套箍钢板,安装焊接后形成钢套筒,在其间隙中浇筑微膨胀自流平混凝土,对钢套筒施加预拉应力,从而使桥墩三向受压。

优点:结构构件截面尺寸增加少;能大幅度提高原构件承载力和延性;施工简单工期短;抗震能力好。

缺点:加固费用较高;长期使用环境的温度不应超过60℃;原结构混凝土现场实测强度等级不得低于C15。

工艺流程(图5-3-22):

加固检测:实测项目应符合《公路桥梁加固施工技术规范》JTG/TJ23—2008。

图5-3-22 外包钢套箍加固法工艺流程

(2)独柱墩加固法

独柱墩是使用一个桥墩来支撑整个桥梁的桥墩形式。由于长期的使用和外界因素的影响,独柱墩桥梁可能会出现裂缝、变形、钢筋锈蚀等损伤问题,影响其安全使用。为了保障桥梁的正常使用和行车安全,需要对独柱墩桥梁进行加固处理。图5-3-23所示为倾覆案例。

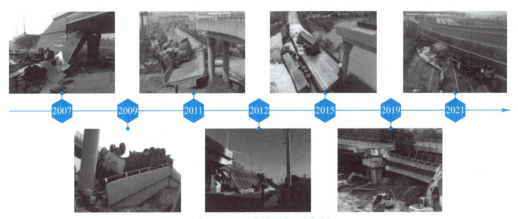

图5-3-23 独柱墩倾覆案例

① 增设盖梁加固法(图5-3-24、图5-3-25)

加固原理:将独柱墩单支座支承体系改为独柱墩多支座支承体系,加设混凝土盖梁

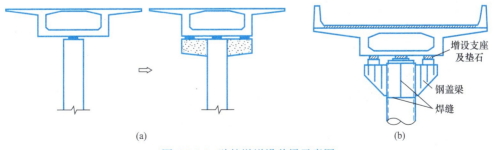

图5-3-24 独柱墩增设盖梁示意图
(a)混凝土盖梁;(b)钢盖梁

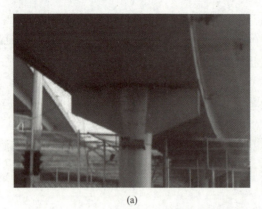 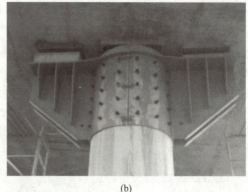

(a)　　　　　　　　　　　　　　(b)

图 5-3-25　独柱墩增设盖梁效果图

（a）混凝土盖梁；（b）钢盖梁

或钢盖梁，并在盖梁增设两个新支座，新增设的支座不承担恒载，仅承担活载。

适用范围：对于桥下净空要求较高，且桥墩承载能力安全储备较大的独柱墩梁桥。

优点：施工较为简单，不需对原有墩柱的尺寸做较大的改变，这样也就不会引起桥梁基础受力的增加，对于原有结构体系的影响较小。

缺点：中墩由单支承变为双支承，墩柱的受力状态发生了明显改变，车辆偏载作用下墩柱的受力更为不利，因此采用此措施时，需要对其受力重新进行验算，确保在正常运营阶段桥墩不会出现强度破坏。

工艺流程（图 5-3-26）：

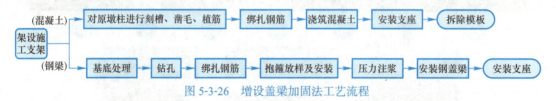

图 5-3-26　增设盖梁加固法工艺流程

② 拼宽墩柱或增设墩柱

增设墩柱这种加固方式通过在原独柱墩两侧横向增设墩柱和桩基，然后在新增墩柱顶部增设支座，进而将原来的独柱墩单支座支承体系改为独柱墩多支座支承体系（图 5-3-27、图 5-3-28）。

加固原理：拼宽墩柱通过在原独柱墩墩身四周植筋，然后浇筑混凝土与原独柱墩结合成整体，进而使加宽后的独柱墩具备增设支座的条件，从而将原来的独柱墩单支座支承体系改为独柱墩多支座支承体系来增强墩柱整体横向稳定性，进而提高独柱墩桥梁的横向抗倾覆稳定性。

适用范围：对于桥下空间及原有基础的承载能力要求较高的独柱墩。

优点：对于结构的抗倾覆能力具有明显的提升效果。

缺点：施工过程较为复杂，改造成本相对其他方法也较高。

工艺流程（图 5-3-29）：

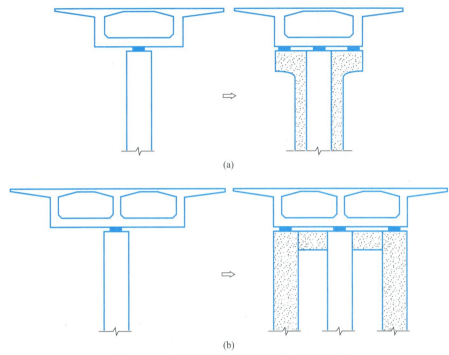

图 5-3-27 独柱墩拼宽或增设墩柱加固示意图

（a）独柱墩拼宽墩柱；（b）独柱墩增设墩柱

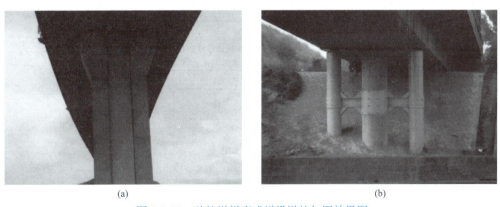

图 5-3-28 独柱墩拼宽或增设墩柱加固效果图

（a）独柱墩拼宽墩柱；（b）独柱墩增设墩柱

图 5-3-29 拼宽墩柱或增设墩柱工艺流程

③拉大联端支座间距

桥梁原支座距主梁边缘距离较近情况下，在盖梁顶部主梁处加宽横隔梁，同时对盖梁进行加宽，以获得更大的双支座间距，以提升抗倾覆能力。

加固原理：通过拉大联端支座间距的方法来减小独柱墩桥梁联端支座之间的支反力差值，进而降低联端支座脱空的现象，从而增强独柱墩桥梁的横向抗倾覆稳定性（图5-3-30）。

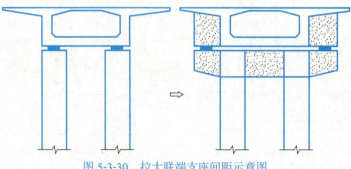

图5-3-30　拉大联端支座间距示意图

适用范围：支座距离或者梁底较窄的独柱墩。

优点：工程规模小，施工方便，不影响桥梁上方交通的正常通行。

缺点：仅适用于支座脱空、吨位较小的情况，适用范围较小。

工艺流程（图5-3-31）：

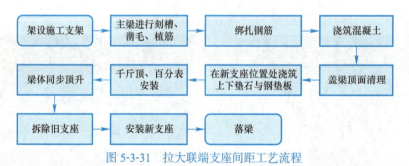

图5-3-31　拉大联端支座间距工艺流程

2. 桥梁基础加固

（1）扩大基础加固法

扩大基础加固法即桥梁基础扩大底面积的加固方法。

适用范围：适用于基础承载力不足或基础埋置太浅而墩台又是无扩展基础筋基础的情况。扩大基础底面积应由地基强度验算确定。当地基强度满足要求而病害仅仅表现为不均匀沉降、变形过大时，采用扩大基础，主要根据地基变形计算来加以选定。在刚性实体式基础周围加石砌圬工或混凝土，以扩大基础的承载面积，如图5-3-32所示。

优点：施工比较简单。

缺点：必须使新老基础连成一体共同承受上部荷载，故其加固费用较高，而且加固效果也不易控制。

（2）桩基础加固方法

桩基础加固方法是在桩式基础的周围补加钻孔桩或打入预制桩或静压加桩，并扩大原承台，以此提高基础承载力，增加基础稳定性，见图5-3-33。

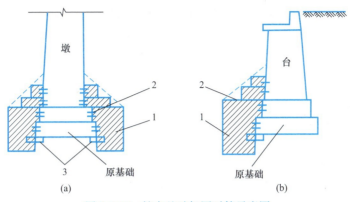

图 5-3-32 扩大基础加固对策示意图
（a）桥墩基础；（b）桥台基础
1- 扩大基础；2- 新旧基础结合；3- 丁石

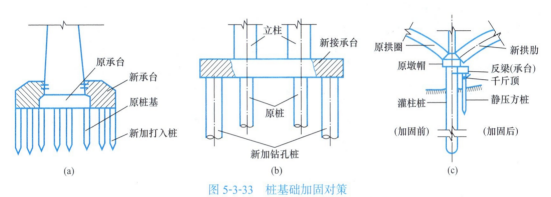

图 5-3-33 桩基础加固对策
（a）新加打入桩加固；（b）新加钻孔桩加固；（c）静压桩加固

适用范围：对单排架桩式桥墩采用打桩（或灌注桩）加固，若原有桩距较大（4～5倍桩径），可在桩间插桩。若原有桩距较小且净跨允许缩小时，可在原排架两侧增加桩数，成为三排式的墩桩。当在桩间加桩时，需凿除原盖梁并浇筑新盖梁，将新旧桩顶联结成一体。此时，要注意检验原盖梁在加桩顶部能否承受与原来方向相反的弯矩，如不能承受，则必须加固原有盖梁或重新浇筑盖梁。加固原有盖梁时，可在盖梁顶部增设钢筋。

优点：如有水下施工，不需要抽水筑坝等作业，且加固效果显著。

缺点：需搭设打桩架（或钻孔架）和开凿桥面，对桥头原有架空线路及陆上、水上交通均有一定的影响。

加固检测：实测项目应符合《公路桥梁加固施工技术规范》JTG/T J23—2008。

5.3.3 桥梁支座及附属结构养护与维修

1. 桥面铺装层养护与维修

桥面铺装层是桥梁工程中一种特殊的附属设施，处在桥梁主体结构表面，直接承受车轮荷载的反复作用，同时要受到外界环境的影响，致使在桥梁投入使用后不久即出现纵横向裂缝、龟裂或局部范围内出现坑槽等破坏现象，这直接影响桥梁的正常使用寿命。

因此采取有效措施养护和维修桥面铺装层的缺陷至关重要。

桥面铺装层缺损的维修措施（图 5-3-34、图 5-3-35）：

（1）凿补：桥面铺装局部病害，凿毛表面，露出集料；洗净润湿；涂同强度等级的水泥砂浆（或其他粘结材料）；最后铺筑一层 4～5cm 厚的水泥混凝土铺装层。

（2）黑色路面改建：桥面铺装局部损害，桥面平整度较差而主梁强度有一定富余。改造时可采用沥青表面处理或沥青细砂罩面。

（3）重铺：重新铺装沥青混凝土桥面；重新铺筑水泥混凝土桥面。

（4）凹凸不平的修补：因构件连接处不均匀沉陷引起，桥面可能会凹凸不平，此时可在桥下以液压千斤顶顶升，调整构件连接处的标高，使顶面平齐。

图 5-3-34　桥面铺装层缺损维修图

图 5-3-35　黑色路面改建示意图

2. 桥梁伸缩缝养护与维修

桥梁伸缩缝在桥梁运营过程中出现的伸缩缝破损现象较为普遍。伸缩缝破损后若不及时修复会对路面的行车安全造成影响，存在一定的安全隐患。要确保伸缩缝使用质量良好，必须在初期施工的时候严格按照工艺进行，且后期养生到位，才能保证通车运营后伸缩缝质量过关，公路通行安全畅通。

桥面伸缩缝养护维修措施（图 5-3-36）：

（1）日常养护

伸缩缝应注意日常保养，及时清除碎石、泥土等杂物，拧紧螺栓，必要时可加油保护；若有损坏或功能失效需要修理或更换时，应先查明破损原因，依据缺陷程度确定是进行部分修补、部分更换还是全部更换。

（2）维修措施

① 基面清理：清理、剔凿伸缩缝周边破损、松动的混凝土，确保修补区域边缘混凝土呈直角边，确保最低修补厚度不低于 10cm；将待修补区域的灰尘、杂物等完全清理干净，暴露出清洁坚固的混凝土基底后，用清水充分湿润。

② 钢筋阻锈：将暴露锈蚀钢筋表面的锈迹打磨干净后，涂刷水泥基钢筋阻锈剂进行阻锈处理。

③ 破损修复：在清洁坚固、饱和面干的修补区域，倒入搅拌好的混凝土道路快速修补料，稍加振捣后抹平收光即可。

④ 养护保养：覆盖潮湿的麻袋片养护 4h 即可通车。

资源 5-9 桥面伸缩缝养护维修流程图

(a)　　　　　　　　　　　　　　　　(b)

图 5-3-36　桥面伸缩缝养护维修前后对比图

(a) 维修前；(b) 维修后

加固检验有目测检查和敲击检查两种方式。

目测检查：被修补部位的表面与原混凝土结构表面平整一致，基层混凝土没有蜂窝、坑洞存在，无大面积集料裸露情况，恢复原有混凝土基面平整轮廓。

敲击检查：用小榔头轻轻敲击修补处，听声音判断是否存在空鼓、不密实等问题。

实测项目应符合《公路桥梁加固施工技术规范》JTG/T J23—2008。

3. 支座养护与维修

支座的作用是将上部结构的荷载传递给墩台，并且能够适应这种荷载及非荷载因素所带来的变形。由于支座是桥梁的传力构件，所以长期使用会产生一定的病害。

支座更换工艺流程：

① 选择拟更换支座：综合考虑支座自身损伤、支座损伤对主梁受力的影响和更换成本等多方面因素，并通过建立技术与经济的综合优化模型，确定拟更换支座的点位。

② 制定支座更换方案：采用"一桥一策"的方式制定支座更换方案。以桥梁上部结构受力安全性为出发点，明确每座桥梁施工时的顶升顺序、限值和同步性等施工要求。

③ 顶升更换施工：严格按支座更换方案并采用多点位同步顶升系统，实现多点位、多墩位精准同步顶升（图 5-3-37）。

图 5-3-37　多点位同步顶升和非接触式同步监测

④ 顶升更换施工过程监控。采用三维激光扫描技术，以非接触式监测手段监测支座

更换过程中顶升实施的同步性，保证了主梁同步顶升量值的监测精度，有效减少施工干扰，加快了施工进度。

⑤ 支座更换效果评价。采用图像识别技术检测支座各边的变形情况，并对不均匀的变形及时进行调整，确保更换后的支座能有效均匀支撑上部结构。

支座更换的基本要求是支座的材料、质量和规格必须满足设计和有关规范的要求，经检验合格后方可安装。实测项目应符合《公路桥梁加固施工技术规范》JTG/T J23—2008。

【任务实施】

维修加固方案

1. 维修改造要点及范围

针对本次所涉××高速公路桥梁维修要求以及业主本年度养护计划，对涉及桥梁主要进行裂缝处治、混凝土表层缺陷处理提高结构的耐久性，同时更换损坏支座。具体内容包括以下几个方面：

（1）对梁板纵向裂缝进行处治；
（2）对构件混凝土表层缺陷进行处理；
（3）对盖梁、桥台裂缝部位进行封闭处理；
（4）对老化开裂、偏位或剪切变形严重的支座进行更换，同时对脱空支座进行处理；
（5）本次缺陷维修所涉桥梁桥面铺装，伸缩缝病害暂不进行专门处理。

2. 处治方案

（1）混凝土裂缝处治

根据上述裂缝产生原因的分析结果，制定本次裂缝处治的总体方案：针对由混凝土收缩、温度、施工等引起的结构非受力裂缝，只进行一般性裂缝处治（表面封闭或压力注浆），保证结构的耐久性。一般性裂缝处治方案是指进行裂缝表面封闭处理或压力注浆处理。一般性裂缝处治应依据检测报告中所标记的部位，现场核实裂缝的数量、长度和宽度，仔细查找裂缝，将裂缝按 0.15mm 进行分类，用醒目且不宜擦掉的线条标注裂缝，并据此进行化学灌浆材料配量、埋嘴、灌浆等方面的具体计算和安排，以便施工。本次裂缝处治的总体方案见表 5-3-3。

裂缝处治总体方案一览表　　　　　　　　　　表 5-3-3

序号	结构部位	病害类型	处治方案
1	上部结构	梁板纵向裂缝	一般性裂缝处治
2		箱梁翼缘板裂缝	一般性裂缝处治
3		湿接缝、横隔板裂缝	一般性裂缝处治
4	下部结构	桥墩盖梁竖向裂缝	一般性裂缝处治
5		桥墩立柱竖向裂缝	一般性裂缝处治
6		桥台竖向裂缝（缝宽＞0.5mm）	裂缝填充密封法

针对桥台处出现的较宽竖向裂缝，缝宽＞0.5mm，经分析是由于大体积混凝土施工时混凝土水化热和收缩效应以及桥台基础不均匀沉降等原因造成。此类裂缝通过裂缝填充密封的方法进行处治。

（2）混凝土表层缺陷处治

针对结构发现的混凝土局部破损、剥落，清理破损剥落区域，露出坚实界面，用改性环氧砂浆修补。针对发现的锈胀露筋，清理露筋区域，对钢筋除锈，涂抹阻锈剂。针对腐蚀、泛碱的混凝土，打磨或凿除表层至坚实界面，用改性环氧砂浆修补。若混凝土疏松区或空洞深度超过 6cm 的严重病害，应完全凿除疏松区混凝土，然后用聚合物混凝土进行修补；对存在露筋锈蚀情况，应先做钢筋除锈处理，钢筋锈蚀严重时（除锈后钢筋断面损失大于 20%）应搭接等直径、强度不小于原设计强度的新钢筋，并喷涂钢筋阻锈剂和涂刷钢筋保护剂。

（3）支座病害处治

对局部脱空的支座，采用局部顶升或者临时支撑到略高于原支座后，利用填塞 1mm 厚钢板处理，将原支座固定好，根据脱空的空间高度选择适宜数量的钢板垫入支座与垫石之间，最后用环氧树脂将钢板固定；对老化开裂、偏位或剪切变形严重的支座进行更换，装配式箱梁桥连续墩支座更换采用一个桥墩双排支座整体同步顶升更换，装配式箱梁桥非连续墩支座更换采用一个桥墩单排支座整体同步顶升更换，装配式空心板桥支座更换采用单排支座直接顶升更换。更换支座时应控制顶升高度和顶升同步性，确保桥面车辆通行安全。

任务 5.4　桥梁养护工程实例

5.4.1　案例一：某桥检测及养护方案

1. 工程概况

××高速 K220+608YX 大桥（图 5-4-1），于 1990 年 4 月建成通车，上部结构采用 8×30m 预应力混凝土简支梁桥，桥面连续，桥长 254.96m。单幅上部结构横向为 4 片预应力混凝土箱梁，下部结构为薄壁空心墩、柱式桥台，钻孔灌注桩基础。桥宽：0.5（护栏）+11.25（行车道）+2.0（中分带）+11.25（行车道）+0.5（护栏）=25.5m，横向分左、右两幅，每幅为单向双车道（表 5-4-1）。

桥梁基本状况一览表　　　表 5-4-1

路线名称	××高速	桥梁桩号	K220+608	桥梁名称	YX 大桥
桥长（m）	254.96	桥宽（m）	25.5	孔数×孔径	8×30m
上部结构	8×30m 预应力混凝土预制箱梁		下部结构	薄壁空心墩、柱式桥台，桩基础	
设计荷载	汽车 -20 级、挂 -100 级		通车时间	1990.04	

2. 病害状况

（1）详细病害检查结果如表 5-4-2、表 5-4-3。

（2）病害原因分析

① 装配式预应力箱梁腹板纵向裂缝、底板纵向裂缝，分析认为主要是施工过程中预应力管道灌浆不及时、不密实、混凝土强度不足、预应力张拉过大等因素的共同影响下，

图 5-4-1 YX 大桥
（a）YX 大桥立面图；（b）YX 大桥正面

桥梁典型病害一览表　　　　表 5-4-2

序号	病害位置	病害描述	图号
1	纵缝	左幅 6-3 号箱梁底板纵向裂缝	图 5-4-2（a）
2	纵缝	右幅 8-1 号箱梁左侧翼板钢筋锈胀	图 5-4-2（b）
3	泛碱	右幅 8-1 号左侧腹板纵向裂缝	图 5-4-2（c）
4	裂缝	右幅 8-7-1 号支座开裂	图 5-4-2（d）
5	脱空	右幅 0 号台台帽钢筋锈胀	图 5-4-2（e）
6	开裂	右幅 4 号墩柱盖梁钢筋锈胀	图 5-4-2（f）
7	脱空	左幅 4 号伸缩缝锚固区混凝土破损	图 5-4-2（g）
8	开裂	第 3 孔右侧护栏破损桥面沉降 5cm	图 5-4-2（h）

造成结构的泊松效应显著，纵向强大预应力会引起混凝土沿横向的膨胀，进而引起横桥向拉应力。同时预应力管道定位偏差，混凝土可能浇筑不实，厚度偏薄，也容易在梁体腹板或底板的构造薄弱面产生纵向裂缝。

②混凝土构件存在混凝土空洞及破损、钢筋外露锈胀、蜂窝麻面等表层缺陷。这些缺陷主要是由于施工质量问题引起的。钢筋外露锈胀主要是由于未设置混凝土保护层垫块或垫块设置不合理，振捣过程中垫块移位造成钢筋紧贴模板，混凝土保护层过薄或露筋。

③支座剪切变形主要是长期受上部不均匀车辆荷载作用以及温度作用，导致梁体发生位移，由此产生的摩阻力使支座发生剪切变形。

④支座老化开裂及钢构件锈蚀是由于支座橡胶材料或钢材在外界不断变化环境（温度、湿度、腐蚀气体）作用下，随着时间推移而逐渐出现橡胶老化开裂或钢构件锈蚀，同时个别支座本身质量差也会造成橡胶支座过早老化开裂。

⑤支座局部脱空主要是由于施工过程中支座垫石顶面或梁底钢板不平整，同时运营期在车辆偏载冲击作用下发生变形或松动。

⑥桥台竖向裂缝，根据现场检测，桥台、锥坡未发现明显沉降，经分析桥台墙体的裂缝主要是由于大体积混凝土施工时混凝土水化热和收缩效应等原因引起的。

图 5-4-2 YX 大桥病害

（a）左幅 6-3 号箱梁底板纵向裂缝；（b）右幅 8-1 号箱梁左侧翼板钢筋锈胀；（c）右幅 8-1 号左侧腹板纵向裂缝；（d）右幅 8-7-1 号支座开裂；（e）右幅 0 号台台帽钢筋锈胀；（f）右幅 4 号墩柱盖梁钢筋锈胀；（g）左幅 4 号伸缩缝锚固区混凝土破损；（h）第 3 孔右侧护栏破损桥面沉降 5cm

YX大桥技术状况评定表　　　　　　　　　　　表5-4-3

部位	类别	部件	权重	再分配后权重	部件评分	部件等级	结构评分	结构评定等级	部位权重	总体评分 D_r	技术状况等级 D_j
上部结构	1	上部承重构件	0.70	0.70	88.3	2类	89.8	2类	0.40	90.8	2类
	2	上部一般构件	0.18	0.18	100.0	1类					
	3	支座	0.12	0.12	83.6	2类					
下部结构	4	翼墙、耳墙	0.02	0.02	100.0	1类	89.7	2类	0.40		
	5	锥坡、护坡	0.01	0.01	100.0	1类					
	6	桥墩	0.30	0.33	90.2	2类					
	7	桥台	0.30	0.33	78.7	3类					
	8	墩台基础	0.28	0.31	100.0	1类					
	9	河床	0.07	0.00	/	/					
	10	调治构造物	0.02	0.00	/	/					
桥面系	11	桥面铺装	0.40	0.44	100.0	1类	94.8	2类	0.20		
	12	伸缩缝装置	0.25	0.28	84.7	2类					
	13	人行道	0.10	0.00	/	/					
	14	栏杆、护栏	0.10	0.11	91.2	2类					
	15	排水系统	0.10	0.11	100.0	1类					
	16	照明、标志	0.05	0.06	100.0	1类					

备注：该桥技术状况评分为90.8分，技术状况等级评定为2类。

3. 养护方案

（1）维修改造要点及范围

针对本次所涉高速公路桥梁维修要求以及本年度养护计划，对涉及桥梁主要进行裂缝处治、混凝土表层缺陷处理提高结构的耐久性，同时更换损坏支座。

具体内容包括以下几个方面：

① 对梁板纵向裂缝进行处治。

② 对构件混凝土表层缺陷进行处理。

③ 对盖梁、桥台裂缝部位进行封闭处理。

④ 对老化开裂、偏位或剪切变形严重的支座进行更换，同时对脱空支座进行处理。

（2）处治方案

处治方案参考5.3.3任务实施。

资源5-10 案例一处治方案示意图

5.4.2 案例二：独柱墩桥墩加固

1. 工程概况

某桥为某高速公路桥梁，联端采用双柱墩双支座支承，中间墩采用独柱墩单支座支承，且桥梁为曲线桥，是高速公路上匝道桥的常用形式，具有代表性。桥梁第二联跨径组合（31.7＋32.0＋31.7）m，上部结构为预应力混凝土现浇连续箱梁，为支座支承的独柱墩桥梁，大桥的技术状况为 2 类。桥梁平曲线半径 700m，7 号墩、8 号墩采用独柱墩单支座支承，6 号墩、9 号墩采用双柱墩双支座支承，支座间距为 5.0m。箱梁为单箱双室截面，顶板宽度为 12.5m，底板宽度 8.0m，悬臂 2.25m，直腹板，梁高 1.6m。桥面横向布置为：0.5m（防撞墙）+ 11.5m（行车道）+ 0.5m（防撞墙）= 12.5m（图 5-4-3～图 5-4-5）。

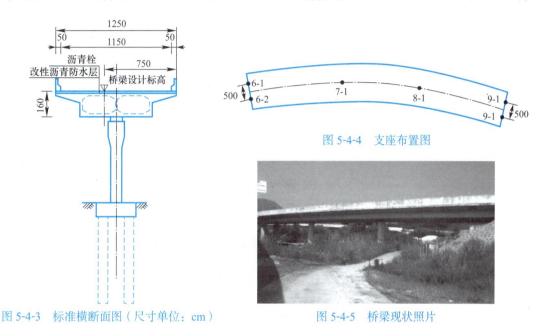

图 5-4-3　标准横断面图（尺寸单位：cm）

图 5-4-4　支座布置图

图 5-4-5　桥梁现状照片

2. 加固方案选择

根据该桥的实际情况进行加固方案的选择。

该桥下部有承台，但承台尺寸不满足新增或拼宽墩柱要求，若采用新增或拼宽墩柱加固，需要新增桩基，虽然该桥下为旱地道路，便于搭建施工材料运送通道，但是该桥下部净空不足，不满足打桩机架设需求，故不宜采用新增或拼宽墩柱进行加固设计。

该桥抗倾覆稳定系数为 1.8（小于 2.0），不宜采用拉大联端支座间距的方法进行加固设计。

该桥下部净空不足，宜采用增设盖梁的加固方式进行加固设计，且独柱墩截面形式在高度上有变化，宜采用混凝土盖梁。

根据各加固方法适用性分析，遵循"安全、经济、耐久、美观"的原则制定桥梁横桥向抗倾覆稳定安全的提升方案：增设混凝土盖梁增设支座，即在 7 号墩新增混凝土盖梁增设支座，支座左右各增设一个支座，在满足抗倾覆要求的前提下尽量减小新增支座的间距以保障横隔梁受力，新旧支座横向间距 2.5m，新支座仅承受活载。

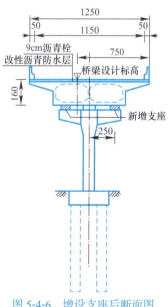

图 5-4-6　增设支座后断面图（尺寸单位：cm）

图 5-4-7　增设支座后支座布置

5.4.3　案例三：危桥改造工程典型案例

"十四五"以来，按照部统一部署，各地区危桥改造工程取得积极成效，实施了一批理念先进、功能齐全、措施耐久、技术创新的精品工程、平安工程、放心工程。为挖掘、总结、推广各地三项工程成功经验和典型做法，在前期征集的基础上，经组织推荐、专家评审、现场复核等程序，形成全国危桥改造工程典型案例12项（制度建设类1项，组织实施类4项，技术创新类7项）。

思考与练习 5

扫描二维码可做题自测。

思考与练习 5

公路养护技术与管理
GONGLU YANGHU JISHU YU GUANLI

项目 6

公路隧道养护

【项目导读】

公路隧道是公路穿越山岭及江海的重要工程构筑物，公路隧道在公路交通体系中发挥着重要的作用，具有自身明显优势，城市公路隧道可减少用地、构成立体交叉、解决交叉路口的拥挤阻塞和疏导交通，山岭区公路隧道可以克服地形或高程障碍、改善线性、提高车速、缩短里程、节约燃料、节省时间、减少对植被的破坏、保护生态环境。公路隧道养护内容包括土建结构、机电设施及其他工程设施，本项目主要讲述土建结构的养护维修和加固。

本项目依据《公路养护技术标准》JTG 5110—2023、《公路隧道养护技术规范》JTG H12—2015、《公路隧道加固技术规范》JTG/T 5440—2018 及《公路养护工程质量检验评定标准 第一册 土建工程》JTG 5220—2020，从公路隧道养护的基本知识入手，介绍隧道检查、隧道保养维修与加固等内容，最后以工程实例阐述公路隧道养护方案的编制方法。

【知识目标】

1. 识别隧道结构常见病害；
2. 了解隧道病害检查的工作程序；
3. 熟悉隧道保养维修和病害处治的方法。

【能力目标】

1. 能够判断隧道病害位置和类别；
2. 能根据隧道的不同病害选用不同方法进行维修和加固；
3. 能够处治不同的隧道病害。

【素养目标】

1. 通过隧道外业病害检查工作，体会团队协助，吃苦耐劳精神；
2. 通过隧道典型病害的维修和处治，陶冶精益求精、爱岗敬业的情操。

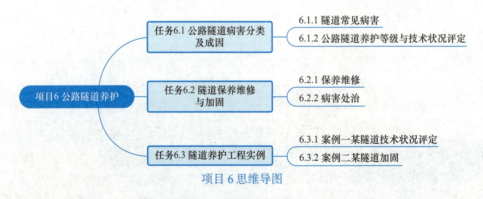

项目 6 思维导图

任务 6.1　公路隧道病害分类及成因

【学习目标】

1. 知道公路隧道常见病害的名称、性状、成因及发生部位，能够判断隧道病害位置和类别。

2. 熟悉隧道病害检查的工作内容和工作程序。

【任务描述】

根据××公司日常养护、巡查记录及近期隧道定期检查报告结果，隧道主要病害为：隧道衬砌裂缝、渗漏水、检查井溢水、排水系统阻塞等，设计院组织专业技术人员与××公司养管技术人员一起对××高速公路多处隧道病害进行了详细的现场勘查，在认真调查及分析的基础上，制定了隧道工程病害治理方案。其中××高速公路1号隧道发现四处病害，查看病害图片（图6-1-1），请回答分别属于什么病害类型？

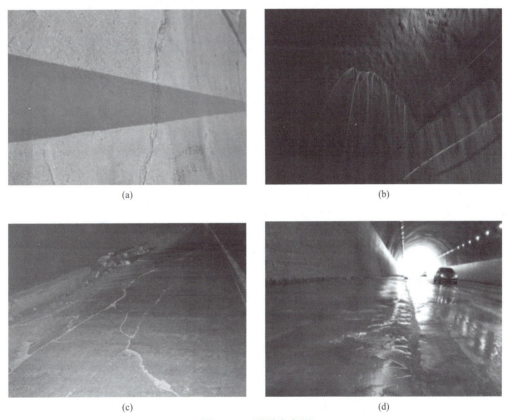

图 6-1-1　隧道病害图

【相关知识】

隧道通常指埋置于地层内用作地下通道的工程建筑物，是人类利用地下空间的一种形式。公路隧道是交通隧道的一种，指供汽车及非机动车和行人通行的地下通道，一般分为汽车专用隧道和汽车、非机动车与行人共同通行的隧道。公路隧道的建筑结构主要由主体建筑和附属建筑组成，具体见图6-1-2。

从20世纪90年代开始，我国进入了公路隧道高速发展时期，中国建设者面对高山险阻开山破岩，建造出千米以上的长隧道。出现了成渝高速公路的中梁山隧道、缙云山隧道，将我国公路隧道单洞长度提高到3000m，并在处理通风、塌方、瓦斯、地下水和营运管理与交通监控等工程技术方面取得了突破性进展,为我国今后修建山岭长大公路隧道积累了一些宝贵经验。通车的四川二郎山隧道(长 4176m)、华蓥山公路隧道(长 4695m)开创了我国山岭长大隧道的建设史。

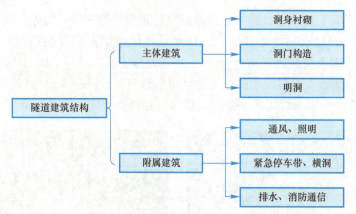

图 6-1-2　公路隧道的建筑结构组成

截至 2023 年底中国已建成运营、正在建设、规划设计的隧道中,10km 以上的特长公路隧道就有 74 座,已建成运营的隧道,具有代表性的是陕西省秦岭终南山隧道(长 18020m)、甘肃省麦积山隧道(长 12290m),如图 6-1-3、图 6-1-4 所示。2024 年建成通车的天山胜利隧道(22083m)是世界上最长的高速公路隧道。

图 6-1-3　终南山隧道

图 6-1-4　麦积山隧道

当前,中国已成为世界上隧道工程建设规模最大、数量最多和技术难度最高的国家。我国幅员辽阔、地域自然条件差异较大,隧道穿越山体的工程地质、水文地质条件复杂多变,随着既有隧道运营时间的增长,隧道病害逐渐增多,隧道养护、加固问题将日益突出。

6.1.1　隧道常见病害

我国幅员辽阔,隧道穿越山体的工程地质、水文地质条件复杂多变,既有隧道受设计、施工、养护等因素的限制,很多隧道在投入运营初期就出现了各种各样的病害。如隧道衬砌裂缝、衬砌变形、渗漏水、衬砌剥落、剥离、底鼓、衬砌突发性坍塌、路面问题、冻害、火灾、震害等,不同程度地影响了隧道内的行车环境和行车安全。不仅部分早期建设的隧道已进入"高维修"阶段,而且预期在不久的将来将有大量的公路隧道需要进行维修加固处治。

公路隧道病害种类很多,本节仅对常见的、对行车安全造成较大威胁的病害进行介绍。

1. 衬砌裂缝

衬砌裂缝是隧道最常见的病害类型,该类病害是在不利荷载、温度变化、养护不到位等条件下产生的。一般表层裂缝对结构承载力影响不大,深层裂缝会使结构承载力急剧下降,大面积交叉裂缝往往会导致衬砌结构突然失稳和垮塌而产生严重后果。

按裂缝发展方向其类型可分为:纵向裂缝、斜向裂缝及环向裂缝,见图6-1-5。

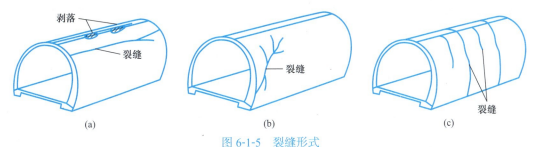

图 6-1-5 裂缝形式
(a)纵向裂缝;(b)斜向裂缝;(c)环向裂缝

实践工程中有的是一种裂缝单独出现,有的是几种裂缝同时出现。一般由裂缝产生的部位、方向和形状,可以分析衬砌结构背后地层压力的分布和大小。隧道衬砌裂缝产生主要原因:

(1)衬砌混凝土浇筑后拆模过早,浇筑时水泥水化热大,衬砌浇筑后因降温和混凝土收缩而出现裂缝。

(2)衬砌裂缝在松散围岩荷载、水压力等单因素作用下均可能产生裂缝,在松散围岩荷载与水压力作用下产生规则裂缝或局部不规则分布裂缝,病害见图6-1-6。

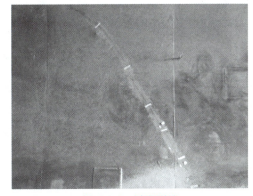

图 6-1-6 衬砌裂缝

2. 衬砌变形

隧道衬砌的变形主要有以下几种形式:内轮廓变形、衬砌错台等。

(1)内轮廓变形

隧道内轮廓变形分为横向和纵向两种,横向变形是主要变形,是衬砌由于受力原因而引起的拱轴形状的改变。衬砌移动是指衬砌的整体或其中一部分出现转动(倾斜)、平移和下沉(或上抬)等变化。衬砌移动也有纵向移动和横向移动之分,对于大多数已发生裂损的衬砌,往往是纵向和横向移动同时出现。若隧道内轮廓变形较大,可能会导致内轮廓"侵限"问题的出现。

(2)衬砌错台

衬砌错台按其方向可分为凸出错台和凹进错台两种形式,一般纵向发生在隧道起拱线位置附近,环向发生在施工缝处,病害见图6-1-7。

图 6-1-7　施工缝错台

3. 渗漏水

渗漏水也是隧道最常见的病害类型,有"十隧九漏"之说。按水量的大小可定性将渗漏水分为:浸侵、滴漏、涌流、喷射四个等级;按渗漏水形状可分为:点漏、线漏、面漏三种形式。

隧道衬砌渗漏水主要原因:

(1)隧道经长期运营后,排水系统堵塞,衬砌背后积水无法排出洞外,积水从衬砌表面渗出。

(2)隧道原渗水治理后排水半管堵塞、破损,表面砂浆开裂等。

渗漏水是导致衬砌混凝土材料劣化的重要原因,还因会携带背后砂土流出使围岩松弛引起外荷载作用相关病害。同时渗漏水本身也会产生一些直接病害,比如,使路面湿滑而影响交通安全,对隧道内的附属设施产生不良影响;影响行车舒适性以及隧道内的美观;在寒冷地区,还会导致路面冻结或衬砌上挂冰,引起更大的问题,病害见图 6-1-8。

(a)

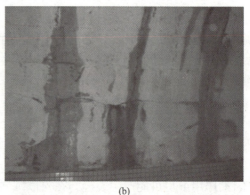
(b)

图 6-1-8　隧道渗漏水
(a) 隧道整体渗漏水;(b) 隧道局部渗漏水

4. 衬砌剥落、剥离

过大外荷载作用在隧道衬砌上时,常会使隧道衬砌产生剥落、剥离的现象。剥落一般发生在混凝土表层品质较差的部位,是指混凝土表面砂浆流失和粗集料外露的现象病害见图 6-1-9。剥离是指混凝土近似圆形和椭圆形的剥落,它与剥落的区别在于剥离是呈片块状流失,且流失面积较剥落大;鼓出发展到一定程度就是剥离。

图 6-1-9　衬砌剥落

5. 底鼓

底鼓的直接反应是路面的隆起,造成路面

开裂、错台，并有可能危及车辆的运行安全。底鼓与上部衬砌结构的收敛有关时，往往会危及结构安全。隧道基底的岩土体具有膨胀性、底板强度和厚度不足、底板水压过大等因素都会导致底鼓现象发生，病害见图6-1-10。

图 6-1-10　隧道路面病害
（a）隧道路面隆起；（b）路面开裂、隆起；（c）路缘石挤压破损；（d）加宽段路面错台

6. 衬砌突发性坍塌

一般情况下，隧道的病害是逐步发展的，但也存在隧道衬砌没有明显病害，或者仅存在较轻微的病害，却在短时间内产生了坍塌现象，称之为突发性坍塌。

导致衬砌发生突发性崩塌的原因是多方面的，具有代表性的是衬砌上方存在较大空洞，空洞上部的岩块在某种原因作用下与围岩分离并突然落下，对衬砌造成较大的冲击力，当隧道衬砌强度足够时，岩块会停在衬砌上部，见图6-1-11（a）；当隧道衬砌强度不足时，便会被冲垮，与岩块一起落到隧道内部，见图6-1-11（b），发生衬砌突发性坍塌。

7. 路面积水、渗水、翻浆冒泥、结冰

路面积水一般是指衬砌渗漏水或排水边沟中水溢出，在路面汇集的现象；路面渗水是指隧道基底下水流在压力作用下渗到路面上，该类基底通常为石质；路面翻浆冒泥是指隧道基底下水流及泥沙在压力作用下渗到路面上，该类基底一般为软岩或土（砂）质；路面结冰是在寒冷地区路面上积水、渗水冻结的现象。该类病害导致行车道湿滑，对行车安全构成威胁。病害见图6-1-12和图6-1-13。

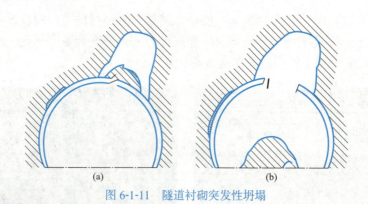

图 6-1-11 隧道衬砌突发性坍塌

图 6-1-12 隧道路面积水结冰情况

图 6-1-13 隧道排水沟内结冰情况

6.1.2 公路隧道养护等级与技术状况评定

1. 隧道检查

公路隧道交付使用后，养护管理部门首先要熟悉其全面技术状况，制订小修保养、大中修工程计划。在使用过程中要经常进行检查工作，发现和处理问题，确保隧道安全畅通。检查工作分为经常检查、定期检查、应急检查和专项检查4类。

（1）经常检查

以定性判断为主，检查内容和判定标准宜按表 6-1-1 执行。经常检查破损状况判定分三种情况：情况正常、一般异常、严重异常。洞口及洞门见图 6-1-14，隧道内结构见图 6-1-15。

经常检查内容和判断标准　　　　　　　　　　　表 6-1-1

项目名称	检查内容	判定标准	
		一般异常	严重异常
洞口	边（仰）坡有无危石、积水、积雪；洞口有无挂冰；边沟有无淤塞；构造物有无开裂、倾斜、沉陷等	存在落石、积水、积雪隐患；洞口局部挂冰；构造物局部开裂、倾斜、沉陷，有妨碍交通的可能	坡顶落石、积水漫流或积雪崩塌；洞口挂冰掉落路面；构造物因开裂、倾斜或沉陷而致剥落或失稳；边沟淤塞，已妨碍交通
洞门	结构开裂、倾斜、沉陷、错台、起层、剥落；渗漏水（挂冰）	墙出现起层、剥落；存在渗漏水或结冰，尚未妨碍交通	拱部及其附近部位出现剥落，存在喷水或挂冰等，已妨碍交通

续表

项目名称	检查内容	判定标准	
		一般异常	严重异常
衬砌	结构裂缝、错台、起层剥落	衬砌起层,且侧壁出现剥落状况,尚未妨碍交通,将来可能构成危险	衬砌起层,且拱部出现剥落状况,已妨碍交通
	渗漏水	存在渗漏水,尚未妨碍交通	大面积渗漏水,已妨碍交通
	挂冰、冰柱	存在结冰现象,尚未妨碍交通	拱部挂冰,形成冰柱,已妨碍交通
路面	落物、油污;滞水或结冰;路面拱起、坑槽、开裂、错台等	存在落物、滞水、结冰、裂缝等,尚未妨碍交通	拱部落物,存在大面积路面滞水、结冰或裂缝,已妨碍交通
检修道	结构破损;盖板缺损;栏杆变形、损坏	栏杆变形、损坏;盖板缺损;结构破损,尚未妨碍交通	栏杆局部毁坏或侵入建筑限界;道路结构破损,已妨碍交通
排水设施	缺损、堵塞、积水、结冰	存在缺损、积水或结冰,尚未妨碍交通	沟管堵塞,积水漫流,结冰设施缺损严重,已妨碍交通
吊顶及各种预埋件	变形、缺损、漏水(挂冰)	存在缺损、漏水,尚未妨碍交通	缺损严重,或从吊顶板漏水严重,已妨碍交通
内装饰	脏污、变形、缺损	存在缺损,尚未妨碍交通	缺损严重,已妨碍交通
标志、标线、轮廓标	是否完好	存在脏污、部分缺失,可能会影响交通安全	基本缺失或严重缺失,影响行车安全

图 6-1-14 洞口及洞门

图 6-1-15 隧道内结构

(2)定期检查

定期检查需要配备必要的检查工具或设备,进行目测或量测检查。检查时,应尽量靠近结构,依次检查各个结构部位,注意发现异常情况和原有异常情况的发展变化;对有异常情况的结构,应在其适当位置做出标记,定期检查内容应按表 6-1-2 执行。

定期检查内容表　　6-1-2

项目名称	检查内容
洞口	山体滑坡、岩石崩塌的征兆及其发展趋势;边坡、碎落台、护坡道的缺口、冲沟、潜流涌水、沉陷、塌落等及其发展趋势
	护坡、挡土墙的裂缝、断缝、倾斜、鼓肚、滑动、下沉的位置、范围及其程度,有无表面风化、泄水孔堵塞、墙后积水、地基错台、空隙等现象及其程度

续表

项目名称		检查内容
洞门		墙身裂缝的位置、宽度、长度、范围或程度
		结构倾斜、沉陷、断裂范围、变位量、发展趋势
		洞门与洞身连接处环向裂缝开展情况、外倾趋势
		混凝土起层、剥落的范围和深度，钢筋有无外露、受到锈蚀
		墙背填料流失范围和程度
衬砌		衬砌裂缝的位置、宽度、长度、范围或程度，墙身施工缝开裂宽度、错位量
		衬砌表层起层、剥落的范围和深度
		衬砌渗漏水的位置、水量、浑浊、冻结状况
路面		路面拱起、沉陷、错台、开裂、溜滑的范围和程度；路面积水、结冰等范围和程度
检修道		检修道毁坏、盖板缺损的位置和状况；栏杆变形、锈蚀、缺损等的位置和状况
排水系统		结构缺损程度、中央窨井盖、边沟盖板等完好程度，沟管开裂漏水状况；排水沟（管）、积水井等淤积堵塞、沉沙、滞水、结冰等状况
吊顶及各种预埋件		吊顶板变形、缺损的位置和程度；吊杆等预埋件是否完好，有无锈蚀、脱落等危及安全的现象及其程度；漏水（挂冰）范围及程度
内装饰		表面脏污、缺损的范围和程度；装饰板变形、缺损的范围和程度等
标志、标线、轮廓标		外观缺损、表面脏污状况，连接件牢固状况、光度是否满足要求等

（3）应急检查

应急检查是指隧道遭遇自然灾害、发生交通事故或出现其他异常事件后，对遭受影响的结构立即进行的详细检查。应急检查的内容和方法原则上应与定期检查相同，但应针对发生异常情况或者受异常事件影响的结构或结构部位做重点检查，以掌握其受损情况。检查的评定标准，应与定期检查相同。当难以判明缺损的原因、程度等情况时，应做专项检查。

（4）专项检查

专项检查是指根据经常检查、定期检查或应急检查的结果，判断需要进一步查明某些破损或病害的详细情况而进行的更深入的专门检测。通过专项检查，完整掌握缺损或病害的详细资料，为其是否实施处治以及采取何种处治措施等提供技术依据。专项检查可按表6-1-3选择执行。

专项检查项目表　　　　　　表 6-1-3

	检查项目	检查内容
结构变形	公路线形、高程检查	公路中线位置、路面高度、缘石高度以及纵、横坡度等测量
	隧道横断面检查	隧道横断面测量，周壁位移测量（与相邻或完好断面比较）
裂缝检查	净空变化检查	隧道内壁间距测量（自身变化比较）
	裂缝调查	裂缝的位置、宽度、长度、开展范围或程度等
	裂缝检测	裂缝的发展变化趋势及其速度；裂缝的方向及深度等

续表

检查项目		检查内容
漏水检查	漏水调查	漏水的位置、水量、浑浊、冻结及原有防排水系统的状态等
	漏水检测	水温，pH值检查、电导度检测、水质化学分析
	防排水系统	拥堵、破坏情况
材质检查	衬砌强度检查	强度简易测定，钻孔取芯，各种强度试验等
	衬砌表面病害	起层、剥落、蜂窝、麻面、孔洞、露筋等
	混凝土碳化深度检测	采用酚酞液检查混凝土的碳化深度
	钢筋锈蚀检测	剔凿检测法、电化学测定法、综合分析判定法检测钢筋锈蚀
衬砌及围岩状	无损检查	无损检测衬砌厚度、空洞、裂缝和渗漏水等，以及钢筋、钢拱架、衬砌配筋位置及保护层厚度、围岩状况、仰拱充填层密实程度及其下岩溶发育情况
	钻孔检查	钻孔测定衬砌厚度等，内窥镜观测衬砌及围岩内部状况
荷载状况	衬砌应力及拱背压力检查	衬砌不同部位的应力及其变化、拱背压力的分布及其变化
	水压力检查	地下水丰富的隧道检查衬砌背后水压力大小、分布及变化规律

2. 养护等级

根据公路等级、隧道长度和交通量大小，公路隧道养护分为三个等级，分级标准宜按表6-1-4和表6-1-5执行。

高速公路、一级公路隧道养护等级分级表　　　　表6-1-4

单车道年平均日交通量 [pcu/(d·ln)]	隧道长度（m）			
	$L>3000$	$3000≥L>1000$	$1000≥L>500$	$L≤500$
≥10001	一级	一级	一级	二级
5001～10000	一级	一级	二级	二级
≤5000	一级	二级	二级	三级

二级及二级以下公路隧道养护等级分级表　　　　表6-1-5

年平均日交通量 （pcu/d）	隧道长度（m）			
	$L>3000$	$3000≥L>1000$	$1000≥L>500$	$L≤500$
≥10001	一级	二级	二级	三级
5001～10000	二级	二级	三级	三级
≤5000	二级	三级	三级	三级

3. 土建结构技术状况评定

土建结构技术状况评定应根据定期检查资料，综合考虑洞门、结构、路面和附属设施等各方面的影响，确定隧道的技术状况等级。土建结构技术状况评定应分为1类、2类、3类、4类和5类，评定类别及养护对策见表6-1-6。评定应先逐洞、逐段对隧道土建结构各分项技术状况进行状况值评定，在此基础上确定各分项技术状况，再进行土建结构技术状况评定。

公路隧道土建结构技术状况评定类别及养护对策　　　表 6-1-6

技术状况评定类别	评定类别描述 土建结构	养护对策
1类	完好状态。无异常情况，或异常情况轻微，对交通安全无影响	正常养护
2类	轻微破损。存在轻微破损，现阶段趋于稳定，对交通安全不会有影响	应对结构破损部位进行监测或检查，必要时实施保养维修
3类	中等破损。存在破坏，发展缓慢，可能会影响行人、行车安全	应对结构破损部位进行重点监测，并对局部实施保养维修
4类	严重破损。存在较严重破坏，发展较快，已影响行人、行车安全	应尽快实施结构病害处治措施
5类	危险状态。存在严重破坏，发展迅速，已危及行人、行车安全	应及时关闭隧道，实施病害处治，特殊情况需进行局部重建或改建

土建结构技术状况评定方法应符合下列规定：

（1）土建结构技术状况评分应按式（6-1-1）计算。

$$JGCI = 100 \cdot \left[1 - \frac{1}{4}\sum_{i=1}^{n}\left(JGCI_i \times \frac{w_i}{\sum_{i=1}^{n}w_i}\right)\right] \quad (6\text{-}1\text{-}1)$$

式中：w_i——分项权重；

$JGCI_i$——分项状况值，值域 0~4。

（2）分项状况值应按式（6-1-2）计算。

$$JGCI_i = \max(JGCI_{ij}) \quad (6\text{-}1\text{-}2)$$

式中：$JGCI_{ij}$——各分项检查段落状况值；

　　　　j——检查段落号，按实际分段数量取值。

（3）土建结构分项权重宜按表 6-1-7 取值。

土建结构各分项权重表　　　表 6-1-7

分项		分项权重 w_i	分项	分项权重 w_i
洞口		15	检修道	2
洞门		5	排水设施（系统）	6
衬砌	结构破损	40	吊顶及预埋件	10
	渗漏水		内装饰	2
路面		15	交通标志、标线	5

（4）土建结构技术状况评定分类界限值宜按表 6-1-8 规定执行。

土建结构技术状况评定分类界限值　　　表 6-1-8

技术状况评分	土建结构技术状况评定分类				
	1类	2类	3类	4类	5类
JGCI	≥85	≥70，<85	≥55，<70	≥40，<55	<40

（5）土建结构技术状况评定时，当洞口、洞门、衬砌、路面和吊顶及各种预埋件项目的评定状况值达到 3 类或 4 类时，对应土建结构技术状况应直接评为 4 类或 5 类。

【任务实施】

图 6-1-1（a）图病害为衬砌裂缝；

图 6-1-1（b）图病害为衬砌渗漏水；

图 6-1-1（c）图病害为底鼓导致路面开裂；

图 6-1-1（d）图病害为隧道路面结冰。

任务 6.2　隧道保养维修与加固

【学习目标】

1. 熟悉隧道保养维修的基本内容。
2. 能根据隧道的不同病害选用不同方法进行维修和加固。

【任务描述】

××高速××隧道左洞：左边墙共有 10 处渗水，其中 K2224+594～717 段比较集中，右边墙共有 19 处渗水，K2224+623～676 范围内渗漏水比较集中，均为浸渗，且多数贯穿拱部和侧墙。右洞：右边墙共有 20 处渗水痕迹，其中 K2224+587～601 段比较集中，左边墙共有 9 处渗水痕迹，其中 K2224+626 渗漏水比较集中，且均贯穿拱部和侧墙。在 K2224+673.9 有 1 处滴漏，在 K2224+648.4 和 K2224+576.3 有 2 处涌流，其余均为浸渗（图 6-2-1）。请简述封闭注浆法处治 K2224+626 处衬砌表面渗漏水病害的工艺流程。

图 6-2-1　浸渗图

【相关知识】

在隧道结构物使用期间进行保养维修与加固，防止隧道病害发展乃至提高原结构性能指标，可保证隧道结构物具有良好的运营条件和使用功能，不断延长结构物的使用寿命。隧道加固可以用比新建隧道少很多的费用延长隧道的使用期限，带来更好的社会经济效益。

6.2.1　保养维修

土建结构的保养维修应包括经常性或预防性的保养和轻微缺损部分的维修等内容，恢复和保持结构的正常使用状况。

（1）洞口

及时清除洞口边仰坡上的危石、浮土，冬季应清除积雪和挂冰，保持洞口边沟和边仰坡上截（排）水沟的完好、畅通，修复洞口挡土墙、护坡、排水设施和减光设施等结构物的轻微损坏，维护洞口花草树木的完好。

（2）洞身

无衬砌隧道出现的碎裂、松动岩石和危石，应按少清除、多稳固的原则加以处理；对围岩的渗漏水，应开设泄水孔接引水管，将水导入边沟排出；冬季应及时清除洞顶挂冰。

有衬砌隧道出现的衬砌起层或剥离，应及时加以清除或加固；对衬砌的渗漏水，可将水流引入边沟排出；冬季应及时清除洞顶挂冰等。

（3）路面

及时清除隧道内外路面上的塌（散）落物，及时修复、更换损坏的窨井盖或其他设施的盖板；当路面出现渗漏水时，应及时处理，将水导入边沟排出，防止路面积水或结冰；冬季应及时清除洞口处积雪。

（4）人行和车行横洞

隧道内严禁存放任何非救援用物品，应及时清除散落杂物，修复轻微破损结构，定期保养横洞门，确保横洞清洁、畅通。

（5）斜（竖）井

及时清除井内可能损伤通风设施或影响通风效果的异物；维护井内排水设施的完好，保持水沟（管）的畅通；对井内的检查通道或设施进行保养，防止其锈蚀或损坏。

（6）风道

清理送（排）风口的网罩，清除堵塞网眼的杂物；定期保养风道板吊杆，防止其锈蚀或提环；及时修复风口或风道的破损，更换损坏的风道板。

（7）排水设施

维护隧道内外排水设施的完好，如发现破损应及时修复；排水管堵塞时，可用高压水或压缩空气疏通。

（8）吊顶和内装

吊顶和内装应保持完好和整洁美观，如有破损、缺失应及时修补恢复，不能修复的应及时更新。

（9）人行道或检修道

维护人行道或检修道的完好和畅通。保养人行道或检修道护栏，防止其锈蚀或损坏。

6.2.2 病害处治

1. 渗漏水处治

隧道衬砌渗漏水会加速混凝土的劣化，同时可能影响隧道内行车安全，对隧道内机电设备会产生侵蚀破坏。隧道内发生渗漏水时，应该引起足够的重视，尽早进行处治。

目前已进行渗漏水处治的隧道比较多，但是达到预期效果的较少，主要存在三方面原因：其一是措施可能不合适；其二是防渗堵漏材料性能不良；其三是施工队伍素质达不到要求。市场上防渗堵漏材料很多，但是"鱼龙混杂"，价格、性能差异也很大，应采用符合《公路隧道加固技术规范》JTG/T 5440—2018 及设计要求的材料。

防水作业是技术性强、标准要求较高的防水材料再加工过程，需精细作业，应由有资质等级证书的防水专业施工队伍来承担,操作人员必须经过专业培训,考核合格,并取得建设行政管理部门所发的上岗证方可进行施工。

渗漏水处治应结合其状态、特征选用一种或几种方法综合处治,可参照表6-2-1选用。

渗漏水处治方法　　　　　　　　　　　　　　　　表 6-2-1

漏水状态	方法	浸渗	滴漏	涌流	喷射
线状	导水法		○	○	○
	止水法	△	△		
面状	喷射法	○	○		
	涂层法	△	△		
	防水板			○	○
	背后压注		○	○	○
	降低水位		○	○	○
	化灌电防渗	○	○		

注:○为适用;△为有条件适用。

渗漏水处治方案选择时应根据水文地质条件、渗漏水程度等,并遵循"以排为主,堵排结合、综合治理"的原则确定处治方案。当排水对环境影响较大时,比如隧道内排水对当地居民生活、生产有显著影响,隧道邻近水库影响蓄水等情况,应采取"以堵为主"的措施。

封闭注浆施工工艺步骤:

(1)清理:用钢丝刷清理表面,再用空压机将表面吹干净,检查、分析裂缝的情况,确定钻孔的位置、间距和深度。

(2)钻孔:使用大功率冲击电锤等钻孔工具沿裂缝两侧交叉进行钻孔,孔距在25～30cm,钻头直径为10～14mm,钻孔角度宜小于等于45°,钻孔深度小于等于结构厚度的2/3。钻孔必须穿过裂缝,但不得将结构打穿,钻孔与裂缝的间距应小于等于1/2结构厚度。

(3)洗缝:用空压机向灌浆嘴内吹风,将缝内细小粉尘吹洗干净。

(4)埋嘴:在钻好的孔内安装灌浆嘴(又称之为止水针头,有止回阀的结构),并用专用内六角扳手拧紧,使针头后的膨胀螺栓胀开,封闭裂缝表面,但保留观测孔和泄压出气孔。

(5)灌浆:使用高压灌浆机向灌浆孔(嘴)内灌注环氧树脂浆料,从下向上或一侧向另一侧逐步灌注,当相邻孔或裂缝表面观测孔开始出浆后,保持压力10～30s,观测缝中出浆情况,再适当进行补灌。要反复多次补充灌浆,直到灌浆的压力变化比较平缓后才停止灌浆。

(6)拆嘴:灌浆完毕,确认环氧树脂完全固化即可去掉外露的灌浆嘴。清理干净溢漏出的已固化的灌浆液。

(7)缝槽处理:沿缝开V形槽,清理后保持干燥干净,涂刷专用界面剂,再填塞高弹性的聚氨酯密封胶或橡胶类密封胶，用砂磨机清理裂缝两侧的表面，涂刷丙烯酸树脂弹性涂料，可做到基本恢复原表面色泽。

图 6-2-2 为某隧道渗漏水病害治理主要施工环节。

图 6-2-2　隧道渗漏水病害治理
（a）预留排泄通道施工；（b）注浆止水针头施工；（c）二衬开槽施工；（d）引管排水施工

渗漏水处治实测项目应符合《公路养护工程质量检验评定标准　第一册　土建工程》JTG 5220—2020 的要求。

2. 裂缝处治

图 6-2-3　灌缝胶注射补强

根据裂缝的成因可把裂缝分为结构性裂缝和非结构性裂缝。结构性裂缝是由结构受力导致的，通常是结构的强度和刚度不足引起的，这类裂缝危及结构安全，必须对之进行补强；非结构性裂缝是与受力无关的其他原因导致的，比如施工、材料、温度等原因，此类裂缝不影响结构安全，但会影响结构的正常使用和混凝土寿命，也应进行处理。裂缝修补方法主要有表面封闭法、注射法、凿槽充填法和压力注浆法等。灌缝胶注射补强见图 6-2-3。

进行裂缝修补时应注意以下方面：

（1）裂缝处治前，应按照裂缝的成因、性质、规模、分布合理确定修补方法、材料和时间。

（2）因承载能力不足引起的衬砌裂缝，应先进行加固后再进行修补。

（3）裂缝有渗漏水时，应先进行渗漏水处治后再进行裂缝修补。

（4）表面封闭法适用于修补宽度小于0.2mm的非结构性裂缝；注射法适用于修补宽度0.2~1.5mm的裂缝；凿槽充填法适用于修补宽度大于0.5mm的裂缝。

（5）采用压力注浆法修补裂缝时，宽度小于2mm的裂缝应选用化学浆液，如环氧树脂、聚氨酯等；宽度大于2mm的裂缝应考虑注浆补强效果，如超细水泥浆、改性水泥浆、化学浆液等。

3. 衬砌加固

衬砌加固是常见的隧道加固措施，包括粘贴纤维复合材料法、粘贴钢板（带）法、喷射混凝土法、嵌入钢拱架法四种加固措施。

（1）粘贴纤维复合材料法

粘贴纤维复合材料法是通过胶粘剂将高强度纤维复合材料粘贴于衬砌混凝土表面，通过两者的共同作用达到加固补强、改善受力性能的一种结构外部加固方法。

用于隧道加固的纤维复合材料主要是碳纤维复合材料和玻璃纤维复合材料。纤维复合材料是高强度的材料，抗拉强度通常都为1500MPa以上，碳纤维可为3000MPa以上。此法具有高强、轻质、耐腐蚀、耐疲劳等优异物理力学性能，以及施工速度快，施工工期短，粘贴质量容易得到保证，占用空间小等优点。其缺点是不耐高温、高湿环境，施工工艺要求较高。

采用粘贴纤维复合材料加固，对结构的刚度提高不大，对于以控制结构变形为主要目的的隧道加固是不适宜的，主要应用于局部受拉区域。

采用纤维复合材料进行隧道衬砌加固时，纤维复合材料宜粘结成条带状，其沿纤维受力方向的搭接长度不应小于10mm，搭接部位应避免设置在衬砌开裂处。可采用多条或多层的方式，其搭接位置应相互错开，错开距离不宜小于100mm。

（2）粘贴钢板（带）法

粘贴钢板（带）法是在衬砌混凝土表面用胶粘剂及锚栓将钢板与混凝土连接成一体，使其参与混凝土受力，提高结构承载能力的一种加固方法。

粘贴钢板（带）法具有占用空间小，施工简便、快速等优点，其缺点是混凝土表面需打磨，产生粉尘、费用较高等。粘贴钢板（带）法适用于衬砌局部存在掉块可能或强度不足，且净空富余较小情况下隧道结构的加固。粘贴钢板（带）法见图6-2-4。

采用粘贴钢板（带）进行隧道加固时应注意以下方面：

① 所加固隧道的结构混凝土强度等级不低于C20，如果原衬砌混凝土强度过低，衬砌

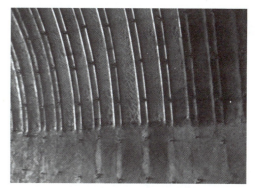

图6-2-4 粘贴钢板（带）法

混凝土易发生呈脆性的剥离破坏，钢板不能充分发挥作用。

②钢板宜呈条带状，钢板宽度宜为其厚度的30～50倍，钢板过窄加固效果不理想，过宽时则粘结效果不理想。

③钢板厚度宜为5～10mm，钢板过薄加固效果不理想，过厚时则粘贴困难，并且钢材作用不能完全发挥。

④钢板（带）应采用锚栓进行初步固定，再采用胶粘剂粘结，锚栓钢材承载力应进行验算，不得采用膨胀型锚栓。

⑤采用W钢带加固时，凿除原衬砌混凝土深度比W钢带厚度大20mm，加固后的衬砌轮廓纵横向都应与既有衬砌平顺连接。

⑥钢板可多层粘贴，在受拉区不宜超过3层，受压区钢板受压时横向剥离力较大，因此不宜超过2层。

（3）喷射混凝土法

喷射混凝土法加固是利用喷射机械将空气压缩，把按一定比例配合的混凝土拌合料高速喷射到衬砌结构上，并粘结成一体共同受力，从而达到加固补强的一种方法。喷射混凝土施工工艺有干喷法和湿喷法两种，加固施工宜采用湿喷法。喷射混凝土加固工艺流程见图6-2-5。

图6-2-5 喷射混凝土加固工艺流程图

操作要点：

①病害检查、确定方案

由现场负责人根据混凝土表面病害进行摸排检查，与业主、设计、监理方共同踏勘确定加固处理方案。对于裂缝较多，但是裂缝深度较浅，裂缝发展缓慢的局部破损，可采用喷射混凝土进行加固，喷射混凝土的种类主要有：素混凝土、钢筋网喷射混凝土和纤维喷射混凝土等，应根据病害程度和施工条件等因素选择。

②施工放样

加固施工前，由测量员根据病害裂缝长度、范围进行测量标注，根据测量成果确定混凝土凿除厚度及凿除范围，确保隧道内轮廓不侵限。

③工作面凿除、清理

根据测量员标注的凿除范围，人工凿除混凝土表面，并应将原衬砌表面凿成凹凸差不小于6mm的粗糙面。

凿除完成后，采用风吹、水洗的方式进行工作面清理。采用素水泥浆等（胶粘剂）对表面进行刷浆处理，以使新旧结构层能更好地结合；或采用栽插锚固筋的方法增强新旧结构层的粘结。凿除混凝土和清理凿除面见图6-2-6和图6-2-7。

④喷射混凝土

喷射混凝土施工前，若设计有钢筋、网片、锚杆等，应根据设计规范严格施做，检查合格后，预拌喷射混凝土，组织喷浆设备进场，开始喷射混凝土施工，钢筋网和锚杆布设见图 6-2-8。

加固施工的喷射混凝土厚度不应小于 50mm。喷射混凝土必须有足够的强度和附着率，其配合比应通过实验确定，喷射机的工作风压，应满足喷头处的压力在 0.1MPa 左右，喷射混凝土施工见图 6-2-9。

图 6-2-6　人工凿除混凝土

图 6-2-7　清理凿除面

图 6-2-8　钢筋网和锚杆布设

图 6-2-9　喷射混凝土施工

⑤ 质量检查

现场技术员对喷射混凝土进行质量检查，主要检查喷层厚度、喷层与接触层状况：采用凿孔法进行检测，厚度须满足设计及相关规范，喷层与接触层确保无空洞、无杂物等，并上报监理，若不满足要求则重新处理，喷射混凝土厚度检查见图 6-2-10。

⑥ 养护

喷射混凝土终凝 2h 后应喷水、喷雾养护，养护时间应不少于 7d；当隧道内相对湿度大于 85% 时，可采用自然养护，寒冷地区的养护应按相关规范进行。

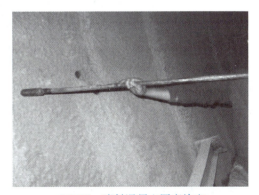

6-2-10　喷射混凝土厚度检查

当喷射混凝土作业完成后，应对喷射混凝土层进行检测，强度指标应达到设计要求，

6-2-11 混凝土高炮雾化养生

混凝土高炮雾化养生见图 6-2-11。

（4）嵌入钢拱架法

嵌入钢拱架法是在既有衬砌上开槽嵌入钢拱架后，再进行封闭以提高隧道结构承载力的方法。

嵌入钢拱架法加固的优点是在不占用隧道净空的条件下能较大幅度提高结构承载能力，其缺点是开槽会产生粉尘，同时也具有一定风险性。隧道净空富余较小的素混凝土二次衬砌提高承载能力时，宜采用嵌入钢拱架法进行加固。

采用嵌入钢拱架进行隧道加固时应注意以下方面：

① 凿除混凝土时应尽量避免对两侧衬砌的损伤，宜采用静态爆破、机械切割、人工凿除等方法，混凝土开槽深度应不大于原模筑衬砌厚度的 2/3；

② 新增混凝土的强度等级应比原衬砌混凝土提高一级，且应不低于 C25；

③ 钢拱架间距宜采用 0.5～1.5m，钢拱架临空一侧的混凝土应满足保护层厚度要求；

④ 为确保新混凝土与既有混凝土的有效粘结，对槽内既有混凝土应进行凿毛处理；

⑤ 考虑既有结构安全，凿槽不应连续进行，必要时可进行临时支撑。

4. 套拱加固

套拱加固是为阻止隧道衬砌进一步裂损变形或防止渗漏，沿原衬砌表面增设拱形结构，使其与原衬砌形成共同承载体的加固方法。

隧道结构严重受损、衬砌大面积剥落，采取其他补强方法承载力不能满足要求或衬砌渗漏水严重时，可采用套拱加固。套拱加固法可以极大地提高隧道衬砌的承载能力，在隧道结构加强中是最有效的加固方式；同时由于可以在套拱和原有衬砌结构之间重新施做防排水系统，对解决衬砌渗漏水问题效果显著。但采用套拱加固投资大，并且很可能导致"侵限"问题的发生。

根据套拱所采用材料的不同，套拱的形式可分为钢拱架混凝土套拱、钢筋混凝土套拱、素混凝土套拱，不同形式套拱的适用条件为：

（1）钢拱架混凝土套拱适用于外力引起的衬砌破坏，衬砌劣化引起的剥落，衬砌有效厚度减小以及衬砌劣化情况下的衬砌补强。钢拱架套拱可单独使用，也可与钢筋网结合用于防止衬砌剥落或者轻微的围岩压力变化引起的病害；

（2）钢筋混凝土套拱适用于衬砌大面积劣化、衬砌大范围剥落等可能导致围岩压力增加的情况，也适用于衬砌渗漏水、冻害的处治；

（3）素混凝土套拱主要应用于衬砌渗漏水、冻害的处治，隧道衬砌剥落和结构轻微补强时，也可采用。

套拱加固工艺流程见图 6-2-12。

操作要点：

（1）防排水施工：若隧道衬砌出现渗漏水现象，如点状、线状、面状渗漏水等，应在原衬砌上进行渗漏水治理。采用符合设计要求、质量标准的土工布、防水卷材及排水管，在套拱和原衬砌间重新施做防水系统。

图 6-2-12 套拱加固工艺流程图

（2）测量放样：套拱施工前先进行测量放样，计算每一桩号对应的隧道两侧基础混凝土厚度，放出中、边桩，确定套拱施工位置，放样采用全站仪，放样允许误差为 ±2mm。

（3）套拱基础施工：增设的套拱应有可靠的基础，严禁将套拱支撑于电缆沟内壁上，应将套拱基底落于电缆沟底以下，套拱脚部应设锁脚锚杆。

（4）质量检查：现场技术员对已完成的钢拱架、钢筋等进行检查，并上报监理工程师验收，若不满足要求则重新施做。

（5）模板定位：现场严格按照初支断面量测资料，应在模板定位前，采用红油漆等标识标注套拱施工位置及厚度，以便模板定位。模板定位完成后应及时复测衬砌厚度是否满足设计要求，排查支架、脚手架是否牢固，确保浇筑施工安全。

（6）浇筑混凝土：新增混凝土强度比原混凝土构件强度高一个等级，且不低于 C25。套拱混凝土必须分层对称浇筑，两侧混凝土浇筑高差不得超过 1m，以防止模板侧移。套拱混凝土强度达到 5MPa 后即可拆除模板。

（7）养生：套拱混凝土进行喷雾洒水养生，养护时间不短于 7d。套拱施工完成后，应对钢筋混凝土平整度、强度、厚度进行检测，同时应检测隧道限界尺寸满足原设计要求。

套拱加固施工见图 6-2-13 和图 6-2-14。

图 6-2-13 施工中的套拱

图 6-2-14 喷混凝土套拱后

套拱实测项目应符合《公路养护工程质量检验评定标准 第一册 土建工程》JTG 5220—2020 的要求。

5. 注浆加固

注浆加固包括围岩注浆、衬砌背后空洞注浆、灌浆锚固、隧底注浆等加固措施。衬砌背后空洞、围岩松弛、偏压、滑坡、基底承载力不足等引起的衬砌开裂、变形、底鼓、衬砌渗漏水等病害，可采用注浆加固。

注浆加固对于稳定隧道周边的岩土体、减小结构受力或优化结构受力具有一定的效果，同时进行注浆加固后可以减小其他加固措施实施时的风险，故当注浆加固与其他加固措施配合使用时，宜先进行注浆加固。加固过程中注浆浆液可能堵塞排水系统，加固后应恢复排水系统功能。

（1）围岩注浆

围岩注浆是利用注浆材料填充、胶结松散体及围岩松动圈，提高围岩的自承能力，改善结构受力状态的方法。采用围岩注浆加固应满足以下要求：

① 注浆材料宜选用普通水泥浆、水泥-水玻璃浆，特殊条件下可选用其他浆液。比如当地下水较多时，应结合堵水要求，选用水泥-水玻璃浆液或水溶性聚氨酯浆液等高分子堵水注浆材料。

② 其配合比宜根据浆液种类、胶凝时间、地质条件等因素通过现场试验确定，普通水泥浆液的水灰比应为 0.5∶1～1.5∶1，水泥-水玻璃浆液中水泥浆与水玻璃的体积比宜为 1∶1～1∶0.3，其他浆液的水灰比宜为 0.8∶1～1.5∶1。

③ 注浆孔宜采用梅花形布设，孔深 3～5m，间距 1.0～2.0m。

④ 注浆压力宜根据孔隙水压力、浆液种类、地质条件等因素通过现场试验确定。

⑤ 注浆通常采用先两端后中间的施工顺序；若注浆范围有封浆条件时，也可采用先中间后两端的顺序。

⑥ 隧道围岩注浆时，宜根据水文地质条件预留排水孔。

（2）衬砌背后空洞注浆

衬砌背后空洞注浆是衬砌与围岩或二次衬砌与初期支护不密贴，导致结构受力不均匀，采用压注回填材料的方法改善结构受力状态的方法。采用衬砌背后空洞注浆加固应满足以下要求：

① 注浆孔布设应根据衬砌背后空洞规模、位置及施工条件等综合确定，宜采用梅花形布设，间距为 1.2～1.5m。

② 注浆管宜采用钢管或硬质塑料管，管径 30～50mm，其长度宜深入空洞不少于 1/3。注浆钻孔布置和注浆孔封闭见图 6-2-15 和图 6-2-16。

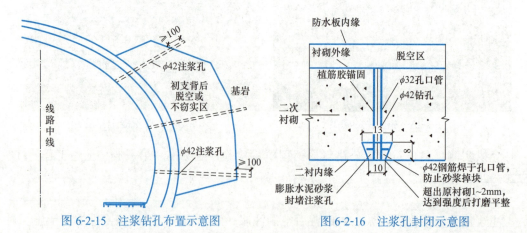

图 6-2-15 注浆钻孔布置示意图　　图 6-2-16 注浆孔封闭示意图

③ 空洞注浆宜采用水泥浆或水泥砂浆填充；采用水泥砂浆注浆后，宜采用水泥浆进行复注。水泥浆水灰比宜为 0.5～0.8，必要时可适量掺加减水剂，水泥砂浆的掺砂量不宜

大于水泥重量的 200%。

④ 注浆压力应根据混凝土衬砌厚度和配筋等情况确定。素混凝土衬砌宜采用 0.2～0.3MPa；钢筋混凝土衬砌宜采用 0.3～0.5MPa。

二次衬砌脱空注浆加固见图 6-2-17。

衬砌背后空洞注浆实测项目应符合《公路养护工程质量检验评定标准 第一册 土建工程》JTG 5220—2020 的要求。

（3）隧底注浆

隧底注浆是隧道基底承载力不足、不均匀沉降导致结构变形、错台或路面沉陷、底鼓时，采用注浆加固基底围岩的方法。隧底注浆见图 6-2-18。

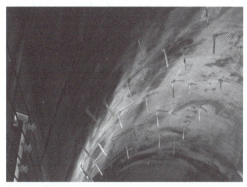

图 6-2-17 二次衬砌脱空注浆加固

图 6-2-18 隧底注浆

采用隧底注浆加固应满足以下要求：

① 根据病害情况、地质、施工条件确定注浆加固方法、范围、孔距、孔深。一般注浆孔采用梅花形布置，间距为 1.0～2.0m，孔深应至仰拱或底板以下不小于 2m。

② 注浆管一般采用钢管或硬质塑料管，管径 42～110mm，深入空洞长度不宜小于洞深的 2/3。

③ 注浆材料一般采用水泥浆液，特殊地质条件也可采用化学浆液。裂隙岩层、砂砾层中注浆宜采用水泥（砂）浆或掺入少量膨润土，溶洞中注浆宜采用黏土水泥浆液，砂层中注浆宜采用化学浆液，黄土中注浆宜采用单液硅化法或碱液法。

④ 加固注浆可采用压密注浆、渗透注浆、劈裂注浆、化学注浆等方法，注浆压力应根据隧底地层特性及注浆工艺确定。

隧道注浆施工工艺流程见图 6-2-19：

图 6-2-19 隧道注浆施工工艺流程图

6. 换拱加固

换拱加固是拆除既有病害衬砌，重新施作衬砌以满足运营要求。当衬砌开裂、错动、剥落等破坏严重，对既有衬砌进行加固不能满足使用要求时，或既有隧道的技术标准不能满足目前或远期使用要求时，宜采用换拱加固。

根据换拱部位和范围的不同，可分为整体换拱加固和局部衬砌更换两种形式。换拱施工的难度和风险性大，且施工进度慢、劳动强度大，工程费用高、对行车干扰大等，确定换拱加固前，必须先做安全性评估和经济社会效益评估。某隧道更换仰拱示意图如图 6-2-20 所示。

操作要点：

（1）边墙及拱脚部位设钢管桩，对拱圈加强锁脚功能，与现有仰拱共同承受荷载，稳定隧道结构。

（2）拆除既有仰拱，控制每板仰拱开挖长度不得大于 3.0m，开挖时应注意要跳槽开挖，确保与衬砌板缝错位开挖，拉开安全距离，确保隧道整体安全稳定。开挖后先施做隧底垫层，垫层施工前隧底必须清理干净无杂物、无积水、无虚渣。设计有仰拱初支，按设计进行施工，应特别注意的是仰拱初支钢拱架应与边墙初期支护钢拱架连接牢固可靠。再施做新的钢筋混凝土仰拱，仰拱钢筋必须植入原有二衬底部，确保仰拱和二衬封闭成环。其他技术要求按照《公路隧道施工技术规范》JTG/T 3660—2020 执行。

（3）施作仰拱填充，施工仰拱回填时应注意按照设计做好横向排水管，与中心排水沟连接顺畅。

（4）恢复路面、电缆沟槽、排水边沟等设施。

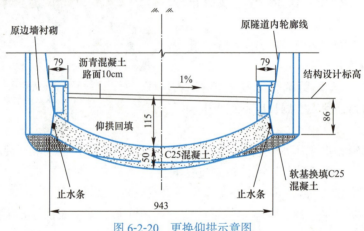

图 6-2-20 更换仰拱示意图

7. 隧底加固

隧底加固是隧底出现翻浆冒泥、路面渗水、底鼓、边墙挤出和不均匀沉降等病害时的处治措施。隧底加固措施包括加固地基、底部换填、结构加强、增设仰拱等，根据病害情况可组合使用。

隧底加固前需查明隧底工程地质及水文地质条件、结构现状、病害情况等，并结合施工条件、环境条件，确定隧底加固具体方案。

部分隧底加固措施实施风险较大，比如增设仰拱、底部换填等，故需制定严密的监控量测方案，施工中严格落实，避免安全事故。某隧道增设仰拱和基底加强设计如图 6-2-21 和图 6-2-22 所示。

采用隧底加固时还应注意以下方面：

（1）隧道既有结构无仰拱时，可采用基底注浆、锚杆、换填、增设仰拱等措施进行加固。

（2）既有隧道结构有仰拱需加固时，若仰拱开裂，但未出现大面积破坏，可采用仰拱

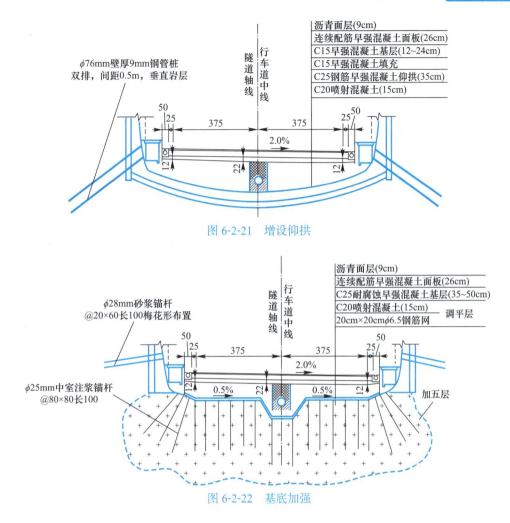

图 6-2-21 增设仰拱

图 6-2-22 基底加强

补强、基底注浆、锚杆、增设桩基等措施进行加固；若仰拱出现底鼓、不均匀沉降等严重病害时，可采用仰拱加深、底部换填、基底注浆、增设桩基等措施进行加固。

（3）地下空洞造成隧底病害时，宜采用注浆等措施对空洞进行充填。

（4）进行底部换填时，基底材料可采用素混凝土、片石混凝土、灰土、浆砌片石、砂砾等；换填深度不宜小于 1m，也不宜超过 3m；换填应跳槽分段进行，并应进行基槽检验，当与设计不符，应修正设计。

（5）仰拱补强可采取增加仰拱厚度、嵌入钢拱架、拆除重建等方式，并宜与基底注浆、锚杆等措施配合使用。仰拱出现裂缝时，宜采取增加仰拱厚度、嵌入钢拱架等方式；仰拱破坏严重、修复难度大时，应拆除重建。

（6）隧道无仰拱且底鼓严重、边墙显著变形时宜增设仰拱，新增仰拱混凝土应与既有衬砌采用植筋连接，并与基底换填、注浆、锚杆等措施配合使用。

（7）因承压水、膨胀力、高地应力等引起严重底鼓时，可采用仰拱加深处治措施，并宜与基底注浆、锚杆及衬砌结构补强等措施配合使用。根据病害程度、受力情况确定仰拱的深度和厚度；新设仰拱应采用钢筋混凝土结构，混凝土强度应不低于 C30。

（8）基底桩基加固可采用灰土桩、树根桩、钢管桩、高压旋喷桩等处治措施，桩基不得侵入边沟限界，并做好桩头封闭处理，桩基对既有仰拱结构有影响时，应采取结构补强措施。

（9）隧道路面渗水、翻浆冒泥时，可采用加深洞内排水沟，并铺设横向盲沟、盲管等措施进行处治。设置盲沟或盲管时，盲沟宽度应不小于15cm，深度不小于10cm；盲管直径应不小于50mm。

某隧道经过基底加固，路面重铺后，恢复了隧道的使用功能。加固前后路面情况见图6-2-23和图6-2-24。

图 6-2-23　基底加固前

图 6-2-24　基底加固后

【任务实施】

1. 查找并隔离水源；
2. 清理衬砌表面，检查、分析裂缝的情况，确定钻孔的位置、间距和深度；
3. 钻孔：用钻孔工具沿裂缝两侧交叉进行钻孔。保证钻孔穿过裂缝，但不得将结构打穿；
4. 洗缝：用空气空压机将缝内细小粉尘吹洗干净；
5. 埋嘴：在钻好的孔内安装灌浆嘴，封闭裂缝表面，保留观测孔和泄压出气孔；
6. 灌浆：用灌浆机向灌浆孔内灌注浆料，从下向上逐步灌注，当相邻孔或裂缝表面观测孔开始出浆后，保持压力10～30s，观测缝中出浆情况，再适当进行补灌；
7. 拆嘴：灌浆完毕，确认浆料完全固化即可去掉外露的灌浆嘴；
8. 缝槽处理：沿缝开V形槽，清理后保持干燥干净，涂刷专用界面剂，填塞密封胶，清理裂缝两侧的表面，涂刷涂料，恢复原表面色泽。

任务6.3　隧道养护工程实例

6.3.1　案例一某隧道技术状况评定

××隧道为双向四车道分离式高速公路隧道，隧道上行中心桩号K14+584，长度1310m。设计速度为80km/h，隧道净宽11.25m，隧道净高5.2m，行车道宽度7.5m。隧道围岩类别为Ⅰ类、Ⅱ类、Ⅲ类。洞门整体采用端墙式，衬砌结构为复合式衬砌。主要采用高压钠灯照明，通风为机械通风。隧道内路面为水泥混凝土路面。进出洞口两边以吸声板镶面。

项目6 公路隧道养护

1. 检查对象

本次定期检查涉及××隧道土建结构部分。

土建结构：根据《公路隧道养护技术规范》JTG H12—2015 要求的分段评价原则，将该隧道土建结构划分为段落进行检查（表6-3-1）。

2. 土建结构检查结果

通过全面检查，××隧道土建结构主要检查、评价结果见表6-3-2：

图 6-3-1　隧道进口端洞门照

隧道土建结构检查分段表　　　　　　　　　　表 6-3-1

序号	分项名称	分段数量	内容
1	洞口	2	进口、出口
2	洞门	2	进口、出口
3	洞内	24（共119模）	根据洞内衬砌模板数量，洞身段每5模板，出口端不足5模板为1段

××隧道检查、评价结果统计汇总表　　　　　　表 6-3-2

隧道名称：××隧道			
中心桩号	分项名称	状态描述	状况值
K14+584	洞口	洞口山体基本稳定，未见明显病害	0
	洞门	洞门结构基本完好，未见明显病害	0
	衬砌	该隧道衬砌混凝土结构基本完好，未见开裂、错台现象。但发现以下问题： （1）衬砌裂缝 斜向裂缝：检查共发现斜向裂缝2条，累计长度4m，最大缝宽0.6mm。具体为： 1) M57+000～M57+002 右拱腰-拱顶斜向裂缝，长度2.5m，缝宽0.2～0.6mm； 2) M88+004～M88+005 右拱腰斜向裂缝，长度1.5m，缝宽0.2～0.5mm	1
		（2）渗漏水 渗迹：检查共发现渗迹4处，累计面积5.38m^2。较为典型的有：1) M1+000 左拱脚-左拱腰渗迹，面积约2m^2；2) M1+000 右拱脚-右拱腰渗迹，面积约2m^2；3) M119+000 左拱脚-左拱腰渗迹，面积约1.2m^2	1
	路面	隧道水泥混凝土路面较为平整，车道干净、整洁、无落物，路面总体技术状况较好。但发现以下问题： （1）横向裂缝：检查共发现横向裂缝117处，累计长度472m，最大缝宽40mm； （2）纵向裂缝：检查共发现纵向裂缝2处，累计长度45m，最大缝宽25mm； （3）斜向裂缝：M33+000～M33+003 行车道斜向裂缝，长度3m，缝宽2～6mm； （4）坑槽：检查共发现坑槽23处，累计面积3.13m^2，最大深度4cm； （5）露骨：检查共发现露骨2处，累计面积130.25m^2	1
	检修道	检修道结构基本完好。但检查发现以下问题：M104+000右侧、M118+008右侧2处盖板掉落，累计2块；M96+003右侧、M106+001右侧等4处位置盖板破损，累计4块	1

续表

中心桩号	分项名称	状态描述	状况值
K14+584	排水系统	排水系统、路面排水基本通畅。但检查发现路面排水存在以下问题：M18+007 右侧、M55+006 右侧等 4 处位置排水箅子杂物堆积	1
	吊顶及预埋件	吊顶及预埋件基本完好	0
	内装饰	隧道内装饰表面整体较为干净、整洁。但检查发现以下问题：M1+000～M2+001 左边墙防火涂层脱落 8m²	1
	标志、标线、轮廓标	洞内标志、标线、轮廓标基本完好。检查发现： （1）标志：洞内标志基本完好，但 M68+000 右侧消火栓标志牌破损； （2）标线：洞内标线基本完整，但路面两侧标线脏污； （3）轮廓标：全洞轮廓标基本完好，但全洞右侧视线诱导标不亮；二衬轮廓标共 262 个，M27+008 右侧、M38+005 右侧等 5 处位置轮廓标缺损，缺损率 1.9%	1
	其他问题	M56+005 右拱腰线槽盖板松动，有掉落趋势	—

典型病害图片见图 6-3-2～图 6-3-5。

图 6-3-2　M57+000～M57+002 右拱腰 - 拱顶斜向裂缝，长 2.5m，缝宽 0.2～0.6mm

图 6-3-3　M2+002 行车道横向裂缝，长度 4m，缝宽 5～40mm

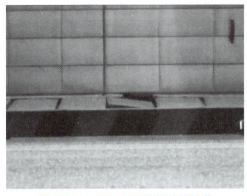
图 6-3-4　M104+000 右侧盖板掉落

图 6-3-5　标线脏污

3. 技术状况评价

依据《公路隧道养护技术规范》JTG H12—2015 土建结构技术状况评定方法与标准，结合××隧道洞门、洞口、衬砌结构、衬砌渗漏水、路面、检修道、排水设施、吊顶、内装饰、交通标志、标线分项技术状况，该隧道土建结构技术状况评定结果如下：

××隧道土建结构技术状况评定结果表　　6-3-3

分项		状况值	权重 w_i	分项	状况值	权重 w_i
洞口	进口	0	15	路面	1	15
	出口	0		检修道	1	2
洞门	进口	0	5	排水设施	1	6
	出口	0		吊顶	0	10
衬砌	结构破损	1	40	内装饰	1	2
	渗漏水	1		标志、标线	1	5
评分		82.5		评定分类	2 类	

××隧道土建结构：

土建结构技术状况评分：82.5，土建结构技术状况评定分类：2 类。技术状况评定结果见表 6-3-4 土建结构技术状况评定表。

土建结构技术状况评定表　　表 6-3-4

隧道情况	隧道名称	××	路线名称	××高速	隧道长度	1310m	建成时间	2006.9
评定情况	管理单位	××分公司	上次评定等级	2 类	上次评定日期	2018.8	本次评定日期	2021.8
洞门、洞口技术状况评定	分项名称	位置	状况值	权重 w_i	检测项目	位置	状况值	权重 w_i
	洞口	进口	0	—	洞门	进口	0	—
		出口	0	—		出口	0	—
		洞口	0	15		洞门	0	5

续表

编号	里程	状况值							
		结构破损	渗漏水	路面	检修道	排水设施	吊顶	内装饰	标志、标线
1	M1~M5	0	1	1	0	0	0	1	1
2	M6~M10	0	1	1	0	0	0	0	1
3	M11~M15	0	0	1	0	0	0	0	1
4	M16~M20	0	0	1	0	1	0	0	1
5	M21~M25	0	0	1	0	0	0	0	1
6	M26~M30	0	0	1	0	0	0	0	1
7	M31~M35	0	0	1	0	0	0	1	1
8	M36~M40	0	0	1	0	0	0	0	1
9	M41~M45	1	0	1	0	0	0	1	1
10	M46~M50	0	0	1	0	0	0	0	1
11	M51~M55	0	0	1	0	1	0	0	1
12	M56~M60	1	0	1	0	0	0	0	1
13	M61~M65	1	0	1	0	0	0	1	1
14	M66~M70	1	0	1	0	0	0	0	1
15	M71~M75	0	0	1	0	0	0	0	1
16	M76~M80	0	0	1	0	0	0	1	1
17	M81~M85	0	0	1	1	0	0	1	1
18	M86~M90	1	0	1	0	0	0	0	1
19	M91~M95	0	0	1	1	1	0	1	1
20	M96~M100	0	0	1	1	1	0	1	1
21	M101~M105	1	0	1	1	1	0	0	1
22	M106~M110	1	0	1	1	1	0	1	1
23	M111~M115	1	0	1	1	1	0	0	1
24	M116~M119	0	1	1	1	1	0	0	1
max($JGCI_{ij}$)		1	1	1	1	1	0	1	1
权重 w_i		40	15	2	6	10	2	5	

$JGCI = 100 \cdot \left[1 - \dfrac{1}{4}\sum_{i=1}^{n}\left(JGCI_i \times \dfrac{w_i}{\sum_{i=1}^{n} w_i}\right)\right]$	82.5	土建结构评定	2类
评定人		负责人	

依据《公路隧道养护技术规范》JTG H12—2015 总体技术状况评定方法与标准，结合××隧道土建结构评价结果，该隧道总体（除机电设施）技术状况评定结果如表6-3-5：

××隧道总体技术状况评定结果　　　　表 6-3-5

序号	隧道单元	权重	技术状况	
			评分	评定分类
1	土建结构	60	82.5	2 类
	评分：83.8			评定类别：2 类

××隧道总体技术状况评分：83.8，评定类别：2 类。

6.3.2 案例二 某隧道加固

××高速××隧道为分离式中隧道，隧道净宽 10.8m，净空高 7.10m，设计车速 100km/h，限速为 60km/h。隧址区地下水主要为丘陵区基岩裂缝水，属于地下水贫乏区。隧道左线全长 810.49m，右线全长 778.91m，洞门均采用削竹式。隧道行车道宽度为 7.5m，两边各设 0.5m 的余宽，路面设 2% 单向横坡排水，隧道左侧设 1.30m 的人行检修道，下设排水沟及电缆沟，右侧设 1.0m 的安全带，下设排水沟。

隧道洞身围岩划分为Ⅱ类～Ⅴ类围岩，洞口两端定为Ⅱ类围岩。隧道衬砌结构设计采用新奥法原理。隧道防排水设计采用以排为主，堵排结合，洞身满铺夹布橡胶防水板加无纺布，厚度 1mm，同时隧道衬砌混凝土均采用防水混凝土浇筑，其抗渗等级 P8。

隧址区地下水丰富，隧道电缆槽中有常年流水，由泥盆系中统桂头组地层中的泥质页岩和砂质页岩互层组成，节理、裂隙发育，风化严重，围岩呈碎石状压碎结构。

经过 10 年的使用，隧道出现了较严重的病害，如衬砌开裂、错台、衬砌渗漏水、路面破损、路面翻水、电缆沟槽损坏、机电设施老化等，已严重制约了隧道的安全运营与使用功能。对于隧道的这些"伤病累累"，运营期间经过多次病害整治，但效果甚微。

1. 病害状况

根据检测结果隧道的病害情况如下：

（1）隧道内轮廓情况

隧道实测内轮廓和设计断面有区别，局部有侵限情况，左洞最大变形在桩号 K2224+865，达 41.5cm，右洞最大变形在桩号 K2224+674，达 40cm，左、右隧道整体内轮廓凹凸不平，变形较大。

（2）隧道衬砌厚度、脱空情况

根据雷达检测成果统计表可以看出，隧道衬砌实际厚度与设计值相符；隧道左洞有 13 处离析；右洞从 K2224+240 开始到 K2224+974.5，存在 13 处离析，1 处空洞，1 处脱空。

（3）隧道衬砌强度情况

根据检测结果，左洞衬砌混凝土强度大于设计强度等级（C20）的测区为 99.93%，右洞衬砌混凝土强度均大于设计强度等级（C20）。

（4）隧道衬砌裂缝、渗漏水情况

① 衬砌裂缝

左线隧道，左右墙共 88 条裂缝，裂缝总长 150.4m，其中裂缝漏水 40 处，长 93.4m，施工缝漏水12处；右线隧道，左右墙共有88条裂缝，裂缝总长227.6m，其中裂缝漏水41处，长114.7m，施工缝漏水13处。

② 渗漏水

左线：左边墙共有10处渗水，其中K2224+594～717段比较集中，右边墙共有19处渗水，K2224+623～676范围内渗漏水比较集中，均为浸渗，且多数贯穿拱部和侧墙。

右线：右边墙共有20处渗水痕迹，其中K2224+587～601段比较集中，左边墙共有9处渗水痕迹，其中K2224+626范围内渗漏水比较集中，且均贯穿拱部和侧墙。在K2224+673.9有1滴漏，在K2224+648.4和K2224+576.3有1处涌流，其余均为浸渗。

通过对隧道的检测，将隧道的病害进行统计，结果如表6-3-6。

隧道病害统计表　　　　　　　　　　　表6-3-6

隧道名称		裂缝（处）			渗漏（处）				内轮廓最大变形（cm）	离析脱空（处）	平均强度（MPa）	路面断板率%
		左墙	拱部	右墙	喷射	涌流	滴漏	浸渗				
××隧道	左线	30	6	22	0	0	0	29	40.8	13	34.4	19.78
	右线	31	5	52	0	1	1	27	41.5	15	30.9	43.72

现场病害见图6-3-6和图6-3-7。

图6-3-6　隧道路面破坏和墙面裂缝

图6-3-7　隧道拱脚渗水和墙面裂缝渗漏水

2. 养护方案

（1）加固方案比选

隧道地质条件差，地下水丰富，隧道围岩主要由泥盆系中统桂头组地层中的泥质页岩和砂质页岩互层组成，节理、裂隙发育，风化严重，施工中又发生多次塌方，塌方治理回填不密实。为了保证这次改建对隧道病害的彻底治理，结合隧道的检测结果，经过多方案的比较，详见表6-3-7。

××隧道改造方案比较表　　　　　　　表6-3-7

序号	方案	方案说明	方案优缺点	比选结果
1	改线方案	在既有隧道左侧新建一座双向四车道隧道，隧道长约980m	优点：新建隧道施工风险小。 缺点：隧址出口位于垭口，地质条件差；进出口平面线形半径较小（550m），对行车不利	较优
2	套拱	先通过注浆加固既有隧道围岩，再在既有隧道衬砌内重新施作25～30cm厚钢筋混凝土套拱，重新施工隧道防排水系统	优点：施工风险小，可以彻底解决隧道渗漏水，工程投资低。 缺点：套拱施工后隧道内轮廓较小	优
3	拆除重建	将既有隧道的初期支护和二衬拆除，重新施工隧道的初期支护和二衬，一级防排水系统	优点：可彻底解决隧道渗漏水问题，行车环境舒适。 缺点：隧道支护及衬砌拆除施工风险太大，工程投资较高	差
4	明挖重建	将隧道部分山体全部挖开，改为明洞形式施工隧道衬砌，施作防排水系统后再回填	优点：明挖施工风险小，可彻底解决隧道渗漏水问题，工程投资较小，洞内行车环境舒适。 缺点：开挖土石方太大，边坡高度达70多米，边坡开挖截断了山顶省道	较差

在隧道四个改造方案综合比选的基础上，通过多次专家会议的论证，大家一致认为套拱方案施工方便，工程经济，隧道改造应采用套拱方案。套拱采用25～30cm厚C25钢筋混凝土，在套拱和既有的衬砌之间铺设防水层，对于套拱厚度不满足的段落，应对侵限的既有衬砌进行人工凿除，对套拱和既有衬砌之间较大的空洞，应采用混凝土回填密实。并且在套拱施工前根据检测结果对隧道围岩和既有衬砌后空洞进行注浆加固。套拱加固后隧道断面见图6-3-7。

（2）加固中相关问题处理

① 隧道内轮廓

根据路线设计标准，隧道内轮廓应按行车速度100km/h进行设计，但隧道加固方案推荐采用套拱方案，使得隧道改造后内轮廓变小，重新布置两侧电缆槽宽度后无法按现行《公路隧道设计规范　第一册　土建工程》JTG 3370.1—2018中设计速度100km/h标准布置建筑限界，只能按设计速度80km/h标准布置建筑限界，因此为了减少凿除既有衬砌，保证既有衬砌的稳定，经过技术经济比较，隧道采用80km/h标准改建。

② 隧道渗漏水

由于套拱方案施作时在套拱和原有衬砌之间铺设防水层，结合路面施工重新施工隧道防排水系统，因此隧道加固方案中不必对隧道衬砌渗漏水进行处理。

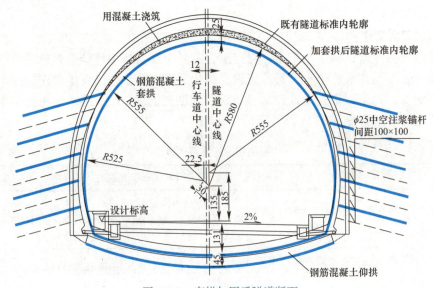

图 6-3-8 套拱加固后隧道断面

③隧道衬砌后空洞及围岩注浆加固

对于根据检测结果中衬砌背后存在的空洞、脱空和离析现象，仅对衬砌背后的空洞进行注浆加固，注浆加固在空洞部位钻两排注浆边孔，两排注浆孔之间钻一排排气孔，注浆从两个注浆边孔开始，压注水泥浆，工作压力 0.3～0.5MPa，当有浆液从中间注浆孔中流出时，接着从中间注浆孔压注水泥浆，工作压力保持 0.5MPa，直至排气孔有浆液流出，此段注浆结束；施工时应控制好注浆压力，并应有衬砌临时支护措施与密切注意原衬砌的变形。

对于隧道衬砌后围岩差，含水量大或既有的塌方松散体，应采用隧道衬砌后围岩注浆，达到固结围岩、堵水的目的。注浆材料因纯水泥浆、超细水泥浆耐久性好，对环境无污染，应优先采用，但当地下水大时，应结合水量大小选用高分子堵水注浆材料。

④隧道路面翻水、拱脚渗水处理方案

由于原有路面破损、路面破损严重，抗滑能力下降，隧道改造路面宽度变宽，在路面两侧需增加排水边沟，况且隧道改建要重新规划隧道内行车道位置，为了洞内行车的安全性，从路面基层处理上解决路面病害，选择全部挖除原有路面和基层，拆除既有的排水边沟和电缆槽，间隔一定距离找出隧道拱脚横向排水管，用高压水枪冲洗疏通，然后重新施作路面的可排水基层、路面面层、排水边沟和电缆槽，其中注意应将原来的横向排水管重新连接，将地下水引排到新修的排水边沟中排走，确保隧道路面不再出现翻水，隧道拱脚排水通畅。

⑤隧道既有衬砌拱脚凿除后的处理

隧道套拱加固为了满足套拱最小 25cm 的厚度，既有衬砌部分位置需要凿除，为了减少拱部凿除，降低凿除风险，将隧道纵面进行适当调整，降低隧道设计高度，确保衬砌凿除不发生在拱部，但使得既有衬砌的拱脚需要凿除 10～15cm。为了保证既有衬砌的拱脚凿除后不下沉、不失稳，因此在套拱施工前在既有衬砌的两侧边墙施作 φ42 小导管注浆加固，导管长 5.0m，间距 1.0m×1.0m。这样既保证了既有衬砌的稳定，又加固了隧道围岩。

⑥ 隧道增加仰拱

根据隧道钻孔取芯检测结果显示，既有隧道内并未按原设计图纸标准要求施作仰拱，所以在这次改造施作套拱的过程中，全隧道重新施作仰拱，隧道进出口 100m 范围仰拱采用 45cm 钢筋混凝土，其余段落采用 40cm 钢筋混凝土。在开挖浇筑仰拱时，原衬砌拱脚下为虚方时，应分段清除虚方后注浆加固或用混凝土浇实，确保整个隧道衬砌和路面基础的稳定。

⑦ 隧道断面错位部分的处理措施

隧道原设计平面线形为直线，施工时两端掘进中由于放样偏差导致隧道衬砌在对接部位发生横向错位，改造施工为了还原隧道的平面线形，套拱施工时凿除既有衬砌偏向一侧，导致既有衬砌一侧不需凿除，另一侧拱脚全部被凿除。在此段的施工中，对拱脚完全凿除或凿除厚度超过既有衬砌厚度大于 2/3 的段落，采用 I20 型钢嵌入原初期支护中，型钢上端抵在凿除后的衬砌底部，作为衬砌的拱脚基础，型钢基础应落在稳定的地基上。套拱施工前的准备工作见图 6-3-9 和图 6-3-10。

图 6-3-9　套拱施工前的仰拱开挖

图 6-3-10　套拱施工前既有衬砌拱脚的凿除

（3）主要施工方法

① 隧道整治施工时，应采取全封闭交通施工，先施工左（右）洞，右（左）洞开放双向交通，但开放双向交通应加强交通管制，限速行驶，确保交通安全；

② 骑缝锚杆锚固和压浆充填空洞时应注意：中空注浆锚杆应注浆饱满，保证全长粘结；锚杆端部的防水应精心施工；压浆充填时应控制好注浆压力，注浆压力不应大于 0.5MPa，并加强对隧道衬砌的观测，发现问题应立即停止施工。应提前搭设好临时钢支撑并用楔子将其和二次衬砌楔紧后才能压浆施工。

（4）施工主要工序

整治工序应遵循"先下后上"的原则，建议施工流程如下：

凿除隧道所有的瓷砖和衬砌表面腐蚀的混凝土和污垢→拆除所有边沟和路面→施作隧道拱脚注浆钢管注浆→疏通隧道原有纵横排水系统（打设隧道墙底泄水孔）→隧道洞内裂缝及渗漏水处治→隧道衬砌后空洞注浆充填→衬砌补强（骑缝锚杆、钢拱架等）→新建隧道电缆槽及排水边沟→铺设隧道路面→隧道附属设施→隧道内装饰施工。

3. 整治效果

隧道经过两年多的施工完成了改造加固，自 2008 年 8 月通车运营以来，经过一个雨季的考验,洞内渗漏水基本得到控制,衬砌上未出现渗斑等渗漏水痕迹。隧道加固效果对比见图 6-3-11。

图 6-3-11 隧道加固效果对比图
(a)隧道路面破坏图(加固前);(b)墙面裂缝(加固前);(c)隧道拱脚渗水(加固前);
(d)墙面裂缝渗漏水(加固前);(e)隧道内景(加固后)

思考与练习 6

扫描二维码可做题自测。

思考与练习 6

公路养护技术与管理
GONGLU YANGHU JISHU YU GUANLI

项目 7

公路交通工程及沿线设施养护

项目7　公路交通工程及沿线设施养护

【项目导读】

近年来，我国公路交通运输基础设施系统得到了前所未有的发展，汽车保有量迅猛增加，交通工程及沿线设施的作用更加凸显。公路交通工程及沿线设施养护范围包括交通安全设施、服务设施和管理设施等，应经常保持各类设施技术状况良好、功能有效、运行正常、安全可靠。交通工程及沿线设施应根据统筹规划、总体设计、分期实施的原则配置，并结合设施使用情况、交通量增长和技术发展状况等，在养护期间适时完善和升级改造。《周易·既济》："君子以思患而豫防之。"为了有效地减少公路交通事故，设置合理的交通安全设施显得尤为重要，本项目将重点介绍交通安全设施的养护。

绿水青山就是金山银山。公路绿化是绿化国土的重要组成部分，是公路养护中的一项重要内容，其能稳固路基、保护路面、美化路容、改善环境、减少噪声、舒适行旅、诱导汽车行驶，同时也是防风、防沙、防雪、防水害的重要措施之一。公路绿化应贯彻"因地制宜、因路制宜、适地适树"的方针，科学规划，合理选择绿化植物品种。

本项目依据《公路养护技术标准》JTG 5110—2023、《公路养护工程质量检验评定标准　第一册　土建工程》JTG 5220—2020、《公路交通安全设施设计规范》JTG D81—2017 和《公路交通安全设施设计细则》JTG/T D81—2017，从公路交通工程及沿线设施养护的基本知识入手，介绍了交通安全设施养护、绿化养护、交通安全设施及绿化养护工程质量检验与评定等内容，最后以工程实例阐述了交通安全设施养护方案编制方法。

【知识目标】

1. 知道交通安全设施类型及其养护内容。
2. 知道公路绿化养护工作内容。
3. 掌握交通安全设施和公路绿化养护质量检验与评定方法。

【能力目标】

1. 能够进行交通安全设施养护。
2. 能够进行公路绿化养护。
3. 能够进行交通安全设施和公路绿化养护质量检验与评定。

【素养目标】

1. 通过交通安全设施养护内容的学习和实践，了解新技术、新工艺、新规范下的行业发展，培养与时俱进、爱岗敬业的精神。
2. 通过公路绿化养护内容的学习，增强环境保护意识，培养人与自然和谐共生理念。

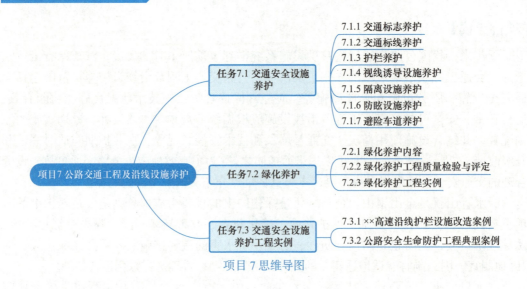

项目 7 思维导图

任务 7.1　交通安全设施养护

【学习目标】

1. 知道交通安全设施类型，熟悉交通安全设施日常养护、预防养护、修复养护或专项养护等工作内容。

2. 知道交通标志、交通标线、护栏、视线诱导设施、隔离设施、防眩设施、避险车道等交通安全设施类型及其养护内容，掌握其养护质量检验与评定方法。

【任务描述】

2017 年 8 月 10 日，陕西省某隧道南口处发生一起大客车碰撞隧道洞口端墙的特别重大道路交通事故，造成 36 人死亡、13 人受伤，直接经济损失 3533 余万元（图 7-1-1、图 7-1-2）。请分析事故道路原因，并提出整改方案。

图 7-1-1　隧道入口

图 7-1-2　事故现场

【相关知识】

公路交通安全设施属于公路建设的基础设施，包括交通标志、交通标线、护栏和栏杆、视线诱导设施、隔离设施、防眩设施等。

1. 日常养护

交通安全设施日常养护应加强日常巡查工作，定期清洗和保养各类设施，发现轻微损坏或局部缺失时，应及时修复或补设。

2. 预防养护

交通安全设施预防养护应结合日常养护工作，经常和定期检修各类设施，在技术状况等级为优、良时，应适时实施预防维护和保养措施。

3. 修复养护或专项养护

交通安全设施出现下列情况时，应采取修复养护或专项养护措施。

（1）技术状况等级为中，局部路段设施出现损坏，或设施局部丧失使用功能时，应及时实施修复养护。

（2）技术状况等级为次，较大范围设施出现损坏时，应根据损坏数量和严重程度，实施修复养护或专项养护，及时修复或更换。

（3）技术状况等级为差，整路段设施出现较大损坏，或重要设施不能满足功能和安全需求时，应实施专项养护，及时更换、增设或升级改造。

7.1.1 交通标志养护

道路交通标志是以颜色、形状、字符、图形等向道路使用者传递信息，用于管理交通的设施。交通标志应结合道路及交通情况设置。通过交通标志提供准确及时的信息和引导，使道路使用者顺利快捷地抵达目的地，促进交通畅通和行车安全。交通标志按作用分为主标志和辅助标志两大类，其中，主标志包括：警告标志、禁令标志、指示标志、指路标志、旅游区标志、作业区标志、告示标志；辅助标志是附设在主标志下，对其进行辅助说明的标志。

交通标志养护应保持版面清晰、视认性良好、结构安全，标志数量、位置、尺寸、字符、图形、标志板和支撑件等应符合有关标准的要求。标志版面被遮蔽时应及时清理；版面和金属构件出现损伤、支撑件出现歪斜变形时，应及时修复或更换（图7-1-3、图7-1-4）。标志缺损是指各种交通标志（指示标志、警告标志、禁令标志、里程牌、轮廓标、百米标等）残缺、位置不当或尺寸不规范、颜色不鲜明、污染，可变信息板故障等，其损坏按处计算，其中轮廓标和百米标每3个损坏算1处，累计损坏不足3个按1处计算。

图 7-1-3　交通标志损坏

图 7-1-4　交通标志养护

通过检查,发现道路交通标志出现异常时,应及时恢复到正常状态。其主要内容如下:

(1)交通标志的养护:交通标志有污秽时,应进行清洗;有树木等遮蔽时,必须清除阻碍视线的物体或在规定范围内变更标志的设置位置,并且要定期刷新。

(2)交通标志的维修:标志牌变形、支柱弯曲、倾斜应尽快修复;标志牌、支柱损伤、生锈引起油漆剥落,其范围不大时,可对剥落部分重新油漆;油漆严重剥落或褪色,应重新油漆。标志牌或支柱松动,应及时紧固。

(3)交通标志的更换:由于腐蚀(生锈)、破损而造成辨认性能下降或夜间反光标志反射能力降低的标志,应予更换。缺失的应及时补充。

(4)交通标志设置位置的变更:设置的标志有类似、理复、影响交通的情况,或设置位置和指示内容不符合时,应进行必要的变更。

(5)可变信息标志的养护与维修:根据系统的形态或显示器种类、操作频度、机器设置地点周围环境等不同,按照各种机器说明书所规定的保养要点进行保养。

交通标志更换、增设时,标志的设置位置、数量及安装角度应符合设计要求;板面信息不得被其他标志或树木等遮挡。交通标志的字符、图形应符合《道路交通标志和标线 第2部分:道路交通标志》GB 5768.2—2022的规定(图7-1-5);标志板及支撑件应符合《道路交通标志板及支撑件》GB/T 23827—2021的规定。标志的地基承载力应满足设计要求;标志钢构件的焊接部分应符合钢结构焊接规范的质量要求,无裂缝与未熔合、夹渣等缺陷;金属构件的镀层厚度应符合设计要求。标志板面反光膜应符合《道路交通反光膜》GB/T 18833—2012的规定;字符、图形不得拼接。交通标志更换、增设实测项目应符合《公路养护工程质量检验评定标准 第一册 土建工程》JTG 5220—2020的要求。

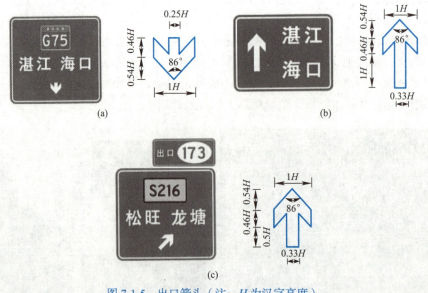

图7-1-5 出口箭头(注:H为汉字高度)
(a)专用车道箭头;(b)前进方向箭头;(c)出口箭头

交通标志的更换、增设，其外观质量需注意：标志板反光膜和标志金属构件镀层应无明显损伤；紧固件数量及规格应符合设计规定，并应拧紧。

7.1.2 交通标线养护

道路交通标线是由施划或安装于道路上的各种线条、箭头、文字、图案及立面标记、实体标记、突起路标等所构成的交通设施。它的作用是向道路使用者传递有关道路交通的规则、警告、指引等信息，可以与交通标志配合使用，也可以单独使用。

1. 交通标线

交通标线应保持良好的夜间视认性、颜色均匀、边缘整齐，标线颜色、形状、设置位置和标线材料等应符合有关标准的要求。标线出现局部脱落时应及时补划，出现大面积脱落或明显褪色时应及时重划，补划和重划前应铣掉原有残线（图7-1-6、图7-1-7）。标线缺损是指标线缺失或损坏，其损坏按长度（m）计算，累计长度不足10m按10m计算，评定时不考虑车道数量的影响。

图7-1-6 交通标线磨损

图7-1-7 交通标线养护

公路交通标线的养护与修理要点如下：

（1）路面标线污秽，影响辨认性能时，应及时进行清扫或冲洗。

（2）路面标线磨损严重或脱落，影响辨认性能时，应重新喷刷或修复，并注意避免与原标线错位。

（3）当进行路面局部修理使路面标线局部缺损或被覆盖时，应在路面修理完工后予以修补或喷刷。

（4）养护和修理的主要内容是清除表面污秽，如已褪色或油漆剥落，应及时重新涂漆。

交通标线养护作业，应充分考虑施划标线的位置，按移动养护作业控制区布置，可布设移动式标志车，划线车辆应配备闪光箭头。施划标线后，应沿标线摆放交通锥。具体做法是：同向车道分隔标线、车辆导向箭头、路面文字或图形标记的养护作业，应将移动式标志车布设在施工车辆后方20~30m处，移动式标志车上应配备限速标志，限速值宜取20km/h。双向通行车道分隔标线的养护作业，应将移动式标志车布设在施工车辆之前，并应在施划标线的路段起终点布设施工标志。

路面标线的颜色、形状和设置位置应符合《道路交通标志和标线　第3部分：道路交通标线》GB 5768.3—2009 的规定和设计要求。路面标线材料应符合设计要求和《路面标线涂料》JT/T 280—2022、《路面标线用玻璃珠》GB/T 24722—2020、《道路预成形标线带》GB/T 24717—2009、《路面防滑涂料》JT/T 712—2008 的相关规定；局部补划的路面标线材料及形状宜与相邻路段原有路面标线一致。路面标线喷涂前应先清洁路面，保持路面干燥，无起灰现象。复划标线前对基底原路面标线的清理应符合设计要求。反光标线玻璃珠应撒布均匀，施划后标线应无起泡、剥落现象。路面标线划设实测项目应符合《公路养护工程质量检验评定标准 第一册 土建工程》JTG 5220—2020 的要求。

路面标线划设外观质量需注意：标线应具有良好的视认性，颜色均匀、边缘整齐；线形应流畅，应与道路线形相协调。标线表面不应出现网状裂缝、断裂裂缝和起泡等现象；标线边缘不应出现明显毛边，复划标线应覆盖基底原路面标线。

2. 突起路标

突起路标是一种固定于路面上的交通安全设施，通常具有逆反射性能，可以通过其颜色、形状、逆反射光等传递车道信息，指引车辆顺利通行。突起路标辅助标线使用，可以标记在高速公路或其他道路上的中心线、车道分界线、边缘线，以及弯道、进出口匝道、导流标线、道路变窄、路面障碍物等危险路段（图 7-1-8）。突起路标出现污损、松动、破裂或缺失时，应及时清洁、修复、更换或补设（图 7-1-9）。突起路标缺损是指突起路标缺失或损坏，其损坏按长度（m）计算，累计长度不足 10m 按 10m 计算，评定时不考虑车道数量的影响。

图 7-1-8 突起路标夜间效果

图 7-1-9 突起路标养护

突起路标产品应符合《突起路标》GB/T 24725—2009、《太阳能突起路标》GB/T 19813—2005 的规定和设计要求。突起路标的布设应符合设计要求和《道路交通标志和标线 第 3 部分：道路交通标线》GB 5768.3—2009 的规定。突起路标应在路面干燥、清洁并经测量定位后施工。突起路标与路面应黏结牢固。突起路标更换、增设实测项目应符合《公路养护工程质量检验评定标准 第一册 土建工程》JTG 5220—2020 的要求。

突起路标的更换、增设，其外观质量需注意：突起路标不得有明显的损伤、破裂和脱落；胶粘剂不得造成路面污染。突起路标安装线形应顺畅，并应与道路线形协调一致。

7.1.3 护栏养护

护栏是一种纵向吸能结构，通过自体变形或车辆爬高来吸收碰撞能量，从而改变车辆行驶方向、阻止车辆越出路外或进入对向车道、最大限度地减少对驾乘人员的伤害。护栏是公路安全设施的重要组成部分，在防护失控车辆碰撞事故中起着重要作用，可有效地减少恶性事故的发生。合理设置护栏不但可以减少交通事故、降低事故的严重程度，还可以诱导行车视线。

护栏养护应保持结构完好、稳固，满足阻挡、缓冲和导向等功能要求，防护等级、最小设置长度、材质，几何尺寸和安装方式等应符合有关标准的要求。护栏缺损是指护栏缺失、损坏或损坏修复后达不到技术要求，其损坏按处计算，损坏程度的判断标准是：缺损长度小于或等于4m为轻度，缺损长度大于4m为重度。

1. 波形梁护栏

半刚性护栏是指车辆碰撞后有一定的变形，又具有一定强度和刚度的护栏。波形梁护栏是半刚性护栏的主要代表形式，由波形梁板、立柱、端头、托架、防阻块等组成。车辆碰撞时利用土基、立柱、波纹状钢板的变形来吸收碰撞能量（图7-1-10）。波形梁护栏出现部件缺损、锈蚀、松动或立柱倾斜等缺陷时，应及时修复、加固或更换（图7-1-11）。

图 7-1-10　波形梁护栏阻止车辆进入对向车道

图 7-1-11　波形梁护栏养护

波形梁护栏的防护等级和路侧最小设置长度应符合《公路交通安全设施设计规范》JTG D81—2017和《高速公路交通工程及沿线设施设计通用规范》JTG D80—2006的规定。波形梁护栏构件的材质、几何尺寸，防腐层质量均应符合相关规定；局部更换的波形梁护栏材质、几何尺寸应与相邻的原有波形梁护栏一致。

波形梁护栏板的端部、中央分隔带开口及护栏过渡段的处理应符合设计要求。波形梁护栏立柱、波形梁、防阻块及托架的安装应符合设计要求，不得现场焊割和钻孔；波形梁板应沿行车方向平顺搭接。路肩和中央分隔带的土基压实度不应小于设计值，达不到压实度要求的路段不应进行护栏立柱打入施工；桥梁、石方路段和挡土墙上的护栏立柱埋深及基础处理应符合设计要求。波形梁护栏的更换、增设实测项目应符合《公路养护工程质量检验评定标准　第一册　土建工程》JTG 5220—2020的要求。

波形梁护栏的更换、增设，其外观质量需注意：波形梁护栏镀锌构件表面应具有均匀完整的锌层，颜色一致，表面具有实用性光滑，不得有流挂、滴瘤或多余结块等缺陷；构件涂塑层应均匀光滑、连续，无孔隙、裂缝、脱皮等有害缺陷。立柱、柱帽、波形梁板及防阻块、托架、端头均应安装牢固，不得有明显变形；紧固件不得缺失。

2. 混凝土护栏

刚性护栏是指车辆碰撞后基本不变形的护栏。混凝土护栏是刚性护栏的主要代表形式，车辆碰撞时通过爬高并转向吸收碰撞能量（图 7-1-12）。混凝土护栏出现明显裂缝、破损或变形等缺陷时，应及时修复或加固（图 7-1-13）。

图 7-1-12　混凝土护栏阻止车辆越出路外　　　图 7-1-13　混凝土护栏养护

资源 7-1
混凝土护栏施工

混凝土护栏的防护等级和路侧最小设置长度应符合《公路交通安全设施设计规范》JTG D81—2017 和《高速公路交通工程及沿线设施设计通用规范》JTG D80—2006 的规定。混凝土护栏块件所用水泥、粗细集料、水、外加剂、掺合料和钢材等原材料的规格、质量以及混凝土配合比应符合设计要求和《公路桥涵施工技术规范》JTG/T 3650—2020 的规定。

混凝土护栏块件标准段、混凝土护栏起终点及其他开口处的混凝土护栏块件的几何尺寸应符合设计要求；局部更换的混凝土护栏块件材质、尺寸应与相邻的原有混凝土护栏一致。各混凝土护栏块件之间、护栏与基础之间的连接以及护栏端头处理和过渡段的处理，均应符合设计要求。混凝土护栏的地基承载力、埋入深度、配筋方式及数量应符合设计要求。混凝土预制块件的损伤、掉角的长度每处不得超过 20mm，否则应修补后才能安装使用；断裂的混凝土护栏块件不得使用。混凝土护栏整修、增设实测项目应符合《公路养护工程质量检验评定标准　第一册　土建工程》JTG 5220—2020 的要求。

混凝土护栏的整修、增设，其外观质量需注意：混凝土护栏块件表面色泽应均匀；蜂窝、麻面、裂缝、脱皮等缺陷面积不得超过该面面积的 0.5%，深度不得超过 10mm。护栏安装线形应顺畅，并应与道路线形及两端既有护栏线形协调一致。

3. 缆索护栏

柔性护栏是指具有较大缓冲能力的韧性护栏结构。缆索护栏是柔性护栏的主要代表形式，由端部结构、中间端部结构、中间立柱、托架、缆索和索端锚具等组成。车辆碰撞时，依靠路侧缆索的拉应力来吸收碰撞能量（图 7-1-14）。缆索护栏出现部件缺损、锈蚀、明显变形、松动或立柱倾斜等缺陷时，应及时修复、调整或加固。对事故多发路段的缆索护栏，应经论证及时调整或加固（图 7-1-15）。

缆索护栏的防护等级和路侧最小设置长度应符合《公路交通安全设施设计规范》JTG D81—2017 和《高速公路交通工程及沿线设施设计通用规范》JTG D80—2006 的规定。缆索、立柱、锚具、紧固件的材质、性能、结构、尺寸及镀层质量应符合设计要

图 7-1-14 路侧缆索护栏可阻止车辆越出路外

图 7-1-15 缆索护栏养护

求和《缆索护栏》JT/T 895—2014 的规定。护栏的端头处理及护栏过渡段的处理应符合设计要求。立柱应安装牢固。采用挖埋法施工，立柱埋入土中时，回填土应分层（每层厚度不超过 100mm）夯实；立柱埋入混凝土中时，基础混凝土的几何尺寸、强度等应符合设计要求；采用打入法施工时，立柱顶部不应出现明显变形、倾斜扭曲或卷边等现象。端部立柱调节螺杆行车方向外露部分长度和安全防护形式应符合设计要求。缆索护栏更换、增设实测项目应符合《公路养护工程质量检验评定标准 第一册 土建工程》JTG 5220—2020 的要求。

缆索护栏的更换、增设，其外观质量需注意：金属构件表面不得有流挂、滴瘤或多余结块等表面缺陷。索端锚具、托架、索夹螺栓应安装到位、固定牢固；托架编号和组合应与缆索护栏的类别相适应；上、下托架位置应正确，中央分隔带缆索护栏的托架应两边对称。

4. 活动护栏

中央分隔带开口护栏（即活动护栏）是设置于公路中央分隔带开口处、具有开启功能的公路护栏结构段，在紧急情况下为公路交通事故处理、公路养护作业提供紧急通道（图 7-1-16）。活动护栏应方便开启与关闭，出现损坏时应立即修复或更换（图 7-1-17）。

图 7-1-16 活动护栏

图 7-1-17 活动护栏养护

7.1.4 视线诱导设施养护

视线诱导设施是指示公路线形轮廓及行车方向的设施，主要包括轮廓标、合流诱导标、线形诱导标、隧道轮廓带、示警桩、示警墩、道口标柱等，可以对驾驶员进行有效视线诱导，防止在恶劣气候（如雾、雨等天气）和夜间行驶时，驾驶员因看不清道路标线，而导致汽车失去方向。视线诱导设施应保持良好的夜间视认性，出现破损、缺失或反光色块剥落时，应及时修复、更换或补设。下面以应用广泛的轮廓标为例进行说明。

轮廓标用于指示公路的前进方向和边缘轮廓（图 7-1-18、图 7-1-19）。轮廓标产品应符合《轮廓标》GB/T 24970—2020 的规定和设计要求。轮廓标的布设应符合设计要求和《公路交通安全设施设计规范》JTG D81—2017 的规定。柱式轮廓标的基础混凝土强度、基础尺寸应符合设计要求。轮廓标应安装牢固，色度性能和光度性能应符合设计要求。轮廓标更换、增设实测项目应符合《公路养护工程质量检验评定标准 第一册 土建工程》JTG 5220—2020 的要求。

图 7-1-18 轮廓标

图 7-1-19 轮廓标养护

轮廓标的更换、增设，其外观质量需注意：轮廓标及反射器不得有明显的污损；反射器不得有缺失、破裂。轮廓标安装线形应顺畅，并应与道路线形协调一致。

7.1.5 隔离设施养护

隔离设施是为了对高速公路和需要隔离的一级公路进行隔离封闭的人为构造物的统称，包括隔离栅和防落网。隔离栅设置于公路沿线两侧，阻止人、动物进入公路或沿线其他禁入区域，防止非法侵占公路用地。防落网分为防落物网和防落石网：设置于公路桥梁两侧，防止抛扔的物品、杂物或运输散落物进入桥梁下铁路、通航河流或交通量较大的公路的设施，称为防落物网；设置于公路路堑边坡，防止落石进入公路建筑限界内的柔性防护设施，称为防落石网。

隔离栅和防落网应保持网孔均匀、结构牢固、围封严密。隔离栅和防落网出现断丝、锈蚀，或隔离栅立柱出现损坏、倾斜等缺陷时，应及时修复或加固（图 7-1-20、图 7-1-21）。隔离栅损坏是指隔离栅破损或损坏修复后达不到技术要求，损坏应按处计算。防落网缺损是指防落网缺失、损坏或损坏修复后达不到技术要求，其损坏按处计算，损坏程度的判断标准是：缺损长度小于或等于 4m 为轻度，缺损长度大于 4m 为重度。

隔离栅和防落网产品要符合相关规定和设计要求。隔离栅和防落网的安装位置要符合设计规定。立柱的强度要符合设计要求；折断或有明显缺陷的立柱不得使用。立柱与基础、立柱（框架）与网片之间的连接要稳固；网面要平整绷紧。防落网要网孔均匀，

资源 7-2
隔离栅
施工

项目7 公路交通工程及沿线设施养护

图 7-1-20 隔离栅养护

图 7-1-21 防落物网养护

结构牢固围封严实。

隔离栅起终点及遇桥梁、通道断开处，要符合端头封围的设计要求；跨越沟渠等形成的隔离栅下缘空缺处要按设计要求实施封堵。隔离栅和防落网更换、增设实测项目应符合《公路养护工程质量检验评定标准 第一册 土建工程》JTG 5220—2020 的要求。

隔离栅和防落网的更换、增设，其外观质量需注意：钢板网、编织网不得断丝，焊接网不得脱焊、虚焊。金属构件的镀锌层要均匀完整、颜色一致，不得有流挂、滴瘤或多应余结块、漏镀、露铁等缺陷；构件涂（浸）塑层要均匀光滑、连续，无肉眼可分辨的小孔、空间、孔隙、裂缝、脱皮等缺陷。混凝土立柱表面要平整；蜂窝、麻面、小气孔、裂纹、石子外露和缺边掉角等缺陷面积不得超过构件同一侧表面积的 4%，深度不得超过 10mm。安装线形要顺畅，并与地形相协调。

7.1.6 防眩设施养护

防眩设施是指设置在道路中央分隔带上，以防止夜间行车受对向车辆前照灯炫目影响的安全设施，包括防眩板、防眩网和植树防眩等形式（图 7-1-22）。该设施可以降低交通事故发生的频率，提高道路通行能力。

防眩板应保持完整、清洁、牢固、防眩有效。出现部件缺失、污损或松动等缺陷时，应及时修复、加固或更换；凹形竖曲线底部等路段防眩效果不足时，应增加防眩板高度（图 7-1-23）。防眩板缺损是指防眩板缺失、损坏或损坏修复后达不到技术要求，其损坏

资源 7-3
防眩板
施工

图 7-1-22 防眩板

图 7-1-23 防眩板养护

275

按处计算，损坏程度的判断标准是，缺损长度小于或等于4m为轻度；缺损长度大于4m为重度。

防眩设施产品应符合《防眩板》GB/T 24718—2023 的规定和设计要求。防眩设施整体布设应符合设计要求和《公路交通安全设施设计规范》JTG D81—2017 的规定；遮光角和防眩板的几何尺寸均应符合设计要求。防眩设施更换、增设实测项目应符合《公路养护工程质量检验评定标准 第一册 土建工程》JTG 5220—2020 的要求。

防眩设施的更换、增设，其外观质量需注意：防眩设施应安装牢固；表面应色泽均匀，不得有气泡、裂纹、疤痕等缺陷。防眩设施安装线形应顺畅，并应与道路线形协调一致。

7.1.7 避险车道养护

避险车道是指在长陡下坡路段行车道外侧，增设的供速度失控（制动失灵）车辆驶离正线安全减速的专用车道，由引道、制动床、救援车道等构成（图 7-1-24）。

避险车道配套的交通安全设施有：连续长、陡下坡宜在坡顶设置坡长信息告示标志，并在避险车道前适当位置重复设置；在避险车道前宜设置2km、1km、500m的预告标志，在避险车道引道入口应设置避险车道标志；引道入口前宜设置"禁止停车"的禁令标志和"失控车辆专用"的告示标志；救援车道硬化路面上应设置"救援车道专用"的路面文字标记；S上坡型制动床两侧应设置护栏，宜采用混凝土护栏；制动床两侧应设置轮廓标，其反光器颜色应为红色，间距宜为12m；救援车道右侧可不设置轮廓标（图 7-1-25）。

图 7-1-24 避险车道

图 7-1-25 避险车道使用

避险车道要经常保持制动床、减速消能设施及其他配套设施完好、功能有效，清障车道和驶离匝道要经常保持通畅状态。移除驶入的失控车辆后，要及时清理现场，整理制动床集料至原设计状态，及时修复损坏的缓冲装置等设施。

【任务实施】

1. 事故道路情况

事发路段位于××高速公路，属于京（北京）昆（昆明）高速公路在陕西省境内的一段。该路段于2002年9月开工，2007年9月建成通车。

本次事故现场在××高速公路1164.867km处，位于秦岭1号、2号特长隧道之间下行线（汉中至西安方向）一侧，道路右侧为秦岭服务区，大车限速 60km/h，小车限速 80km/h。事发地点位于高架桥梁和秦岭 1 号隧道的相接处，南北走向，道路线形顺直，纵坡 2.54%，横坡 2%，沥青路面，抗滑性能指数（SRI）89.9，优良率 100%。其中，隧道部分净宽为 10.5m，隧道入口洞门两侧设置有立面标记；桥梁部分为 15.25m 等宽设计，两侧采用混凝土护栏，直接连至隧道洞门端墙处，隧道入口右侧检修道内边缘距桥梁护栏内侧 5.13m，道路横断面组成为客车道、货车道、从服务区驶入主线的加速车道以及硬路肩四部分，宽度分别为 3.75m、3.75m、3.75m、2.85m，加速车道全长 198.8m，在隧道入口前 11.5m 处汇入行车道。从秦岭服务区至隧道入口设置有 5 个间距为 30m 的单臂路灯。隧道入口右侧端墙上设置有警告标志，警告标志正下方设置有黄色闪烁警示灯。

经查，事故路段施工图设计时间为 2000 年 12 月至 2002 年 10 月，事故路段的桥隧衔接方式、道路线形、平纵横指标、交通标志及照明设施设置等设计均符合当时的相关标准规范要求。事发时，桥梁路面与隧道之间没有设置过渡衔接设施。

事故发生时天气晴，无降水。

图 7-1-26　事发路段航拍图

2. 事故道路原因

（1）路面视认效果不良

经查，事发当晚事发地点所在桥梁右侧的 5 个单臂路灯均未开启，加速车道与货车道之间分界线局部磨损（约 40m），宽度不满足要求（实际宽度为 20cm）。根据《道路交通标志和标线》GB 5768.3—2009 第 4.11.2 条对应的出入口标线大样图要求，道路出入口标线宽度应为 45cm。在夜间车辆高速运行的情况下，驾驶人对现场路面的视认情况受到一定影响。

（2）未增设防护导流设施

××高速陕西安康境内 1153~1172km 路段，未按照建成通车时执行的《公路交通安全设施设计规范》JTG D81—2006 第 4.4.4 条规定："护栏在设置的起讫点、交通分流处三角地带、中央分隔带开口以及隧道入、出口处等位置，应进行便于失控车辆安全导向的端头处理。不同形式的路基护栏之间或路基护栏与桥梁护栏之间应进行过渡处理。"在隧道入口与桥梁连接部位未增设防护导流设施，存在安全隐患。

3. 整改方案

（1）隧道入口路段临时整改

根据《公路交通安全设施设计规范》JTG D81—2017 第 6.5.1 条规定："高速公路的互通式立体交叉主线分流端、匝道分流端等应设置可导向防撞垫，隧道入口段洞口等位置未进行安全处理时宜设置可导向防撞垫。"进行临时整改，具体见图 7-1-27。

图 7-1-27　秦岭一号隧道临时整改

（2）隧道入口路段交通标线整改

根据《公路交通安全设施设计细则》JTG/T D81—2017 第 5.2.6 条规定："隧道入口应设置立面标记；宽度窄于路基或桥梁的隧道入口前 30～50m 的右侧硬路肩内应设置导流线；隧道入口前 150m 范围应设置禁止跨越同向车行道分界线，线宽与车行道分界线一致；可根据需要设置振动型减速标线或彩色防滑标线。"进行整改，具体见图 7-1-28。

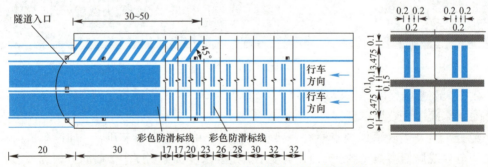

图 7-1-28　隧道入口路段交通标线设置示例（尺寸单位：m）

（3）隧道入口路段护栏整改

根据《公路交通安全设施设计细则》JTG/T D81—2017 第 6.2.2 条规定："高速公路、一级公路及作为干线的二级公路的隧道出入口处，护栏应进行过渡段设计；作为集散的二级公路及三级、四级公路的隧道出入口处，护栏宜进行过渡段设计。入口处过渡设计应符合下列规定：①宜通过混凝土护栏渐变或采用混凝土翼墙进入隧道洞口处。②护栏进入隧道洞口的渐变率不宜超过相关规定值。③混凝土护栏或翼墙迎交通流一侧在隧道洞口处宜与检修道内侧立面平齐。④混凝土护栏或翼墙进入隧道洞口前可根据需要适当渐变高度，在隧道洞口处不得低于检修道高度。"进行整改，具体见图 7-1-29。

项目7　公路交通工程及沿线设施养护

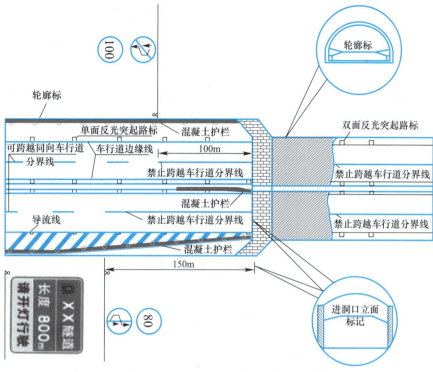

图 7-1-29　隧道出入口交通安全设施综合设置示例

任务 7.2　绿化养护

【学习目标】

1. 知道公路绿化养护范围。
2. 知道公路绿化养护工作内容，掌握其养护质量检验与评定方法。

【任务描述】

2020 年 6 月 1 日，××高速公路管理公司对 A 段高速行道树进行检查，发现存在缺株现象，需及时补植。请完成该项公路绿化补植任务。

【相关知识】

公路绿化养护范围包括中央分隔带、边坡、边沟、路线交叉、服务设施和管理养护设施等路域范围内的树木、花卉、地被植物和草坪等公路绿地。公路绿化养护应经常保持公路绿地整洁美观，植物生长良好、成活率高，并应满足坡面防护和交通安全等的相关要求。

7.2.1　绿化养护内容

绿化管护不善是指树木和花草等枯萎或缺失，绿化带未及时修剪或有杂物，路段应绿化未绿化。其损坏按长度（m）计算，累计长度不足 10m 按 10m 计算。

公路绿化养护应加强日常养护、预防养护和定期维护工作，对植物应适时灌溉、排涝、施肥、中耕除草、整形修剪、补植和改植，并应加强病虫害日常防治等工作。具体如下：

（1）植物灌溉：根据绿地的土壤质地、土壤墒情、天气情况和植物的生理需水量等，确定灌溉时间和灌溉量。当雨后绿地出现积水时，及时排出积水，对经常性积水的绿地，增设排水设施。

（2）植物施肥：根据绿地土壤肥力、季节及植物生理需肥特点等合理进行。

（3）植物整形修剪：结合植物的生物学特性、生态习性、景观需求和树木健康管理要求等，适时适量进行。当路侧乔灌木影响建筑限界和路侧安全净空，遮挡视距、标志，或与路灯、架空线及其他变电设备等安全距离不足时，及时修剪、清除或改植。

（4）病虫害防治：加强日常巡查、定期检疫和预报工作，发现疫情及时处置。病虫害防治采用生物防治和物理防治为主，化学药剂防治为辅的方法。采用化学药剂防治时，不应使用有机磷类药剂。

（5）缺失植物的补植和改植：当草皮生长不良导致边坡或边沟防护不足时，及时补植、复壮或改植。植物枯死时，及时清理，并在适宜季节补植或改植。植物补植或改植采用原有物种，不得引入外来物种。必要时对栽植土进行补缺或更换。

公路绿化养护要加强自然灾害防治工作，在灾害性天气来临前，提前采取防御措施；灾害性天气期间，加强巡查和针对性管理等工作；灾害性天气之后及时做好清理和补植等工作。

7.2.2 绿化养护工程质量检验与评定

公路绿化要及时养护，保持形态整齐，无死树残桩，无影响植物生长的病虫害；绿地内保持整洁、无积水。不符合要求的和缺损的绿化按有关规定进行更新、补植和调整。绿化养护工程要满足交通功能的需要，不得影响行车安全视距和公路排水，不得遮挡交通标志。

1. 栽植土补缺、更换

栽植土壤要符合植物生长要求，理化指标符合设计要求。栽植土层平整，排水坡度和土层下渗水途径符合设计要求。栽植土层经自然沉降后表面应无明显低洼或积水。栽植土表层不得有成堆块径超过60mm（乔木及大、中灌木）或超过20mm（草坪、地被）的瓦砾、废渣等杂物。栽植土补缺、更换实测项目应符合《公路养护工程质量检验评定标准　第一册　土建工程》JTG 5220—2020 的要求。

2. 植物材料更新、补缺

植物材料的种类、规格要符合设计要求，并与周边既有植物相适配；生长健壮，根系无明显损伤，严禁带有严重病害、虫害、草害；播种用的种子要提供由国家法定种子检验机构出具的种子质量检验报告，外省市调入的苗木和种子还要有植物检疫证明。树冠基本完好，不脱脚，生长健壮；不要有影响生长或景观的损伤。草块尺寸基本一致，木、草本地被发育匀齐，根系应良好、无损伤。乔木主干挺直，灌木重心应无明显偏斜。草皮、地被整齐、健壮。以乔木为例，植物材料更新、补缺实测项目应符合《公路养护工程质量检验评定标准　第一册　土建工程》JTG 5220—2020 的要求。

3. 乔木、灌木栽植

放样定位和种植穴规格要符合设计要求；树木栽植不能影响行车安全视距。树干要与地平面垂直；扎缚要恰当，不得伤及树木。修剪切口要平整，留枝正确，树形匀称；绿篱、色块、球类的栽植、修剪要整齐，线条分明，无空缺。乔木、灌木栽植实测项目应符合《公路养护工程质量检验评定标准 第一册 土建工程》JTG 5220—2020 的要求。

【任务实施】

1. 缺株分析

公路绿高速公路两侧植物景观的长势越佳，抗冲刷能力越高，并具备更佳的防眩效果。但在植物景观种植后，可能由于恶劣天气、自然灾害导致脆弱性植物无法成活。如播种草种时，可能由于土壤蓄水能力不强导致植物缺水枯死。除此之外，行人穿越绿化带踩踏植物、盗窃者偷盗经济性或观赏性植物，均可能导致植物景观缺失或死亡。面对这些情况，高速公路的管护人员，需要加强植物景观栽种后的巡查管理，一旦发现死亡或丢失的植株，需要立即实施补植作业。

2. 补植方案

在播种草种时，应做好填土管理，并及时完成植株补播。补植草皮或苗木时，需要确保补植后苗木尺寸与现有植株相同，且补植数量应与栽种时保持一致，并且应在补植之后做好培土、灌溉等工作，应踏实新填土，确保覆土高度高于原土 2.5cm 左右，并应在补植后及时浇透水分，还要加强新植植株的监测与看护，从而提高植被补植后成活率（图 7-2-1）。

图 7-2-1 中分带补植

3. 质量检验

行道树补植应符合绿化养护实测项目的要求，并且乔木主干应挺直，灌木重心应无明显偏斜；草皮、地被应整齐、健壮。

7.2.3 绿化养护工程实例

1. 工程概况

××高速公路是横贯我国北部的一条国道主干线，为我国高速公路规划"五纵七横"中的一条横向线。为进一步提高高速公路的绿化水平，增加高速公路与沿线生态的协调性，现对高速公路 A 段日常绿化养护工程进行方案设计。

2. 绿化养护方案

（1）中分带及路侧绿化浇水

为保障××高速公路 A 段绿化养护的工程质量，根据当地的气温特点需对浇水时间和频率进行控制。浇水时间：每年 3 月对中分带绿化苗木浇灌返青水 1 遍，4~10 月视旱情适时浇水应不低于 5 遍（路侧 1 遍），11 月中、下旬或 12 月上旬对中分带绿化苗木浇灌封冻水 1 遍；中分带绿化浇水每年至少 7 次，路侧绿化浇水每年至少 3 次（图 7-2-2）。

（2）中分带及路侧绿化修剪

××高速公路A段中分带的乔木、花灌木的修剪方案为：树木的修剪高度要根据苗木的实际生长情况进行确定；相同种类的苗木要做到修剪后的高度及形状保持一致，最外侧苗木距离护栏板距离宜为10cm；部分苗木先开花后长叶，修剪工作可待花期结束后开展；应及时对现场修剪产生的枝叶进行清扫，并严格按照环保要求进行处理。路侧乔木和灌木修剪措施主要有：道路两侧的乔木和灌木修剪时保持其原有形状，修剪后的面应整齐、协调；多年生灌木，修剪时将已枯萎的枝干、衰老的枝干、柔弱的枝干以及密集生长的枝干剪掉，将长势比较好的主枝保留；常绿树的修剪，不改变其天然形状剪除其枯枝死叶即可；现场修剪的枝叶需及时进行清扫并按规定处理。绿化修剪实施频率：中分带绿化修剪每年至少2次，路侧每年至少1次（图7-2-3）。

图7-2-2　中分带绿化浇水

图7-2-3　中分带绿化修剪

（3）中分带、路侧绿化病虫害防治

为保证中分带绿化植物健康、良好成活，不受虫害侵蚀，需做好病虫害防治。病虫害防治方案为：组织人员定期巡查，发现植物根、茎、叶出现异常或看到病虫时组织实施防治措施；在当地病虫害多发季节加大喷药频次，并根据当地病虫害特点喷洒针对性防治药物。

（4）中分带绿化施肥

为保证中分带绿化植物生长效果，需对高速路段范围中分带植物施肥，方案为：中分带绿化施肥应撒布均匀，不得污染路面，确保用肥科学合理，用量充分。施肥实施频率：中分带绿化苗木每年进行1次施肥，施肥时间根据苗木实际生长情况而定。

（5）路侧绿化边坡、边沟除草（含互通、天桥引道）

为保障绿化植物良好的生长，需对高速路段定期进行杂草清理，施工方案为：道路两侧边坡的杂草需全面进行清理，清理过后的杂草留茬应小于5m；杂草清理时，可使用打草机、镰刀以及锄头等机具，但不得采用铁锹等由坡顶至坡脚铲除杂草，此方式会改变边坡的坡率，从而对路基的稳定性造成破坏；边坡修剪后应美观整洁，天桥引道、互通三角端路肩石、路缘石等部位，缝内有杂草存在的应同步进行清除；杂草清理完后，应及时进行清运并按要求进行处理，禁止直接焚烧。杂草清理频率：路侧绿化边坡除草（含互通、天桥引道）应保持常态清除清理，并每年彻底清除1次。

任务7.3 交通安全设施养护工程实例

7.3.1 ××高速沿线护栏设施改造案例

1. 工程概况

经多年运营，××高速整体路况良好，道路各组成部分结构稳定、功能有效，桥隧构造物的使用功能良好，行车安全、舒适。随着运营时间的增长，交通量持续增加，为了提高山区高速公路行车安全，依据《公路交通安全设施设计规范》JTG D81—2017和《公路交通安全设施设计细则》JTG/T D81—2017中的相关要求及其他规范规准，对××高速沿线护栏设施进行改造设计。

2. 存在问题

经调查，现有护栏存在的问题如下：
（1）护栏自身高度不足。
（2）桥梁护栏与波形梁护栏衔接不满足规范或端头未处理。
（3）中央分隔带开口活动护栏不满足现行规范要求。

针对以上3种护栏存在的现状情况，为了实现安全、高效、快捷的通行道路，现组织相关技术人员对××高速沿线护栏存在的问题进行现场勘察，收集竣工图相关资料、并根据外业调查资料进行综合分析和评价，根据《公路交通安全设施设计规范》JTG D81—2017和《公路交通安全设施设计细则》JTG/T D81—2017中的相关要求，提出波形梁护栏改造施工图设计方案。

3. 改造方案

根据以上3种类型情况，具体改造设计方案如下：

（1）护栏自身高度不足

在根据《公路交通安全设施设计细则》JTG/T D81—2017中的规定，以护栏面与路面的相交线为设计基准线，波形梁护栏横梁中心高度应符合下列规定："三波形梁板中心高度为697mm""双波形梁板中心高度为600mm""设置于土基中的波形梁护栏，立柱埋深不应小于有关规定，当有路缘石时还应加上路面以上路缘石的高度"。

根据调查，××高速由于路面大中修加铺或护栏栏板下有拦水带等造成现有双波型护栏中心高度减小，现高度为38～55cm，护栏高度不满足规范要求（图7-3-1）。

改造方案：

根据现场实际调查情况，××高速公路沿线护栏高度不满足要求的采取以下改造方案：

① 首先拆除原高度不满足规范要求的双波型波形梁护栏，然后增设相应防护等级的波形梁护栏（应满足最小结构长度≥70m），新增波形梁护栏处有拦水带增加护栏立柱高度，增加高度为路面以上拦水带高度，同时应保证

图 7-3-1 护栏高度不足

护栏立柱埋深符合规范要求。

② 当上游端连续设置有波形梁护栏时，新增护栏上游端与原护栏设置过渡板；当上游端未设置护栏时，优先选用外展方式，无法外展时，设置 TS 级防撞端头。

③ 当下游端连续设置有波形梁护栏时，新增护栏下游端与原护栏设置过渡板；当下游端未设置护栏时，新增护栏设置普通下游端。

（2）桥梁护栏与波形梁护栏衔接不满足规范或端头未处理

根据《公路交通安全设施设计细则》JTG/T D81—2017 第 6.3.9 条规定："设计速度大于 60km 的桥梁，相邻路基段未设置护栏时，桥梁护栏应适度外展，或在路基段增设一段护栏与桥梁护栏进行过渡，以避免车辆碰撞端部或从桥冲出路外""设计车速大于 60km/h 的公路桥梁护栏与路基护栏的结构形式不同时，应进行过渡设计""过采用设置端部将刚护在刚护上式""用搭接方式时，路基护栏应进行加强处理，长度不宜短于 12m"。

根据调查，××高速路基桥梁过渡段，在桥梁护栏端头处设置的波形梁护栏高度不足，现高度为 45～55cm，同时长度、等级不满足规范要求（图 7-3-2）。

图 7-3-2　桥头波形梁护栏高度不足

改造方案：

根据现场实际情况，桥梁护栏与路基护栏端部过渡段衔接改造，方案如下：

① 两桥之间路基护栏改造方案

若护栏自身高度不足，本段整体改造。路基段设置的护栏高度不足，且长度不足 70m 时，拆除原有波形梁护栏（原护栏为双波形梁护栏，其高度、长度及等级不满足规范要求），增设相应防护等级的波形梁护栏。桥梁护栏端部设 3m 翼墙 +12m 加强型波形梁护栏。

若护栏自身高度满足原规范要求，本次设计仅对桥梁护栏端部过渡段改造。路基段设置的护栏高度满足建设期规范要求，本次设计仅在桥梁护栏端部设 3m 翼墙 +12m 加强型波形梁护栏 + 过渡板（与现有两波板护栏相接）。

若两桥之间路基段未设置护栏：两桥之间路基长度大于 100m 时，除了对桥梁护栏端部过渡段改造外，根据上游段设置外展或消能设施进行经济对比后，再新增相应的护栏；两桥之间路基长度小于 100m 时，整段连通设置。

针对以上护栏改造方案，护栏设置防护等级根据《公路交通安全设施设计规范》JTG D81—2017 和《公路交通安全设施设计细则》JTG/T D81—2017 中的相关要求进行设置。

② 侧桥梁护栏端部端头未处理的改造方案

根据对 ××高速全线桥梁护栏端头进行调查，发现大多桥梁端头未设置过渡措施（图 7-3-3），根据《公路交通安全设施设计规范》JTG D81—2017 和《公路交通安全设施设计细则》JTG/T D81—2017 中的相关要求，应设置 3m 翼墙 +12m 波形梁护栏 + 外展护栏长度（无法外展时，采用消能端头）。

图 7-3-3　桥头端头未处理

增设的护栏与桥梁长度之和应≥70m，护栏的防护等级应满足现行规范标准的要求。

（3）中央分隔带开口活动护栏不满足现行规范要求

根据对××高速公路沿线中央分隔带开口活动护栏现状进行调查，发现现有中央分隔带开口活动护栏有插拔式、折叠式、新泽西等形式，均无防护级别、老化，且未与路侧护栏搭接。现状照片如图 7-3-4、图 7-3-5 所示。

图 7-3-4　新泽西护栏　　　　　　　图 7-3-5　折叠护栏

改造方案：

本次设计拆除中央分隔带开口活动护栏，根据《公路交通安全设施设计规范》JTG D81—2017 和《公路交通安全设施设计细则》JTG/T D81—2017 中的相关要求，更换为具有相应防护级别的中央分隔带开口活动护栏，并更换与之相邻的波形梁护栏 16m，进行有效搭接，并增设防眩板。

7.3.2　公路安全生命防护工程典型案例

"十四五"以来，按照交通运输部统一部署，各地区公路安全生命防护工程取得积极成效，实施了一批理念先进、功能齐全、措施耐久、技术创新的精品工程、平安工程、放心工程。为挖掘、总结、推广各地工程成功经验和典型做法，交通运输部在前期征集的基础上，经组织推荐、专家评审、现场复核等程序，形成全国公路安全生命防护工程典型案例 10 项（综合类 3 项、组织实施类 3 项、技术创新类 4 项）。

资源 7-4　公路安全生命防护工程典型案例

思考与练习 7

扫描二维码可做题自测。

思考与练习 7

公 路 养 护 技 术 与 管 理
GONGLU YANGHU JISHU YU GUANLI

项目 8

公路智慧养护

【项目导读】

发展数字交通、智能交通，建设让人民满意的智能交通，是交通运输领域数字化升级改造的新目标。《数字交通"十四五"发展规划》明确了"数字交通"建设的发展目标，即到2025年，交通新基建取得重要进展，行业数字化、网络化、智能化水平显著提升，有力支撑交通运输行业高质量发展和交通强国建设。因此，加强公路养护管理信息化、智慧化，推进公路养护信息资源共享与利用，提高养护效能，是公路养护的重要任务之一。

本项目依据《公路"十四五"发展规划》《数字交通"十四五"发展规划》《关于支持引导公路水路交通基础设施数字化转型升级的通知》等文件要求，参考《公路养护技术标准》JTG 5110—2023、《贵州省智慧高速公路建设指南（试行）》JTT 52/01—2022等标准规范，首先介绍了公路养护信息化应用现状，包括公路技术文件和数据的信息化管理以及公路养护管理信息系统，接着介绍了公路养护数字化升级改造的新技术和未来——公路养护智慧化。通过本项目，既让学生认识到公路智慧养护的发展现状和前景，也培养其作为公路养护人的数字素养和创新意识。

【知识目标】

1. 知道公路养护技术文件和基本数据的组成和管理要求。
2. 认识公路养护数据库、养护管理系统和基于全生命周期的一体化智慧公路管理平台的架构和功能。
3. 认识公路养护信息化、智慧化发展的新要求。

【能力目标】

1. 能进行公路养护技术文件的整理和归档。
2. 能区别养护数据库、养护管理系统和智慧公路管理平台。
3. 能进行养护数据的识别、获取、制作、使用、交互、分享。

【素养目标】

1. 培养"安全、便捷、高效、绿色、经济"的公路发展新理念。
2. 培养主动发现和利用真实、科学、有效数据的数字意识，以及主动维护数字安全的意识。
3. 通过学习我国智慧公路建设示范案例，培养四个自信、爱国精神。

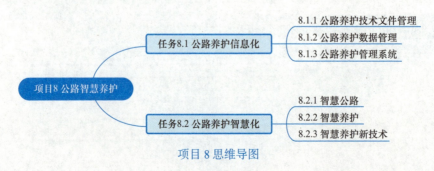

项目8 思维导图

任务 8.1　公路养护信息化

【学习目标】
1. 知道公路养护技术文件和数据的组成和管理要求。
2. 认识公路养护数据库和养护管理系统。
3. 认识公路养护信息化、智慧化发展新要求。

【任务描述】
2021 年交通运输部发布了《交通运输部办公厅关于健全完善国家公路桥梁基础数据库的通知》(交办公路函〔2021〕330 号)，要求全国公路养护管理单位填报大桥、特大桥信息。某管养单位在填报信息过程中，发现本单位统计的桥梁数据内容与格式与部里的要求相差较大，需要重新收集整理桥梁的基础数据，导致了大量的重复工作。养管单位一般应该收集桥梁的哪些基础数据？如何加强数据的管理，让基础数据能更好地共享和加工应用呢？

【相关知识】

8.1.1　公路养护技术文件管理

1. 公路养护技术文件组成

根据《公路养护技术标准》JTG 5110—2023，公路养护应建立技术文件档案，对养护各环节形成且具有保存价值的各种载体文件，均应收集齐全、整理立卷后归档。公路养护技术文件包括：

（1）日常巡查日志、经常检查记录、日常保养和维修记录。
（2）定期检查和专项检查报告、监测数据分析报告。
（3）养护决策分析报告。
（4）养护工程项目库、年度养护计划和中长期规划。
（5）养护工程设计文件。
（6）养护工程施工质量管理、交工和竣工验收等文件。

2. 公路养护技术文件管理要求

公路文件管理贯穿公路"建设—管理—养护—运营"的全生命周期，对于管养单位，接养公路时有必要将自项目立项审批(核准)至接收全过程产生的，反映项目质量、进度、费用和安全管理基本情况，对建成后运营维护、改建、扩建和养护具有保存、参考利用价值的各种形式和载体的真实记录都进行收集和归档。在此基础上，做好养护各环节技术文件的管理。

公路养护技术文件管理应该注意以下几点要求：

（1）接养公路时，应收集并归档公路基础资料、路况资料和管理资料，并应通过专项检查及评定获取当前的技术状况资料。同时，不仅要进行基础设施的交接，还有其技术现状的交接，因此需要通过专项检查评定获取当前技术状况资料。

（2）归档文件载体类型应包括各种文字和图表，以及辅以文字说明的照片、录音和录像等历史记录声像文件。

（3）归档文件内容必须真实、准确、及时，每套归档文件应同时编制一套电子文件，随纸质文件一并归档。公路养护技术文件应每年归档，除了按要求向本单位档案馆归档外，各级养护部门应建立自己的档案室，每年年终分类装订档案，确保资料的完整性和延续性。

8.1.2 公路养护数据管理

1. 公路养护数据组成

公路基础设施数据和养护各环节取得的动态数据，是公路资产的重要部分。基于数据资产，管护单位可以做出更科学的决策，为基础设施资产管理提供更好的服务。因此，收集管理具有科学价值的数据并充分利用，已成为公路养护工作中的一项重要任务。公路养护数据包括：

（1）基础数据：公路权属、技术等级、技术标准、各类基础设施构造和建设年代等资产信息，地形、地质、水文和气象等环境信息，材料单价、人工费用和地方经济指标等经济信息。

（2）路况数据：历次各类路况检查及评定、结构监测、交通量、交通组成和轴载谱，历次养护工程设计、施工及其质量检验评定和验收等信息。

（3）管理数据：养护工程项目库、历年养护计划和历次中长期规划，公路管理、养护单位及其负责路段，以及路政管理信息等。

2. 公路养护数据管理要求

（1）数据库的建设应该坚持"标准统一、信息全面、融合共享"的工作原则。

（2）公路养护数据库应根据养护管理范围和职责分级建立，数据库应及时录入静态数据和动态数据，数据发生变更时应及时更新；

（3）数据库宜具备数据获取、加工、存储、核查和检索等功能，并宜为各类数据交换、共享和应用提供接口。

（4）数据库应根据数据安全保护等级，采取严格的安全保护措施，符合《交通运输行业信息系统安全等级保护定级指南》JT/T 904—2014 的要求。

3. 公路养护数据库

公路养护会形成庞大的数据量，数据库是数据管理的重要载体，从储存各种数据的表格，到储存海量数据并满足多用户应用需求的大型数据系统，数据库具有多种类型和不同功能，实际工作中，根据公路养护管理特点，可以构建以下主题数据库：

（1）养护基础数据库：行政区域、组织人员、路线、营运路段、养护区间、结构区间、构造物、收费站、养护单位诚信评价、交通量及轴载数据、桩号牌、服务区、高速公路出入口、应急物资设备等。以上数据应在接养公路时采集或者按上级管理部门的要求整理上报，每年根据路况发生变化定期更新。

（2）交通量数据库：由各基层管理进行交通量观测统计，可以固定频率，比如每月5日、15日、25日进行24小时全天候连续观测，并及时进行数据的上传。

（3）专业数据库：包括路面、桥涵、隧道、路基边坡、机电养护、交安工程等，重点汇集基础地理信息、路基路面、桥梁、隧道等静态数据。

（4）专业检测数据库：基于《公路技术状况评定标准》JTG 5210—2018 开发的数据库，用以存储路基、路面、桥梁、隧道技术状况检测数据与评定结果数据等。

（5）养护计划数据库：养护计划的申报、审批、执行情况等数据记录。

（6）日常养护数据库：包括日常的巡查记录、局部病害维修工单、维修记录等。

（7）专项工程数据库：例如公路承灾体灾害风险点数据库。

4. 公路养护数据库案例

目前，我国已经建立了比较完善的桥梁养护数据库，在全国范围内推动完善国家公路桥梁基础数据库工作。国家公路桥梁基础数据库采集的数据包括桥梁基础数据、结构数据等 75 项静态数据，以及桥梁日常巡查、经常检查、定期检查、特殊检查等 46 项动态数据，数据库的显示界面见图 8-1-1。

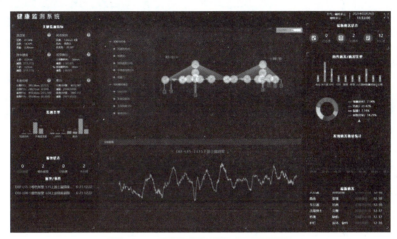

图 8-1-1　国家公路桥梁基础数据库

根据"标准统一、信息全面、融合共享"的工作原则，在实际工作中，各地对原有的高速公路、大桥特大桥、中小桥等桥梁管理子系统进行改造，按照时间节点全面实现桥梁管理系统的部省联网，实现"一省一接口"。

通过此项数据库工作，交通运输部指导各地进一步摸清危旧桥梁底数，强化设计审查和施工质量监管。据统计，2021 年 10 月全国共完成危旧桥梁改造 5005 座，提前完成了该年度危旧桥梁改造的任务目标。通过国家公路桥梁基础数据库的应用情况可以看出，通过充分发挥基础数据在公路养护规划、决策、评价、运行管理等方面的指导作用，可以有效提升公路信息化、数字化养护管理水平。

8.1.3　公路养护管理系统

公路养护管理宜根据管养范围和规模，以公路资产管理为核心，分级建立公路养护信息化综合管理系统，或分步建立路基、路面、桥梁和隧道等专项养护信息化管理系统，逐步集成为信息化综合管理系统。公路养护管理系统的系统架构如图 8-1-2 所示。

公路养护管理系统可收集路面病害、维修、质量检验评定等信息生成养护数据，并收录于数据库，为养护管理决策提供基础的数据支撑。当需要制订年度养护计划时，养护决策系统能够通过调取数据，结合资金限制、养护需求等因素，综合分析、统一决策，形成自上而下、业务协同的科学管理模式。通过各省市建立统一门户、统一授权，设置单点登入、微信登录等功能，可以达成各子系统在统一平台间的互联互通、无障碍转换，实现功能集中、数据联通、操作便捷。公路养护管理系统功能结构见图8-1-3。

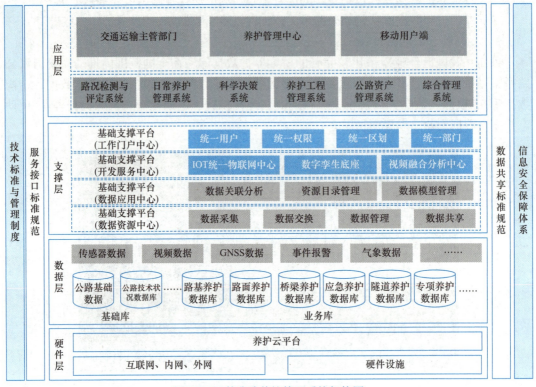

图 8-1-2　某公路养护管理系统架构图

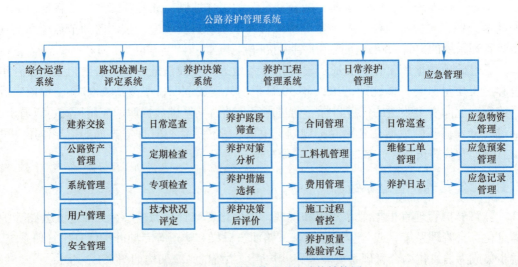

图 8-1-3　公路养护管理系统功能结构图

建设数据库是公路养护信息化的第一步，公路养护管理系统是信息化的第二步，随着大数据浪潮席卷而来，公路养护已经开始从信息化走向数字化、智慧化和智能化，公路养护管理系统的未来是基于"建设—管理—养护—运营"全生命周期的一体化智慧养护平台，具体在任务8.2中将进一步学习。

任务 8.2　公路养护智慧化

【学习目标】

1. 认识我国智慧公路建设和智慧养护的现状和趋势。
2. 认识基于智慧公路理念的公路智慧养护系统架构以及硬件设施。
3. 培养公路养护数字化、智慧化发展新理念。

【任务描述】

江苏某公路养护施工作业现场，4台"无人驾驶"压路机有效作业时间不到5小时，完美地完成了400m的半幅罩面试验施工，这就是"无人化碾压集群"施工新技术，它集成了自动驾驶技术、3D自动摊铺技术、智能压实技术和可视化技术等智能技术应用，基于北斗高精度定位技术，实现对施工碾压轨迹的精准控制，有效避免漏压、过压、欠压、超速等问题，智能化施工保证了摊铺均匀性、碾压压实度和表面平整度，最大程度提高了施工质量。

以上是我国公路智慧养护的应用场景之一。智慧养护是什么？我国智慧养护发展现状如何？通过本任务的学习，了解我国智慧公路及智慧养护的发展现状及趋势，体会新时代公路人是如何加快建设人民满意的交通。

【相关知识】

基于交通运输部发布的2023年交通运输行业发展统计公报，截至2023年末全国公路里程543.68万km（含高速公路里程约18.36万km）。我国公路网规模虽然居于世界首位，但面临着诸多问题和挑战：道路安全事故频发，气候和欠养护导致的限制通行时有发生，智能化信息服务水平不高，用户出行体验欠佳；道路交通在交通全行业中的碳排放占比较高，绿色发展压力较大。

智慧公路建设是积极应对当前公路网在交通安全、运行效率、服务水平、管理能力等方面面临的诸多挑战，实现我国公路交通高质量发展的有效途径。

8.2.1　智慧公路

1. 智慧公路内涵

智慧公路是综合运用大数据、云计算、物联网、人工智能等信息技术及智能装备、新材料、新能源等工程技术，构建全域感知、泛在互联、融合计算、自主决策、智能协同、服务触达等能力，实现"建设—管理—养护—运营"全生命周期一体化、智慧化的新一代公路系统。智慧公路的内涵见表8-2-1。

智慧公路内涵表   8-2-1

序号	项目	内容
1	理念	安全、便捷、高效、绿色、经济
2	目标	"零"拥堵、"零"死亡、"零"管制、"零"排放
3	主要技术	云计算、物联网、移动互联网、大数据、智慧城市、5G、高精度定位与导航等新一代信息技术
4	主要功能	以实现车路协同、支持自动驾驶为主要功能
5	建设内容	道路感知体系、智慧管理体系、智慧服务体系、智能收费体系、智慧养护体系
6	支撑系统	感知系统、融合通信、云控中心、大数据平台等

2. 智慧公路建设现状

2017 年，交通运输部确定了北京、河北、吉林、江苏、浙江、福建、江西、河南、广东九个省/直辖市，作为新一代国家交通控制网和智慧公路建设试点，开启了我国智慧公路建设之路。国家部委陆续发布《交通强国建设纲要》（中共中央、国务院 2019 年 9 月）、《数字交通"十四五"规划》（交通运输部 2021 年 12 月）、《公路"十四五"发展规划》（交通运输部 2022 年 2 月）等政策，对智慧公路的建设提出明确要求。

相较于普通国（省）干线和农村公路，高速公路的应用基础良好，应用场景和服务类型更加丰富，因而智慧高速公路是率先开展的智慧公路建设类型。例如，江苏省的五峰山、沪宁智慧高速公路，山东省的京台智慧高速公路，浙江省的杭绍台、杭绍甬智慧高速公路，四川省的成宜智慧高速公路，广东省的机荷智慧高速公路，河北省的京雄、延崇智慧高速公路等先后建成，充分验证了智慧赋能公路安全、效率、通过能力、服务水平等的有效性。

截至 2023 年 12 月，全国建设完成、在建和拟建的智慧公路超过 100 条，其中建设完成的 70 条，在建的超过 40 条，江苏、浙江、四川、河北等省份走在智慧公路建设先列。同时，浙江、江苏、宁夏、四川、重庆、北京、云南、甘肃、河南、山东、上海、广东、吉林、贵州、河北、广西、安徽共 17 个省/自治区/直辖市发布了智慧高速公路技术标准（指南），江苏和广东两省还发布了普通国省道智慧公路建设（技术）指南，为全国智慧公路建设提供指导思想和发展方向。

目前，我国公路管理部门、相关企业和研究机构立足感知、通信、计算、控制等技术底层逻辑，论证并构建了智慧公路总体架构，见图 8-2-1。

3. 智慧公路建设规划

2023 年交通运输部印发《关于推进公路数字化转型加快智慧公路建设发展的意见》（交公路发〔2023〕131 号），指出到 2027 年，公路数字化转型取得明显进展，构建公路设计、施工、养护、运营等"一套模型、一套数据"，基本实现全生命期数字化。到 2035 年，全面实现公路数字化转型，建成安全、便捷、高效、绿色、经济的实体公路和数字孪生公路两个体系。基于相关政策，制定了我国智慧公路的建设规划，主要分为近期（到 2028 年）、中期（到 2035 年）、远期（到 2050 年）3 个阶段，各阶段的任务见图 8-2-2。

项目8　公路智慧养护

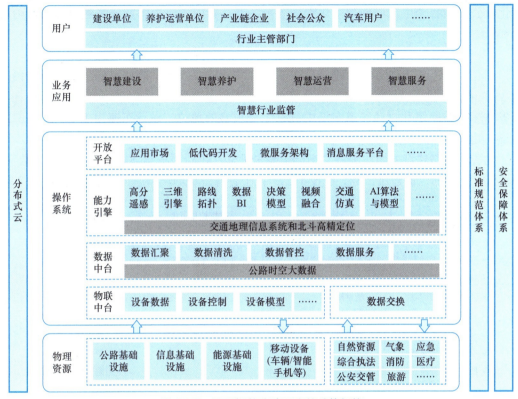

图 8-2-1　基于智慧公路理念的总体架构

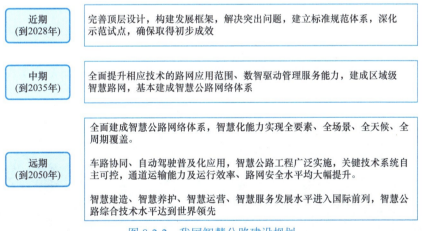

图 8-2-2　我国智慧公路建设规划

智慧公路建设规划实现的前提是基础设施数字化转型升级。2024年4月财政部、交通运输部联合印发《关于支持引导公路水路交通基础设施数字化转型升级的通知》（财建〔2024〕96号），计划自2024年起，通过3年左右时间，支持30个左右的示范区域，打造一批线网一体化的示范通道及网络，力争推动85%左右的繁忙国家高速公路、25%左右的繁忙普通国道和70%左右的重要国家高等级航道实现数字化转型升级。相关政策的发布和实施，将全面推动基础设施智慧扩容、安全增效、突发事件应急响应、车路云一体化及公路项目全生命周期数字化管理等新场景、新应用，为智慧公路建设提供有力支持和保障。

4. 智慧公路示范案例

五峰山高速位于江苏中轴线，是江苏省首条新建双向 8 车道高速公路，示范路段全长 35.9km，北起正谊枢纽，南至大港枢纽，是江苏中部最直接的南北向高速通道，在江苏省高速公路网络和过江通道布局中具有十分重要的地位。设计车速为 100~120km/h，共设 6 处互通式立交、4 处匝道收费站和 1 处服务区，于 2021 年 6 月建成通车。

在智慧公路建设方面，围绕"安全保障全天候、出行服务全方位、运营维护全数字、绿色建管全寿命"的建设目标，建设了二十九个智慧公路的典型应用场景，见图 8-2-3。

安全保障全天候	出行服务全方位	运营维护数字化	绿色建管
• 车路协同 • 车道级雾天行车诱导 • 智能感知消冰除雪 • 匝道分合流诱导 • 驾驶行为监测预警 • 交通事故智能取证 • 交通事件极速感知 • 匝道流量管控	• 车道级精细化管控 • 智慧灯杆+引导 • 无线充电桩智慧照明 • 智慧厕所 • 5G全覆盖及应用 • 匝道准自由流收费	• GIS+BIM全数字化管养 • 多维度主动感知路面 • 4K+5G无人机 • 无线探针 • 服务区BIM综管平台 • 数据共享与数字孪生	• 海绵厂区 • 沿线环境文物保护 • 节约土地资源 • 桥面径流收集 • 预制装配结构 • 施工期绿色技术应用 • 新型新风除霾系统 • 太阳能光伏人行路面

图 8-2-3　二十九个智慧公路典型应用场景

该工程的部分应用场景见图 8-2-4，主要的创新之处如下：

（1）提出了高速公路广义车路协同的概念，开发了高速公路车路协同原型系统，通过路侧单元与智能车辆的信息交互和引导控制，为高速公路车路协同系统实施和建设提供了应用示范。

 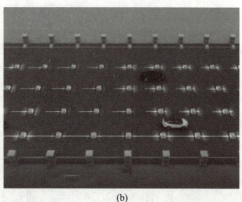

(a)　　　　　　　　　　　　　　　　　(b)

图 8-2-4　江苏五峰山公路部分应用场景（一）
(a) 车路协同；(b) 雾天诱导

 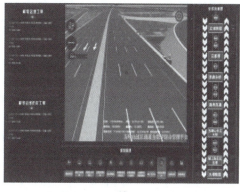

(c)   (d)

图 8-2-4   江苏五峰山公路部分应用场景（二）

（c）准自由流收费；（d）综合管理平台

（2）开发了车道级雾天行车安全智能诱导系统，研发了超微功率地面诱导灯和超低功耗诱导运行控制技术，提升了恶劣天气下的行车安全。研发了复合相变沥青混合料，实现了路面温度自调节。

（3）制备了铁氧体复合水泥稳定碎石混合料，有效提升了探测雷达图像识别效果。制定了无人机 4K 高清视频数据接口规范，实现了 5G 通信模式下 4K 高清视频与应用平台的数据对接。

（4）搭建了高速公路数据底座和综合管理平台，并通过在 BIM 模型上加载动静态数据，实现了建管养运全生命周期的信息传递。

8.2.2 智慧养护

1. 智慧养护内涵

智慧养护是基于公路的全生命周期数据，在智慧养护管控平台上开展多源感知、融合分析、决策支持等集成运用。通过智慧化养护装备、材料和技术，对公路及其附属设施开展全领域、全过程、全周期、全要素、全天候，科学化、智能化、主动式、预防性的维护和提升，实现全生命周期理念凸显、基础信息在线管理、巡查管理智能闭环、养护决策科学精准、工程实施标准先进、后期评估及时有效的公路养护新模式。

2. 智慧养护管理平台

智慧养护管理平台宜具备基础设施在线监测、日常养护管理、养护工程管理、养护决策等功能模块。

（1）基础设施在线监测应能够实现高速公路基础设施全生命周期智能在线监测，利用 BIM、数字孪生、GIS 等技术，建设基础设施数字化模型，其典型应用见表 8-2-2。

基础设施在线监测典型应用表   8-2-2

应用场景	应用描述	预期效果
路基健康监测	在易发生地质灾害点段建设路基健康监测系统，可在路基中埋设孔隙水压计、综合测斜仪、位移计、水分计、单点沉降计、剖面沉降探头等传感器，对路基状态进行监测。通过通信系统传输至中心，在中心进行信息汇集与处理，完成相关预警、路基变形和动态观测，对于异常信息进行及时报警	强化路基安全监管，降低路基养护成本

续表

应用场景	应用描述	预期效果
路面技术状况监测	在易发生地面病害点段建设路面健康监测系统，可在路面中埋设光栅类传感器、温度传感器、深度位移传感器、湿度传感器等传感器，对路面压力性能状态进行监测。通过在路面中埋设振动烈度传感器，对路面振动性能状态进行监测，通过无线传输至中心，在中心进行信息汇集与处理，完成路面性能参数监测，对于异常信息进行及时报警	强化路面技术状况监管，降低路面养护成本
高边坡监测	可在高边坡中埋设锚索测力计、多点位移计、测缝计、测斜孔、雨量计以及锚索测力计等监测器，结合卫星定位、遥感等技术，对影响边坡稳定性的因素和边坡变形及内力情况进行连续监测。对监测信息汇集与处理后，完成预警模型的构建、失稳分析，对于异常信息进行及时报警	强化高边坡安全监管，降低高边坡养护成本
桥梁结构健康监测	在重点监测桥梁建设智能监测系统，可选用车流量调查、轴重统计、车速监测、治超站高速预检等手段实时监测桥梁交通荷载，避免超重车辆上桥从而造成重大事故。在桥梁主要测点布置高精度压力变送器，实时监测桥梁主梁挠度与线形；可选用宽频带加速度传感器，实时监测桥梁的结构动力振动特性；选用振弦式应变计，实时监测桥梁的结构静应变；可选用电阻应变计实时监测桥梁的结构动应变；斜拉索、吊杆应进行应力监测；对于异常信息进行及时报警	强化桥梁结构安全监管，降低桥梁养护成本

（2）日常养护管理应以经常性检查为主，应能够实现道路基础信息管理、日常巡查管理、病害信息管理、养护任务管理等。其典型应用见表 8-2-3。

日常养护典型应用表　　　　　　　　　　8-2-3

应用场景	应用描述	预期效果
BIM+GIS全数字管养	基于 BIM、GIS 等技术，以高速公路基础设施数据智能采集及数据处理为基础，建立高速公路基础设施数字化养护管理系统，形成从数据采集、施工监测、养护决策、养护后评价为一体的全链条养护管理，实现公路全周期智能养护	提高管理效率，降低养护成本
隧道智能巡检	可应用隧道巡检机器人等新型设施设备，实现隧道内洞体病害健康监测，可监测漏水、路面结冰、湿滑等异常状况，监控隧道内机电设备（包括照明、车道通信灯，各类指示标志、LED 诱导标等）的运行状态，监控隧道内的温度、能见度、噪声、事故、火灾等情况，实时传输数据信息到中心，并对异常信息进行报警	提高管理效率，降低隧道养护成本，提高高速公路隧道应急处置能力
悬索桥主缆智能除湿及智能养护	为悬索桥配置主缆智能除湿系统，防止主缆锈蚀；可通过智能巡检机器人、无人机等设备，为悬索桥病害监测、养护管理提供技术支撑	保障悬索桥主缆使用寿命，降低高速悬索桥养护成本
机电设施运维	建设机电设备资产管理及智慧运维系统，实时监测内外场机电设备的运行状态；以数据可视化方式展现设备的故障信息、设备完好率等信息；全面管理在线设备、库存配件和服务机构，掌握在线设备全生命周期的动静态信息，智能化调拨管理库存配件；对故障报警设备进行标准化维修处置，制定规范化的巡检计划、保养计划、检测计划和值班计划	提高机电设施运维效率，降低机电设施运维成本
智能巡检	可采用小型自动驾驶车辆或在普通巡检车辆搭载自动化检测设备，自动识别路面病害、护栏等交通安全设施状态，大幅度降低检测成本，提高检测频率，与养护系统联动	提高管理效率，降低高速公路路面日常巡检成本

（3）养护工程管理以定期检查、专项检查为主，应能够实现专项养护信息管理、养护计划编制、养护工程管理等。

（4）养护决策应能够实现基础设施技术状况检测评定、养护需求分析、养护方案制定、养护计划制定、养护决策后评估等。

目前，智慧交通"云计算、大数据、物联网、移动互联网、智慧城市"等新一代信息技术正在推动智慧养护管理系统的开发和应用。以西安某公路养护技术有限公司研发的道路维护数字化可视系统为例，该系统以数字化技术为核心，集成了大数据、软件开发、5G、人工智能、物联网、航测等多项先进技术。通过直观的可视化与数字化技术，系统可以实现对道路养护全生命周期的全面智慧化智能化管理，使公路养护工作更加高效、精准。

资源 8-1 道路维护数字化可视系统

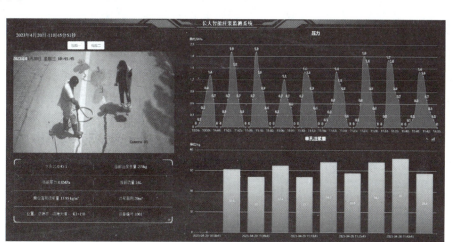

图 8-2-5　利用西安某养护公司道路维护数字化可视系统进行注浆过程智能监测

3. 智慧化等级

公路养护智慧化等级由低到高分为 A1、A2、A3、A4 四个等级。A1 表示初级智慧化，即建设有传统的机电系统，满足公路使用者基本需求，基于重点路段的智慧化提升。人工为主，智慧为辅。A2 表示中级智慧化，即在 A1 基础上加强设施养护能力，加强交通拥堵和收费站拥堵路段智慧化治理能力、加强重要基础设施和重点车辆的监测、管控、服务能力。人工＋智慧相结合。A3 表示高级智慧化，是在 A2 基础上，增加主动管控、准全天候通行、决策和服务区智慧服务能力。智慧为主，人工为辅。A4 表示自主智慧化，即在 A3 基础上建设完整的智慧设施，具备完整智慧管控、智慧服务、智慧决策等能力。智慧为主，人工可干预。各级别应该满足的功能见表 8-2-4。

公路智慧养护功能表　　　　　　　　8-2-4

应用范围		应用内容	A1	A2	A3	A4
一般业务场景	智慧养护	在线监测	可建设	应建设	应建设	应建设
		日常养护管理	可建设	宜建设	应建设	应建设
		养护工程管理	可建设	宜建设	应建设	应建设
		养护决策	可建设	宜建设	应建设	应建设
		基础设施数字化模型	可建设	宜建设	宜建设	应建设
		无人巡检	不涉及	可建设	宜建设	应建设

4. 智慧养护设备

为满足基础设施养护维修便捷性需求，通过配置智能养护设施，可以提升基层运营管理单位的养护管理水平。智能养护设施宜包括检测装备、养护作业区安全管理设施、备品备件管理等。

智能检测装备包括智能检测车、无人机、隧道智能巡检机器人以及具备高精度定位和视频分析功能的智能终端等。智能检测车用于日常巡查，一般应包含视频图像采集单元、车速传感器、高精度定位单元、供电单元等；具备公路路面病害、沿线设施缺损检测等功能。无人机应具备交通运行状态巡查功能，可预先设定巡航路线实现自动长线巡航，或对特殊构造物（桥梁、边坡等）进行日常巡查，采集高速公路动态视频信息；无人机巡查周期宜为每周2~3次，可根据运营管理需求进行调整。

养护作业区安全管理设施宜包括智能锥桶、施工区防闯入预警设施等。智能锥桶功能应具备高精定位、安全预警等功能，通过与第三方出行服务平台的无缝对接，实现高速公路施工等信息的实时精准发布。施工区防闯入预警设施应能向现场工作人员及时发出机动车辆误闯入预警信息，并提醒驾驶人迅速采取制动措施，避免交通事故的发生。

设施备品备件管理应能实现备品备件台账的数字化管理。可监测各种物资储备和使用情况，包括物资库的空间坐标、位置、物资库名称、联系方式以及物资的名称、数量、出入库时间等信息。

8.2.3 智慧养护新技术

1. 智慧监测新技术

（1）路面病害监测

路面病害监测是基于机器视觉、雷达检测等技术，实现路面基层内部以及路面裂缝、坑槽、车辙、拥包等病害实时监测。

案例一：五峰山未来高速示范工程，针对探地雷达图像效果不佳、病害识别精度有限的特点，在K28+286~K28+463（共177m）半幅路的基层添加铁氧体材料，提升探测雷达图像识别效果。基于铁氧体电磁感知增强技术，主动调节基层电磁特性，增强电磁响应敏感度，如同给路面"喝造影剂"，基层内部缺陷识别效果得到明显提升，如图8-2-6所示。

案例二：G524常熟段智慧公路科技示范工程，针对道路交通流量大、货车占比高的特点，在重点路段与信号灯共杆布设1台高清摄像机，利用机器视觉技术，采集路面图像信息，通过后台分析自主识别路面上的裂缝、车辙、坑槽、沉陷等病害形式，实时监测路面病害状况（图8-2-7）。

案例三：常州S122养护工程，针对道路竣工时间久、路面病害多的特点，在路面病害多发路段创新应用病害检测机器人，结合机器视觉与雷达设备，实现对表观病害和结构病害数据全覆盖、全断面的同步采集，病害定位精度可达3~5cm，同时自动精准拼接表观病害和结构病害，形成三维立体数据，通过多维度融合分析，准确判断病害成因（图8-2-8）。

基于铁氧体电磁感知增强技术的路面病害监测，可有效提升路面基层结构病害的识别精度，适用于新建、改扩建公路沥青路面基层；基于固定摄像机的路面病害监测，可

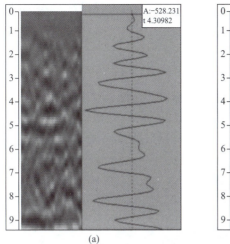 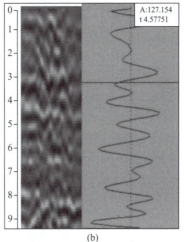

图 8-2-6 基层内部缺陷识别技术
（a）未添加铁氧体的探地雷达图像；（b）添加铁氧体的探地雷达图像

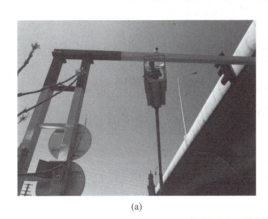 

图 8-2-7 路面病害监测技术
（a）路面病害监测设备安装；（b）路面病害监测效果

 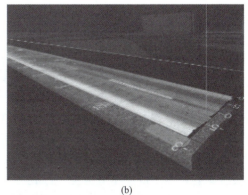

图 8-2-8 路面病害自动检测技术
（a）病害检测机器人；（b）路面病害检测效果

最大程度利用已有视频监控资源，提升路面表观病害的监测能力，适用于路面养护需求高、沿线布设感知设备的已建运营公路；病害检测机器人可利用移动检测和数据拼接分析优势，同步检测道路表层病害及结构病害，适用于竣工时间久、路面病害多的已建运营公路。

（2）路基沉降监测

基于卫星遥感技术，采用多光谱／高光谱相机等传感器，实现大范围、高精度、连续空间沉降监测。

案例：G524常熟段智慧公路科技示范工程，针对沿线土质以软土为主、地下水较为发达、路基存在沉降风险的特点，结合Sentinel（哨兵）-1A和Sentinel（哨兵）-1B卫星的雷达系统，以及高分辨率光学卫星，对全线19.64km的路网实施监测，通过智能数据处理平台对遥感数据进行处理、比对，实现地表沉降实时监测分析（图8-2-9）。

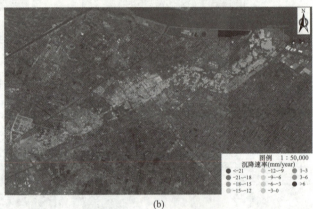

(a)　　　　　　　　　　　　　　　　　　(b)

图8-2-9　路面病害自动检测技术

（a）基于卫星遥感技术的路面病害监测设备示意图；（b）路面病害监测效果

基于卫星遥感技术，可以通过不同时间窗的沉降监测数据，有效实现监测区域地表总形变量、平均月形变量、总形变面积、形变面积变化趋势等与沉降相关的形变量分析，从量化角度直观展示沉降程度。该技术具有范围大、适应性强等特点，适用于里程长、监测范围广的公路，尤其是地质条件不良、地下水系发达、货车占比较高等需重点监测的公路。但是连续高频率监测成本较高，对公路养护投资有一定的挑战。

（3）桥梁状态感知

桥梁状态感知是基于物联网、机器视觉等技术，实现桥梁结构应力、桥梁变形、结构裂缝、环境腐蚀、交通荷载和结构温度等数据的实时监测。

案例一：无锡S342智慧公路科技示范工程，由于道路交通流量大、货车占比高，桥梁安全运行存在隐患，在直湖港大桥实施桥梁健康监测，布设16个结构变形传感器、48个结构应力传感器、12个吊杆索力传感器、2个温湿度传感器以及4车道称重传感器，实时感知桥梁应力应变、结构变形、吊杆索力等。基于无人机+机器视觉技术实现桥梁病害的智能化检测，重点针对人工难以观测的裂缝、受损等病害进行检测，具体包括3类：桥梁上部承重桥台受损状况、桥身结构缝变形以及桥体（含表面）凹坑（图8-2-10）。

案例二：G524常熟段智慧公路科技示范工程，结合上跨沪武高速桥梁和常浒河桥的健康监测需求,在上跨沪武高速高架钢箱梁桥内部安装 6 类传感器 67 个,其中温度传感器 10 个、振动传感器 5 个、变形传感器 12 个、位移传感器 8 个、应变传感器 30 个、腐蚀传感器 2 个。基于物联网技术实时监测桥梁运行数据和关键结构病害状况。在常浒河桥下方布设 1 台固定摄像机,基于机器视觉技术,采集桥梁外表面图像信息,实时监测桥梁表面裂缝、坑槽等表观病害(图 8-2-11)。

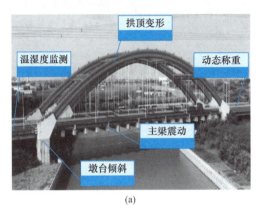

(a)

(b)

(c)

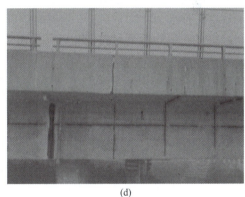

(d)

图 8-2-10　基于无人机+机器视觉技术的桥梁监测技术
(a)桥梁健康监测示意图;(b)桥梁健康监测效果图;(c)基于无人机的桥梁病害智能化检测示意图;
(d)基于无人机的桥梁病害智能化检测效果

资源 8-2 基于无人机+机器视觉技术的桥梁监测技术应用彩图

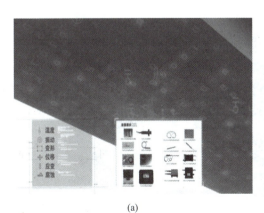

(a)

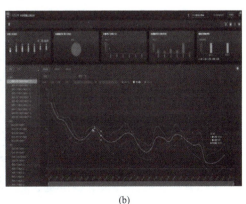

(b)

图 8-2-11　基于固定摄像机的桥梁监测技术(一)
(a)物联网监测设备示意图;(b)基于物联网技术的桥梁健康监测效果

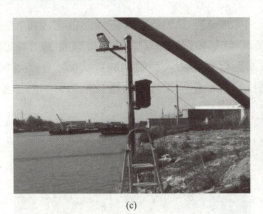
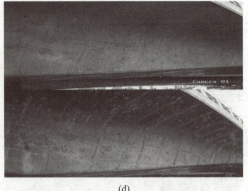

(c) (d)

图 8-2-11 基于固定摄像机的桥梁监测技术（二）
（c）固定摄像设备安装；（d）基于固定摄像机的桥梁监测效果

基于物联网技术的桥梁健康监测需要在桥梁关键断面、关键节点布设结构变形传感器、结构应变传感器、静力水准仪等设备，可以实时监测桥梁应力、应变等参数，一旦出现预警信息将同步传送至智慧公路平台，提醒管理人员及时采取措施，避免桥梁健康状态持续恶化。该技术适用于新建、改扩建及已建运营阶段的"三特"（特大、特殊结构、特别重要）桥梁。

基于无人机的桥梁病害监测可高效识别桥梁结构关键部位的裂缝、破损等表观病害，在光线条件良好、拍摄高度 8～10m 的情况下，准确率可超过 80%；基于固定摄像机的桥梁病害监测可高效识别梁结构关键部位的裂缝等表观病害。这两种方式可以实现桥梁上部、桥身、下部等人工难以到达位置的表观病害监测，适用于已建运营桥梁。

（4）沿线设施状态感知

沿线设施状态感知是基于物联网、机器视觉等技术，实现公路沿线机电设施异常、交通安全设施损毁等异常状态的实时监测。

案例一：无锡 S342 智慧公路科技示范工程，由于道路沿线机电设施众多，结合设施运维需求，全线共配置 62 套智能机箱，基于物联网技术沿线实时监测外场机电设施的通信、供电、防雷、门控、温湿度等信息，并将异常信息类型和设备位置发送至后台管理系统预警（图 8-2-12）。

(a) (b)

图 8-2-12 基于物联网技术的沿线设施监测
（a）沿线设施监测效果图；（b）智能机箱

案例二：G524常熟段智慧公路科技示范工程，由于地面层平面交叉口多、沿线设施密集，结合设施养护需求，在养护车上安装移动视频采集设备。通过移动视频采集设备采集全线视频数据，在后台进行特征归纳、图像信息获取、机器视觉分析，实现标牌、监控、信号灯等设施图像和坐标的自动化获取，并分析设施损毁情况（图8-2-13）。

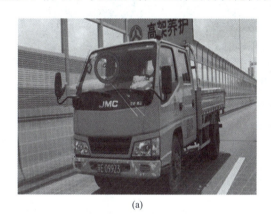 

(a) (b)

图8-2-13 基于物联网技术的沿线移动视频监测
（a）移动视频采集设备示意；（b）移动视频采集设备采集效果

基于物联网技术的机电设施状态感知可实时感知设施通信、供电、防雷、门控、温湿度等信息，实现设施异常的快速发现、快速定位、快速排障，形成完整的故障闭环处理流程，减少运维成本。该技术需要安装智能机箱等设备，适用于新建、改扩建及已建运营公路。

基于机器视觉技术的沿线设施状态感知可100%采集标牌、监控、信号灯等设施照片、位置等信息，实现设施自动排查、自动运维，减少运维成本。该技术需要采用移动视频采集设备，适用于已建运营公路。

2. 科学养护新技术

（1）智慧路面养护

智慧路面养护主要基于移动互联网、大数据等技术，可实现路面病害统计、路面养护决策和智能养护施工等功能。

案例：无锡S342智慧公路科技示范工程，针对交通流量大、货车占比高、路面养护压力大的特点，在智慧公路一体化监测与决策平台中建设养护决策功能模块，实时接入养护巡查终端采集的路面病害数据，实现基于地图的公路病害管理、病害处治详情跟踪、养护决策结果展现等功能（图8-2-14所示为路面养护管理可视化界面）。

智慧路面养护管理可实现路面病害和技术状况的动态分析，支撑建立养护决策动态调整机制，实现养护频次监管、养护规模分析、养护时段调控等，促进精细化养护管理，主要适用于交通流量大、货车占比高、管养需求量大的公路，尤其是已建运营公路。

（2）智慧桥梁养护

智慧桥梁养护主要基于物联网、大数据等技术，实现桥梁健康状态实时监测、异常预警、养护决策等功能。

案例：G524常熟段智慧公路科技示范工程，针对高架钢箱梁上跨沪武高速的特点，

图 8-2-14 智慧路面养护管理可视化界面

基于智能感知采集的桥梁健康监测数据，系统可实现工作状态统计、传感器状态实时监测、告警统计、传感器类型统计、腐蚀计腐蚀评估等功能，可按 5 分钟、1 小时、1 天、1 月进行统计分析、可视化展示，对监测参数突破阈值的情况实现实时预警（图 8-2-15）。

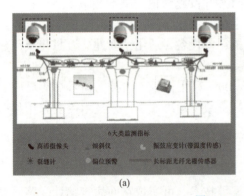
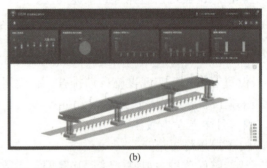

(a) (b)

图 8-2-15 智慧桥梁养护
(a) 桥梁健康监测工作原理示意图；(b) 桥梁养护系统实施效果

智慧桥梁养护管理可基于桥梁健康监测数据，实现桥梁状态查询、统计分析、异常预警等功能，及时发现桥梁损伤，确保桥梁安全。适用于"三特"（特大、特殊结构、特别重要）桥梁的动态实时监测和养护决策支撑。

（3）智慧隧道养护

智慧隧道养护主要基于 BIM、大数据等技术，实现隧道监测信息展示、基础数据管理、隧道检测管理、隧道评定管理、日常养护管理等功能。

案例：苏锡常南部高速智慧隧道示范工程，针对太湖隧道建设规模大、安全风险较高的特点，建设太湖隧道综合养护管理系统。系统基于 BIM、大数据等技术，实现混凝土应变、张合量、竖向沉降、水平错台、接缝渗透等数据的实时监测预警，开发涵盖日常巡查、经常检查、定期检查、专项检查等在内的隧道检测管理功能，提供隧道评定、隧道病害、日常养护、维修构件数量分布等的综合分析与展示功能（图 8-2-16）。

项目8　公路智慧养护

 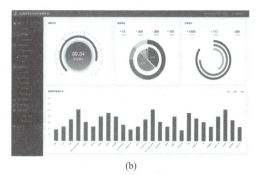

(a)　　　　　　　　　　　　　　(b)

图 8-2-16　智慧隧道养护

(a) 隧道 BIM 模型图；(b) 智慧隧道养护管理系统界面

隧道养护管理通过实时监测预警、隧道检测管理等，有效优化养护作业流程，降低隧道巡检、养护的人工成本，解决了隧道大量隐蔽结构养护困难问题，扭转了主动养护难以实现的困境，同时可形成长大隧道的养护措施库，为后续隧道养护作业提供了数据支撑。该技术适用于长大山岭隧道、水下隧道、城市隧道等安全风险大、养护成本高、养护内容多的隧道。

3. 智能施工新技术

路面智能施工新技术包括摊铺机+压路机无人集群施工技术、路面智能压实技术、智能测温测厚技术、沥青路面智能管控系统、养护作业区安全预警技术等。

(1) 摊铺机+压路机无人集群施工技术

摊铺机+压路机无人集群施工包含一个摊铺梯队和三个压实梯队。第 1 梯队包含一台无人摊铺机，第二梯队为初压梯队包含两台无人双钢轮压路机，第三梯队为复压梯队含两台无人双钢轮压路机，第四梯队为终压收面梯队包含一台无人双钢轮压路机。碾压梯队采取梯形推进的方式进行连续作业（图 8-2-17）。

(a)　　　　　　　　　　　　　　(b)

图 8-2-17　无人集群施工技术

(a) 无人集群施工现场；(b) 施工过程视频监控

(2) 路面智能压实技术

路面智能压实系统通过在压路机上安装振动加速度传感器、温度传感器等，运用微波通信天线和卫星定位系统对压路机进行定位，实时计算当前位置的路面压实质量，同时运用互联网无线"数字化"传输，实现电脑端、手机端对路面压实质量进行全过程实时可视化监控。

（3）智能测温测厚技术

该技术是在摊铺机的熨平板上安装智能测温测厚设备，采用独有的雷达检测及红外线测温技术，实现对摊铺路面的松铺厚度、温度实时连续跟踪，辅以在线预警功能，避免厚度、温度不满足要求。该技术还可进行图形化展示，做到施工过程控制可视化，大幅提升施工质量。

（4）沥青路面智能管控系统

该系统以沥青混合料从拌合生产到施工现场管理的全过程作为管理对象，运用质量动态管理的方法，采用软硬件结合的手段，通过改造或利用现有的各类设备，充分利用基于物联网架构的传感技术和基于4G和5G的传输技术，将沥青混合料的生产过程、施工过程等数据信息进行实时采集，并采用无线网络传输，通过通信模块及时上报到服务器，实时分析、预警、评价，并形成相关的决策。

（5）养护作业区安全预警技术

应用安全智能警示装置（安全哨兵、智能手环），为养护作业人员提供主动的防撞预警。为保障公路养护作业安全，结合实际情况，对传统的养护作业安全设施及养护作业人员穿戴设备进行智能化升级，当发生过往车辆正对养护区域冲击时，养护人员能够提前获得预警并及时撤离危险区域，全面保障养护人员人身安全。该技术可实现200m作业范围内对有冲击养护工作区域风险的车辆及时预警，提升现场养护作业安全风险感知与预警、处置能力（图8-2-18）。

(a)

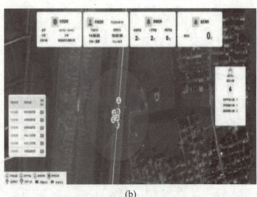
(b)

图8-2-18　养护作业区安全预警技术
（a）安全智能警示装置；（b）养护作业区安全管理系统

思考与练习 8

扫描二维码可做题自测。

思考与练习 8

附录 A　公路技术状况调查及评定表

资源
附录 A　公路技术状况调查及评定表

附录 B　公路养护安全设施

资源
附录 B　公路养护安全设施

参 考 文 献

[1] 中华人民共和国交通运输部．公路养护技术标准：JTG 5110—2023［S］．北京：人民交通出版社，2023．

[2] 中华人民共和国交通运输部．公路技术状况评定标准：JTG 5210—2018［S］．北京：人民交通出版社，2018．

[3] 中华人民共和国交通运输部．公路养护安全作业规程：JTG H30—2015［S］．北京：人民交通出版社，2015．

[4] 邝玉梅．公路养护技术［M］．北京：中国劳动社会保障出版社，2012．

[5] 中华人民共和国交通运输部．公路路基养护技术规范：JTG 5150—2020［S］．北京：人民交通出版社，2020．

[6] 中华人民共和国交通运输部．公路养护工程质量检验评定标准第一册土建工程：JTG 5220—2020［S］．北京：人民交通出版社，2020．

[7] 程海潜，李洪军．路基路面病害处治［M］．3版．北京：人民交通出版社，2021．

[8] 王东博．道路养护技术与管理［M］．北京：人民交通出版社，2022．

[9] 中华人民共和国交通运输部．公路沥青路面养护技术规范：JTG 5142—2019［S］．北京：人民交通出版社，2019．

[10] 中华人民共和国交通运输部．公路沥青路面养护设计规范：JTG 5421—2018［S］．北京：人民交通出版社，2018．

[11] 中华人民共和国交通运输部．公路沥青路面预防养护技术规范：JTG/T 5142-01—2021［S］．北京：人民交通出版社，2021．

[12] 中华人民共和国交通运输部．公路沥青路面再生技术规范：JTG/T 5521—2019［S］．北京：人民交通出版社，2019．

[13] 周传林，王淑娟．公路养护技术与管理［M］．4版．北京：机械工业出版社，2021．

[14] 袁芳．公路养护技术与管理［M］．4版．北京：人民交通出版社，2020．

[15] 中华人民共和国交通运输部．公路水泥混凝土路面养护技术规范：JTJ 073.1—2001［S］．北京：人民交通出版社，2001．

[16] 中华人民共和国交通运输部．公路水泥混凝土路面再生利用技术细则：JTG/T F31—2014［S］．北京：人民交通出版社，2014．

[17] 中华人民共和国交通运输部．公路桥涵养护规范：JTG 5120—2021［S］．北京：人民交通出版社，2021．

[18] 中华人民共和国交通运输部．公路桥梁技术状况评定标准：JTG/TH21—2011［S］．北京：人民交通出版社，2018．

[19] 武春山，张德成．桥梁养护与加固技术［M］．北京：人民交通出版社，2010．

[20] 田建辉．桥梁维护与加固技术［M］．北京：人民交通出版社，2022．

[21] 中华人民共和国交通运输部．公路隧道养护技术规范：JTG H12—2015［S］．北京：人民交通出版社，2015．

[22] 中华人民共和国交通运输部．公路隧道加固技术规范：JTG/T 5440—2018［S］．北京：人民交通出版社，2018．

[23] 中交瑞通路桥养护科技有限公司．公路隧道维修加固实例集：JTG/T5440—2018．北京：人民交通出版社，2019．

[24] 交通运输部．交通运输部办公厅关于印发公路安全生命防护等三项工程典型案例的通知（交办公路函〔2021〕318号）［EB/OL］．https://xxgk.mot.gov.cn/2020/jigou/glj/202103/t20210302_3529365.html，(2021-03-01)［2021-03-02］．

[25] 傅志寰，翁孟勇，张晓璇，等．我国智慧公路发展战略研究［J］．中国工程科学，2023，25(06)：150-159．